国家社科基金青年项目最终成果

马克思诞辰200周年纪念文库
The 200th Anniversary Books for Karl Marx

转型时期我国城乡文化融合发展研究

龙秀雄 | 著

中央编译出版社
Central Compilation & Translation Press

图书在版编目（CIP）数据

转型时期我国城乡文化融合发展研究 / 龙秀雄著．
-- 北京：中央编译出版社，2019.1
ISBN 978-7-5117-3643-7

Ⅰ.①转…
Ⅱ.①龙…
Ⅲ.①文化发展—城乡一体化—研究—中国
Ⅳ.① G12

中国版本图书馆 CIP 数据核字（2018）第 277436 号

转型时期我国城乡文化融合发展研究

出 版 人：	葛海彦
责任编辑：	谭　伟
责任印制：	刘　慧
出版发行：	中央编译出版社
地　　址：	北京西城区车公庄大街乙 5 号鸿儒大厦 B 座（100044）
电　　话：	（010）52612345（总编室）　　（010）52612339（编辑室）
	（010）52612316（发行部）　　（010）52612346（馆配部）
传　　真：	（010）66515838
经　　销：	全国新华书店
印　　刷：	三河市华东印刷有限公司
开　　本：	710 毫米 × 1000 毫米　1/16
字　　数：	210 千字
印　　张：	16
版　　次：	2019 年 1 月第 1 版
印　　次：	2019 年 1 月第 1 次印刷
定　　价：	78.00 元

网　　址：	www.cctphome.com　　邮　箱：cctp@cctphome.com
新浪微博：	@中央编译出版社　　微　信：中央编译出版社（ID：cctphome）
淘宝店铺：	中央编译出版社直销店（http：// shop108367160.taobao.com）（010）55626985

本社常年法律顾问：北京市吴栾赵阎律师事务所　闫军　梁勤
凡有印装质量问题，本社负责调换，电话：（010）55626985

序 言

今年是改革开放四十周年。四十年前,我们党以马克思主义执政党的巨大勇气和责任担当,拉开了改革开放的伟大序幕,开启了中国特色社会主义伟大事业。经过改革开放四十年的发展,尤其是党的十八大以来所取得的历史成就,中国特色社会主义进入新时代,迎来了中华民族伟大复兴的光明前景。同时,必须清醒看到,进入新时代,踏上新征程,我们的工作也面临不少困难和挑战。决胜全面建成小康社会,逐步实现全体人民共同富裕,重点在农村,难点也将在农村。只有占我国人口一半以上的农民实现了小康,过上了富裕生活,才是全面小康和真正共同富裕。我们必须要坚持以习近平新时代中国特色社会主义思想为指导,深入贯彻落实党的十九大精神,坚持创新、协调、绿色、开放、共享的新发展理念,积极实施乡村振兴战略,加快推进城镇化进程,促进城乡一体化健康发展。

文化是一个国家、一个民族发展中更基本、更深沉、更持久的力量,也是乡村振兴和城镇化发展的思想基础,是城乡一体化之"魂"。没有乡村文化,乡村也就成了一潭死水,乡村振兴将无从谈起。同样,缺失文化建设的城镇化,缺乏精神文化的生活,就不是完整意义的城镇化。新时代必须要充分认识到城乡文化建设的极端重要性,自觉把城乡文化融合发展作为城乡一体化的基础工程和战略目标。然而，文化建设和文化发展又不完全同于经济建设、政治建设等，具有自身的规律和特点，城乡文化融合更是一个涉及面更广，触及程度更深的复杂系统工程，不仅需要广大社会科学理论工作者积极创新，攻坚克难，更需要充分调动各方面的积极性，聚集起全社会的力量。

本书围绕转型时期我国城乡文化的融合发展问题，主要分析和阐述了城乡文化融合发展的目标、中国城乡二元文化结构的困境、中国城乡文化融合发展的路径选择、构建城乡文化共同价值体系、培育城乡健康文化生活方式、建设新型城乡社会关系网络、打造新时期我国城乡文化产业发展链条等内容。在研究中注重以下几个方面的问题。一是注重理论建构和规律分析。在研究中运用系统的观点和方法揭示城乡文化系统内部各要素之间相互作用、相互影响及其内在机理，分析了影响城乡文化变化发展的主要条件及其变化规律，并在此基础上进一步提出了我国城乡文化融合发展的现实路径和发展对策。二是注重理论分析和实证分析相结合。在研究过程中，针对我国城乡文化的发展现状设计调查问卷，并在广东、湖南、陕西、江苏等部分地方的农村、城市社区、城乡接合部等进行了实际调查和访谈，同时借鉴相关的调查研究成果，结合中国社会经济、政治环境的变化，寻找适合我国城乡文化融合发展的具体模式和现实道路，使理论与实践紧密结合。三是注重实践研究，为促进城乡文化融合发展提出了较为全面的应对之策。在对策部分，分"构建城乡文化共同价值体系，培育城乡健康文化生活方式，建设新型城乡社会关系网络，打造新时期我国城乡文化产业发展链条"四个部分进行了阐述，而每个部分又对具体对策措施进行了具有针对性的阐述。

目 录

绪 论 1

第一章 城乡文化融合发展的目标和现实意义 9
第一节 城乡文化融合的理论内涵 10
第二节 城乡文化融合发展的主要背景和重要意义 20
第三节 中国城乡文化融合发展的主要目标 33

第二章 我国城乡二元文化结构的困境与反思 46
第一节 我国城乡二元文化结构的形成和演变 46
第二节 我国城乡二元文化结构的特征 51
第三节 我国城乡二元文化结构的成因 61
第四节 城乡二元文化结构对城乡文化发展的危害 64

第三章 我国城乡文化融合发展的路径选择 88
第一节 城乡文化的系统特征 88
第二节 转型时期城乡文化系统的发展变化规律 99
第三节 转型时期我国城乡文化融合发展的路径选择 ... 106

第四节　国外促进城乡文化发展的主要经验及其启示 …………… 112

　　第五节　我国城乡文化融合发展的积极探索 …………………… 121

第四章　构建城乡文化共同价值体系 ………………………………… 132

　　第一节　我国文化价值观念体系的形成和发展 ………………… 133

　　第二节　转型时期我国农村居民价值观的演变和特点 ………… 135

　　第三节　转型时期我国城市居民价值观的演变和特点 ………… 144

　　第四节　转型时期构建我国城乡文化共同价值观的现实途径 … 150

第五章　培育城乡健康文化生活方式 …………………………………… 160

　　第一节　我国古代传统文化生活方式概述 ……………………… 160

　　第二节　转型时期我国农村文化生活方式的变化 ……………… 170

　　第三节　转型时期我国城市居民文化生活方式的变化 ………… 177

　　第四节　培育城乡健康文化生活方式的方法和途径 …………… 181

第六章　建设新型城乡社会关系网络 …………………………………… 189

　　第一节　转型时期我国农村社会关系的发展变化 ……………… 189

　　第二节　转型时期我国城市社会关系的发展变化 ……………… 197

　　第三节　建设新型城乡社会关系网络的方法途径 ……………… 205

第七章　打造新时代城乡文化产业发展链条 …………………………… 217

　　第一节　城乡文化产业的内涵以及相互关系 …………………… 217

　　第二节　我国城乡文化产业发展面临的现实困境 ……………… 229

　　第三节　城乡文化产业统筹发展的现实路径和措施 …………… 236

参考文献 ……………………………………………………………………… 244

绪　论

一、研究背景

1. 中国文化健康发展的客观要求

在文化全球化和信息网络化条件下，长期以来所形成的城乡二元文化结构已经对我国文化的健康发展带来了新的严峻挑战，中国文化在城乡文化二元格局下正在被逐渐分化、异化和退化，严重威胁中国文化的生存和发展。

2. 城乡经济社会一体化的客观要求

新的时代条件下，国家为了进一步缩小城乡经济社会发展差距，促进城乡和谐发展，正式提出了城乡一体化发展战略目标。统筹城乡文化发展，促进城乡文化融合发展，就是要更有效化解城市文化和农村文化之间的矛盾，解决城市文化和农村文化之间的冲突，使我国城市文化和农村文化都能够沿着正确的方向健康发展。同时，统筹城乡文化发展，促进城乡文化融合发展，也是新时代我国城乡经济社会一体化发展的内在要求。

3. 城镇化健康发展的客观要求

改革开放以来，特别是近年以来，我国的城镇化加速发展，城镇人口已经超过农村人口，而且，在2021年以前，还有将近1个多亿的农民要进入城市成为城镇居民，其速度之快，规模之大，世所罕见。然而，城市规模的空前扩张和城镇人口的快速增长，不仅没有从根本上改变城乡二元结构的状态，相反，由于长期以来简单地将城镇化等同于人口和土地的城市化，使得一些地方开始形成了农民、农民工和城市居民的"三元社会格局"。当然，导致这种后果的原因是多方面的，然而，长期以来忽视文化发展在城镇化过程中的重要作用，在推进城镇化过程中，没有同时建立起文化城镇化和农村居民市民化的体制机制，是重要原因之一。因此，认真研究城市文化和农村文化的建设和发展规律，积极探索转型时期我国城乡文化融合发展的现实途径和体制机制，既是我国城市文化和农村文化健康发展的客观要求，也是促进新时代我国文化健康发展，建设文化强国的必然要求。

4. 西方主要资本主义国家的前车之鉴

西方主要资本主义国家，如美国、英国、法国等，她们在经历了城乡严重对立之后，正全面进入后城镇化时期，越来越多的城市居民逃离城市"回归"农村。这种由传统的以居民和资源向城市集中为主要特征的城镇化，发展成为居民和资源向农村回流的"逆城镇化"，一方面预示着消除城乡对立，重塑城乡关系，实现城乡融合恰恰是城乡关系发展的客观趋势，也是我国城乡关系发展的目标。另一方面，这种"逆城镇化"的浪潮也正在通过具体而残酷的现实对我们进行警示：城乡之间相互关系的"自然"进化，本身具有自我修复的能力，但是其付出的代价却往往是人类社会难以承受之重。正因为这样，客观上迫使我们必须要认真思考这样一个问题，即：我们可否不走或者少走西方国家城镇化的老路，尽量规避城镇化过程中一些不必要的风险和代价，让城镇化这条道路变得更加平顺和更加温和？这就要求我们必须要加强城乡关系理论研究，使我国城镇化在遵循城镇化发展客观规律的同时，汲取西方国家在城镇化的经验教训，不能重蹈其覆辙。

二、国内外研究现状述评及研究意义

1. 国内外研究现状

早在16世纪初期，随着西方资本主义生产方式在欧美的普遍建立，西方资本主义国家内部的城市和农村发展差距也迅速扩大，城乡矛盾日益尖锐，并逐渐走向对立，城乡关系问题成为空想社会主义者关注的重要问题。如：在《乌托邦》中，莫尔设想为了确保全岛居民的食品、原料、燃料等物资的日常供应，所有人都要轮流下乡从事2年的农业劳动。在他的"岛国"里，虽然还没有完全消除城乡差别，但是已经没有了所谓的农民和农村，手工业劳动与农业劳动已经结合起来。同样，在傅立叶所构想的"和谐制度"下，也不再存在城市和乡村之间的差别，人们既从事农业劳动，又从事工业劳动。而在欧文那里，公社应该是一个没有了传统的城市和农村的相互对立，能够很好地把城市的优点和农村的优点完全结合在一起了的理想社会。"在这种制度下，大城市所造成的灾祸将被消除，同时新的公社将把大城市的一切优点集中于本身，而不会给自己带来任何害处。"[①] 尽管他们并没有提供达成这种社会理想的实践途径，使城乡结合停留在空想阶段，但是，他们为城乡关系的改善和发展提供了一个新的方向。

马克思、恩格斯也非常重视城市与农村的关系问题。他们在空想社会主义者等前人研究的基础上，结合其所处时代的实际情况，对西欧社会城市和农村相互对立的根本原因和主要弊端进行了深入的思考和剖析，提出了城乡融合发展的前瞻性思想，指出"城乡之间的对立是随着野蛮向文明的过渡、部落制度向国家的过渡、地域局限性向民族的过渡而开始的，它贯穿着文明的全部历史直至现在"[②]。同时他们还认为，资本主义"创立了巨大的城市，使城市人口比农村人口大大增加起来，因而使很大一部分居

[①] [英]罗伯特·欧文：《欧文选集（下卷）》，马清槐、吴忆萱、黄惟新译，商务印书馆1965年版，第20页。

[②] 《马克思恩格斯选集》第1卷，人民出版社1995年版，第104页。

民脱离了农村生活的愚昧状态"。①而城市化的推动,使"乡村变为城市,荒野变为清除了林木的耕地等等,而且生产者也改变着,炼出新的品质,通过生产而发展和改造着自身,造成新的力量和新的观念,造成新的交往方式,新的需要和新的语言"。②强调废除旧的社会分工和资本主义私有制,实现人的全面和自由发展等是消除城乡对立,实现城乡融合的根本途径。"由社会全体成员组成的共同联合体来共同地和有计划地利用生产力;把生产发展到能够满足所有人的需要的规模;结束牺牲一些人的利益来满足另一些人的需要的状况;彻底消灭阶级和阶级对立;通过消除旧的分工,通过产业教育、变换工种、所有人共同享受大家创造出来的福利,通过城乡的融合,使社会全体成员的才能得到全面发展;——这就是废除私有制的主要结果。"③

列宁晚年针对经济文化落后的社会主义国家的文化建设创造性地提出了城乡文化联盟的思想,并且根据俄国城乡文化发展的具体情况,提出了实现"城乡的文化联盟"的具体思路。在现代,由于发达国家农村工业化和城市化程度的不断提高,城乡界限被乡村城市化取代,人们开始考虑从空间整合、社会文化融合的角度探讨城乡关系发展,如:霍华德于1898年提出的田园城市理论认为"城市和乡村必须成婚,这种愉快的结合将迸发出新的希望、新的生活、新的文明"。芒福德则主张通过分散权利来建造许多"新的城市中心"以重建城乡之间的平衡,使全部居民在任何一个地方都能够享受到真正的城市生活之益处。

新中国成立后,党十分重视城乡、区域文化的协调发展问题。国内学者也对城乡文化及其融合发展进行了较为深入的研究,取得了比较丰硕的理论成果。如:闫平对城乡文化一体化的内涵、重点和途径等进行了研

---

① 《马克思恩格斯选集》第1卷,人民出版社1995年版,第276页。
② 《马克思恩格斯全集》第46卷,人民出版社1979年版,第494页。
③ 《马克思恩格斯文集》第3卷,人民出版社2009年版,第566页。

究，认为"城乡文化一体化是'基本公共服务均等化'在文化生活领域中的具体表现，其实质是城乡文化的均衡发展，而社区文化建设是城乡文化一体化发展的实践平台。通过农村社区文化建设的转型，建立以城带乡、城乡互动的一体化社区文化管理体系，创新农村文化市场管理和运行机制，可以改变文化生活领域的城乡二元结构，统筹城乡文化的协调发展，实现公共文化服务的均等化，缩小城乡之间的文化差别"。[①] 张小飞，郑小梅对城乡文化冲突的表现、原因和实现城乡文化融合的对策等进行了研究，指出："城市化进程中，城乡文化遭遇了一场空前的碰撞，在这个碰撞中，有冲突，也有融合。具体表现为现代与传统、中心与边缘、强势与弱势文化的冲突。城乡发展间距、文化制度差异和心理排斥是造成冲突的主要诱因。促进城乡文化融合需要加大农村文化、教育、经济等的建设和发展。"[②] 李秀忠认为："城乡文化统筹发展是一项系统工程，关键是：用先进文化占领城乡思想文化阵地；强化政府的主导地位，发挥非政府组织的力量；制度保证、科学管理；统筹规划、因地制宜。"[③] 夏杰长认为："加快城乡文化一体化发展，关键在于补短板，即如何大力发展农村文化，加强农村文化建设，提升农村居民的文化服务消费水平。"强调"要从根本上解决城乡文化差距，实现城乡文化一体发展，就必须从制度上着手建立一个长效机制，而不是修修补补的政策措施。"[④] 周凯认为："研究城乡问题不能一味从'三农'内部找出路，因为在中国现阶段，农村的发展需要城市的支持，同时城市的发展也需要农村的支撑。城乡统筹发展不仅是破解'三农问题'的需要，也是城市发展的需要，城市和乡村应该是'互助合作'的关系，应该是相互的取长补短，相互融合，发挥 1+1＞2 的帮扶效

[①] 闫平：《城乡文化一体化发展的内涵、重点及对策》，载《山东社会科学》2014年第11期。
[②] 张小飞、郑小梅：《城市化进程中城乡文化的冲突与融合》，载《人民论坛》2012年第9期。
[③] 李秀忠：《统筹城乡文化建设的基本途径探讨——以山东省诸城市为例》，载《山东师范大学学报：人文社会科学版》2009年第6期。
[④] 夏杰长：《建立城乡文化一体化发展的长效机制》，载《财贸经济》2012年第12期。

应。因此，实行城乡融合，彻底破除'二元'结构，是解决我国城乡问题的根本措施，也是中国全面现代化的必由之路。"[①] 何跃新认为马中平提出要实行城市带动战略，建立城乡互动、互利双赢和共同发展的统筹机制。兰勇，陈忠祥则就城市化过程中，影响城乡文化整合的因子进行了灰色关联度分析，得出了各因子对城乡文化整合进度的影响强弱排序；并且提出了通过加强小城镇的建设来推进我国的城乡文化整合等。

总之，国内相关理论对于我国城乡文化融合发展具有十分重要意义，有较高深度的理论成果已经被政府采纳，对城乡文化一体化发展实践发挥了重要参考作用。然而，我国目前关于城乡文化融合问题的研究还处于初步探索阶段，对于城乡文化融合发展的理论基础和现实路径等问题尚缺乏深入和系统研究。

2. 研究意义

（1）通过考察城乡文化系统之间相互作用、相互影响的客观过程和内在机制，及其对社会文化建设的影响，揭示城乡文化融合发展的一般规律，为新时期我国统筹城乡文化发展提供理论支撑。

（2）通过理性分析我国城乡文化发展现状，探讨转型时期我国城乡文化融合发展的现实路径及其主要对策，为我国统筹城乡文化发展提供一套可操作的、便捷的方法。

（3）通过对我国城乡文化发展中已有实践经验进行归纳与抽象，构建出城乡融合发展的理论模式，为我国城乡文化融合发展提供具体思路。

三、研究思路和研究方法

1. 研究思路

首先，根据马克思主义文化观和城乡融合发展理论分析我国城乡文化融合发展的目标、实质和重要意义等，为本课题研究提供基本方向；其

[①] 周凯:《中国城乡融合制度研究》，吉林大学博士论文，2012年，第34页。

次,通过考察城乡文化系统之间相互作用、相互影响的客观过程和内在机制,揭示城乡文化融合发展的一般规律和城乡融合发展的理论模式,为本书研究提供基本理论框架;最后,分别从城乡共同文化价值体系的构建,城乡健康文化生活方式的培养,城乡新型社会关系网络的重构,城乡文化产业链条的打造等四个方面提出转型时期我国城乡文化融合发展的具体对策等。

2. 研究方法

第一,运用学科综合研究方法。在研究的过程中结合社会学、经济学、心理学以及政治学等相关理论进行综合研究,探求转型时期城乡文化融合发展的内在规律。

第二,运用理论分析与实证分析相结合的方法。在广泛和深入调查的基础上,结合我国社会经济、政治环境的变化,寻找适合我国城乡文化融合发展的具体模式和现实道路,使理论与实践紧密结合。

第三,运用系统研究的方法。运用系统的观点和方法科学揭示城乡文化诸多要素之间相互作用、相互影响的内在机制,并根据文化系统运动发展规律分析中国城乡文化融合发展对策。

四、创新之处

1. 研究视角创新

本书以社会转型时期为时代背景,以城乡文化关系为主要研究对象,以促进我国城乡文化融合为主要价值取向,以为新时代我国城乡文化融合发展提供理论参考和具体对策为目的,研究视角新颖。

2. 观点创新。

第一,城乡经济一体化并不必然导致城乡文化的融合,必须按照文化发展规律建构科学的理论体系,选择正确的发展道路和有效的方法途径。

第二，城乡文化发展并不必然走城乡依存、城乡对立、城乡融合的传统道路，我国城乡文化发展完全可以而且应当避免或减少城乡文化的对立和冲突，加快城乡文化融合的步伐，降低城镇化的风险和代价。

第三，转型时期我国城乡文化融合必须按照科学发展观的要求，坚持走城乡政治、经济、文化和社会全面发展之路，必须遵循文化系统运动规律，坚持走精神文化、制度文化、行为文化和物质文化的协同发展之路，必须按照社会主义的本质要求走城乡文化的统筹发展之路。

3. 研究方法创新

本书在研究方法上最主要的创新点在于，运用系统方法科学揭示城乡文化诸多要素之间相互作用、相互影响的内在机制，并根据我国城乡文化发展的实际情况提出转型时期我国城乡文化融合发展的现实路径和具体对策。

第一章 城乡文化融合发展的目标和现实意义

城市和农村的产生是生产力发展和社会分工的产物。在人类社会发展初期，由于社会生产力发展水平低下，没有工业和农业的分工，也不存在所谓的"城市"和"农村"之间的分野。随着社会生产力的发展，城市开始形成，并最终从农村中分离出来。在生产资料私有制的资本主义大工业时期，城乡之间的政治、经济、文化和社会矛盾全面爆发并逐渐尖锐，城乡关系被严重"异化"。今天，在人们的话语体系中，"城市"和"农村"已经成为两个泾渭分明的概念，它们所反映的不仅仅是自然条件差异的"地理"存在和反映不同经济发展状况的"经济"存在，更已经成为反映不同文化形态和文明程度的"文化"存在。

当前，城市和农村之间的关系似乎已经进入了这样的一个"尴尬"的历史发展阶段，即：人们在肯定和庆幸自己创造了巨大生产力的同时，将不得不承受城乡二元结构所带来的巨大困扰。长期以来所形成的城乡二元结构，以及由此所引发的一系列经济和社会问题，已经成为人类难以承受之重。在我国，由于特殊的国情，以及长期以来实行城乡分治政策，这种困扰程度尤为严重。随着我国城镇化加快推进，大量农村居民从农村涌向城市，城市化水平大幅度提高。然而，由于长期以来注重土地和人口的城镇化，忽视城乡文化的融合发展，大规模城镇化的结果不仅没有缩小城乡经济社会发展鸿沟，从根本上解决城乡二元结构问题，相反，在城市中，农民工与市民之间的分化变得严重，正在形成新的城乡二元结构——城市居民的"新二元结构"。如果说，在传统城乡二元结构中，城乡之间的矛盾和冲突尚存在一定的"缓冲地带"的话，那么，新的城乡二元结构则第一次把城乡之间的矛盾和冲突直接推上了"火线"，形成了"短兵相接"的危险境地。

总之，随着改革开放的深入发展，我国城乡关系已经进入了一个新的历史阶段。在这个阶段，我们不仅要重视并缩小城乡之间巨大的经济和社会差距，更要深入思考导致城乡之间相互对立和冲突的文化鸿沟和文化根源，积极探讨有效弥合城乡鸿沟，消除城乡对立，缓和城乡冲突的根本之道。众所周知，文化是连接城乡居民的精神纽带和桥梁，是城乡居民共同的精神家园。因此，消除城乡经济社会鸿沟，文化建设不能缺位，我们不仅要加强城乡经济建设，统筹城乡经济发展，缩小城乡经济发展差距，也要从文化方面着力，促进城乡文化融合发展，缩小城乡文化距离，为城乡一体化发展奠定思想和文化基础。

第一节 城乡文化融合的理论内涵

"城市""农村""文化""城市文化""农村文化""融合""城乡文化融合"等是本研究中所要涉及的重要概念。对"城市""农村"；"文化""城市文化""农村文化"；"融合""城乡文化融合"等概念进行初步的梳理和分析，是我们进一步深入研究的理论前提。

一、城市、农村

1. 城市

城市是一个人们熟知的现实存在，然而在理论上，学术界却很难对其进行精准的界定。"城市"这一词语，很早就已经进入人们的话语体系中，然而，就其所指称的对象来看，最早的"城市"与现代意义的城市含义相差甚远。在古代，"城市"甚至不是一个词，而是一个词组，它是由"城"和"市"两个相对独立的词语组成的。据《吴越春秋》记载，"城"是指用城墙等围起来的地域，其主要目的是为了防御，它以墙为界，分为内城和外城两个组成部分，其中，内城叫"城"，外城叫"郭"。"市"主要是指人们用来交易的场所。也就是说，在我国古代，虽然已经有了关于"城市"的文字记载，但并不存在现代意义上的"城市"，或者说，古代的"城"和"市"都不是真正意义上的城市。

在现代，普遍意义上的城市，通常指的是国家或地区政治、经济、科技、军事中心和交通枢纽，是先进生产力要素的高度聚集区。而在学术上，城市往往被界定为以非农业产业和非农业人口集聚形成的较大居民点。但是，对于城市的具体内涵，由于各学科所关注的重点不同，其对于城市的理解也不同。如：经济学认为，城市是"具有相当面积、经济活动和住户集中，以致在私人企业和公共部门产生规模经济的连片地理区域"；是"一个坐落在有限空间地区内的各种经济市场——住房、劳动力、土地、运输等等——相互交织在一起的网络系统"。地理学认为，城市是"指地处交通方便环境的、且覆盖有一定面积的人群和房屋的密集结合体"。城市规划学则认为，城市是以非农业产业和非农业人口集聚为主要特征的居民点。社会学认为，城市是"具有某些特征的、在地理上有界的社会组织形式"。"城市人口相对比较多，密集居住，并有异质性；至少有一些人从事非农业生产，并有一些是专业人员。""城市具有市场功能，并且至少有部分制定规章的权力。""城市显示了一种相互作用的方式。在其中，个人并非是作为一个完整的人而为人所知，这就意味着至少一些相互作用是在并不真正相识的人中间发生的。""城市要求有一种超越家庭或家族之上的'社会联系'，更多的是合理的法律。"等等。芒福德（Bardo & Hartman）认为，城市的本质在于提供一种"有价值、有意义、有梦想的生活方式""城市不只是建筑物的群体……不单是权力的集中，更是文化的归极"。他把"文化贮存，文化传播和交流，文化创造和发展"称为"城市的三项最基本的功能"，认为文化既是城市发生的原始机制，也是城市发展的最后目的。上面关于对"城市"的解释所阐述的都是城市的某个方面的特点和功能，并没有揭示城市的全部内涵。

我们认为，城市是除农村之外人类的主要居住点，是一定范围内人流、物流和信息流的主要集中地和特定地区的经济、政治、文化中心。根据这一定义，我们认为，城市应该包括但不限于以下几个方面的内容：

（1）城市是一个关系概念，是人类聚居的基本形式之一。我们在谈到城市的时候，往往就会想到与其同为人类聚居的另一基本形式，其与农村之间是一个相对性的概念，也即，城市和农村是相辅相成，不能分割的。离开农村谈论城市，没有实际意义，反之，亦然。那种把城市和农村割裂开来的观点，在理论上是错误的，在实践上是有害的。

（2）要素聚集是城市的基本特征。城市之所以能够产生和存在，并能够发展成为人类聚居的基本形式，主要得益于其强大的聚集功能，这种聚集功能把原本分散在各个地方，各个村落的人口、资源集中起来，并以此为基础，达到生产、消费、交换的高度集中。正是城市的这种聚集功能使其与农村区别开来，并不断推动其发展成为一定地域空间的经济、社会、文化辐射中心。

（3）城市的内涵是不断变化和发展的。古代城市主要是用于军事防御的基本设施和重要手段，之后逐渐增加了人们进行产品简单交换的场所。

随着生产力的进步和社会分工的发展，城市才发展成为不同于农村的基本聚居形式，并逐渐发展为特定地区的政治、经济和文化中心。随着后工业化时代的来临，郊区化、逆城镇化、再城镇化等现象层出不穷，传统意义上的城市和农村的边界被逐渐打破，作为传统城市最重要特征的聚集特征，其存在意义正在逐步弱化。信息化、网络化、智能化为全球化发展提供了全新动能，城市传统的功能、社会、文化、景观等方面也必将继续发生新的深刻变化。

（4）城市具有系统性。城市不仅仅是一个地理概念，是一个"地域性"存在，同时是一个按照特定规则构成和遵循自身发展规律的复杂的巨系统，是一个"系统性"存在。在城市大系统中，包括了众多的子系统和城市构成要素，城市系统与外部环境之间，以及城市系统内部各子系统和构成要素之间相互作用，相互影响，共同推动城市的变化和发展。

（5）城市不仅是人类居住的所在，更是一个人类文化的所在，人们来到城市不仅仅为了生产和生活，更是为了生活得更加美好。文化，是一个城市独一无二的印记，更是一个城市的精髓和灵魂。"城市地区人口高度集中，产业高度集聚，是一个复杂的人工化系统，它无法仅仅依靠人们自发的调适，也无法简单靠法制和规则来规范，它必须依靠强大的文化力量来维持、来提升。缺失了城市文化的城市，是无灵魂的钢铁和水泥森林。"[①]

2. 农村

农村，也叫乡下，指农业生产集中分布的地区，主要是以农业生产为主要生产方式，以农场、林地为主要生产场所的，以农村居民为主要居住者的广大地区。与城市相比，农村具有自己的特点，主要表现在以下几个方面：

---

① 程东金：《城市文化：城镇化的灵魂》，载《文化纵横》，2013年第4期。

一是与人口集中的城镇比较，农村地区的人口分布比较松散，不集中，有的甚至三、五户人家组成一个自然村落。

二是家族聚居的现象较为明显，祖祖辈辈在同一个地方生产生活，彼此之间非常熟悉；

三是工业、商业、金融、文化、教育、卫生事业等的发展水平比较低；

四是农村的地方习俗比较浓厚，多数农村有本地的一些约定俗成的习惯风俗；

五是交通不发达，相对城市的交通来说，农村的道路多为泥泞的乡间小路。

二、文化、城市文化、乡村文化

1. 文化

文化（culture）是一个非常复杂的社会现象，很难给其下一个准确或精确的定义。按文化学的定义，目前通常使用的文化含义有广义和狭义之分。广义的文化，是指人类在社会历史实践过程中所创造的物质财富和精神财富的总和，也就是说，人类改造自然和社会过程中所创造的一切成果，都属于文化的范畴。狭义的文化，是指社会的意识形态，即精神财富，如文学、艺术、教育、科学等，同时也包括社会制度和组织机构。本书中所研究的文化，在没有作具体说明的情况下主要是指广义的文化，即人类在社会历史发展过程中所创造的物质财富和精神财富的总和，其主要包括四个层次：

一是物质形态的文化层，如：人们居住的房屋特点、结构所表现出来的文化，人们在生活中所使用的工具所表现出来的文化等，是具有具体的存在形态，能够由人类的感觉器官直接感受到的文化事物。

二是制度形态的文化层，主要是指人们在日常的生产、生活、交往和管理活动中所建立起来的各种规则、制度等。包括国家的正式制度、社会经济制度、婚姻家庭制度等。

三是行为形态的文化层，主要是指通过人们日常的生产、生活方式等所表现出来的文化事像，如各地不同的民风、民俗等，往往具有十分鲜明的地域特色和民族特色。

四是观念形态的文化层，主要是指人们长期以来所形成的世界观、人生观、价值观，以及不同的审美情趣、思维方式等，是文化系统中处于核心的内容。

2. 城市文化

城市是国家或地区经济社会发展的中心和文化的集中体现，不仅城市本身就是一种文化，城市在其形成和发展过程中，又创造和积累了属于城市自己的不同于农村的独特文化。城市文化的产生和发展不仅为城市的发展进步提供了强大的智力支撑和坚实的思想文化基础，也为人类文化的发展注入了新的源源动力。然而，要界定城市文化这个概念，却是一件非常艰难的工作，这一方面是因为城市文化本身具有丰富性和复杂性，另一方面也源于人们理解文化的不同视角。

在人们的话语体系中，城市文化主要有广义和狭义两种理解，为了与广义的城市文化概念相匹配，广义城市文化的内容也比较宽泛，既包括了城市居民在城市中创造的物质财富，也包含了城市居民在城市中所创造的精神财富。例如《中外城市知识辞典》认为："城市文化是市民在长期的生活过程中，共同创造的、具有城市特点的文化模式，是城市生活环境、生活方式和生活习俗的总和。"[1] 狭义的城市文化主要是指市民在长期的生活过程中所共同创造的精神文化部分，主要包括知识、信仰、哲学、道德、艺术和风俗等，以及城市社会发展过程中所形成的各种能力，养成的各种思维和行为习惯等。

---

[1] 刘国光:《中外城市知识词典》，中国城市出版社1991年版，第456页。

我们认为，城市文化是指人们在城市的社会生产和生活实践过程中所产生、形成、积累的各种有形的物质文化和无形的精神文化的总体，主要包括以价值观念为核心的观念形态文化，以制度和规范形态存在的制度文化层，以反映人们日常生产、生活为主要内容的行为文化层，以及物质形态文化层等，是特定国家文化在城市产生和形成的与城市的生产和生活相适应的相对独立的文化现象。

3. 农村文化

农村文化是指在农村地域范围内所产生的文化现象，有广义和狭义之分。广义的农村文化，指农民在农村这一特定的区域内，在长期的社会历史实践过程中所创造的物质财富与精神财富的总和。狭义的农村文化，是指建立在农村经济基础之上，与政治制度相适应的农村居民的精神活动及其物化成果。

一方水土孕育出一方文化，千差万别的自然条件，使得各地的农村文化也各具地域特色，"十里不同风，百里不同俗"，由于各个农村地区都处于自己特定的地理位置，所在的自然环境也是各不相同。人们为了生存，必须学会适应当地的环境，而在人们适应环境的同时，环境也必然会对人们的心理状态、思维方式、价值观念、生活方式等产生潜移默化的影响，并由此导致文化上的差异，形成鲜明的地域特色，如湖湘文化、齐鲁文化、中原文化等特色鲜明。除了自然环境，各地的政治经济背景、民族特色、历史传统等都对农村文化的地域性产生了深远的影响。

本书所指称的农村文化，主要是指一般意义上的农村文化，也即，农民在农村这一特定的区域内，在长期的社会历史实践过程中创造的物质财富与精神财富的总和。既包括了农民长期实践所创造的物化成果、制度成果，也包括了农村居民在农业生产与生活实践中逐步形成并发展起来的道德情感、社会心理、风俗习惯、是非标准、行为方式、理想追求等，而且，当农村文化在研究中作为整体概念时，并不考虑不同自然环境、不同地区的政治经济背景、民族特色、历史传统等的影响,也即,如无特别说明,本书中的农村文化指的是其一般意义,而不强调不同地方的地域特征。而且,作为特定国家和民族文化在农村地区的存在形态,其也可以分为物态文化层、制度文化层、行为文化层和观念文化层等四个层次。

三、融合、文化融合、城乡文化融合

1. 融合

"融"在古代有融解;熔化等解释。主要是指熔成或如熔化那样融成一体。此外,"融合"还用来描述宗教修炼中的某一种境界。在小说中,往往把道教修真者的修为境界共分为十一种。从低到高计,道教修真者的修为境界有:旋照、开光、融合、心动、灵寂、元婴、出窍、分神、合体、渡劫、大乘。在本书中的"融合"主要指的是上述第一种含义,即指熔成或如熔化那样融成一体。

2. 文化融合

所谓文化融合,是指不同形态的文化或者文化特质之间的相互结合、相互吸收的过程。它以文化的同化或相互感应为标志,在融合的过程当中,各种文化彼此改塑对方,各种文化特质之间相互渗透、相互结合、互为表里,最终融为一体。文化之间的融合性为不同文化之间价值观的整合奠定了基础。它包括两种主要方式:第一种是文化与文化之间的沟通;第二种是文化间的协同。在经济全球化和信息网络化条件下,不同文化之间走向融合的大趋势将不可避免。

3. 城乡文化融合

城市文化和农村文化是我国文化在长期发展过程中所形成的两个地域文化系统,是我国文化在城市和农村地区的表现形态,是在城市的中国文化和在农村的中国文化。由于社会分工等客观原因和我国长期以来实行城乡分治政策等，我国城市文化与农村文化之间的鸿沟越来越大，而且，随着城镇化的快速推进，城乡文化之间交流的日益频繁，我国城乡文化之间的矛盾和冲突也日趋激烈。鉴于此，在这里，城乡文化融合是针对当前城乡文化之间的这种排斥、对立和冲突的现象提出来的。作为本书中的核心概念，城乡文化融合具有多方面的丰富内涵。

第一，城乡文化融合是城乡文化发展的理想状态。作为城乡文化的发展状态，城乡文化融合是针对城乡文化不和谐的现实提出来的。城乡文化发展及其相互关系问题是现代各国，尤其是处于转型时期的大多数发展中国家普遍面临和急需解决的重要现实课题。自从城乡分离以来，城市文化和农村文化之间的矛盾和冲突就从来没有停止过。很多国家，尤其是处于转型时期的发展中国家，在经历了城市文化与农村文化的相互封闭和相互排斥后，已经普遍进入到相互对立时期，城乡文化的矛盾和冲突越来越凸显。城乡文化融合的含义之一，即是指城乡文化之间完全摆脱了当前这种相互排斥、对立、冲突的，真正实现了相互尊重、相互依存，相互促进，同处于人类文化大家庭的理想状态。

第二，城乡文化融合是城乡文化良性发展的过程。作为城乡文化的发展过程，城乡文化融合是针对现实中的城乡文化在达到理想状态之前相互之间所要经历和正在经历的长时期的相互排斥、相互对立和相互冲突所提出来的。城乡文化和农村文化作为从人类文化整体中分化出来的两个地域文化系统，无论在价值观、文化心理等文化内层，还是在思维方式和行为方式等方面都存在很大的差异，这两者共同处于特定的空间领域时必然产生矛盾，这是不可避免的，而且正是它们之间的这种矛盾运动推动着城乡文化的向前发展。然而，城市文化和农村文化之间相互矛盾的方式是多种多样的，理论上说，城市文化和农村文化之间矛盾运动的方式主要有两种不同类型：

一是它们之间的这种矛盾既可以表现为双方的相互排斥、相互对立甚至相互冲突方式表现出来，通过"混同一体——分离和封闭——排斥、对立冲突——融合统一"的路径最终达到共同发展。城乡文化之间这种矛盾运动方式，尽管最终也可能达到城乡文化发展的目标，但是，其所要付出的代价将非常大，所需要的时间将非常长，给国家经济社会和文化发展所带来的负面影响也将更大、更深和更广。

二是它们之间的矛盾通过互相学习、互相补充、互相促进的方式表现出来，也即通过"混同一体——博采众长——互相融合"的路径最终达到共同发展的目的。显然，这种方式无论是在效率和影响方面都比前者更好、更优。本书中城乡文化融合所指的正是这样一个过程。

第三，城乡文化融合是我国城乡文化发展的重要目标。城乡文化融合作为一个发展目标，是在中华民族伟大复兴的宏大叙事下中国文化强盛的必然要求。除了社会分工、城镇化发展等各国城乡文化分化的共同因素外，我国长期以来在城乡实行的分治政策，也使得我国的城乡之间文化差异越来越大，城乡文化发展越来越不平衡。这种城乡文化之间的差异和不平衡，使得城乡之间的排斥、对立和冲突加剧。城乡文化之间的这种排斥、对立和冲突，不仅直接影响我国文化的健康发展，也严重影响我国政治、经济发展和社会的和谐稳定，延缓和影响中华民族伟大复兴的历史进程。因此，城乡文化融合作为发展目标，它不仅是一个文化问题，更是关系到国家长治久安，实现中华民族伟大复兴的重大政治问题。

第四，城乡文化融合是我国城乡文化发展的重大战略。所谓战略，是一种从全局考虑谋划实现全局目标的规划，是一种长远的规划，是远大的目标，往往规划战略、制定战略、用于实现战略的目标的时间是比较长的。而城乡文化融合作为我国城乡文化发展的战略，一方面是指其是我国城乡文化发展的一种长远规划，它不是一年、二年，甚至也不是五年、十年就可以完成的，是一个长期发展的目标和方案。作为我国城乡文化发展战略的城乡文化融合也不是单指城乡文化发展某一方面的内容，而是由一个包括城乡文化融合发展的理念、城乡文化融合的目标，城乡文化融合发展的内容，城乡文化融合的方法途径等要素，以及为了实现城乡文化融合发展所需要进行相关体制、机制改革和制度创新等相关内容，是一个高度复杂的社会文化系统工程。

总之，城乡文化融合作为本研究的核心概念，其内容是多方面，它既是一个文化发展理论中的范畴，也是在城乡文化发展过程的中实践要求；它既是指城乡文化发展到特定阶段所达到的理想状态，也是城乡文化在交流和发展中所表现出来的方式和所要经历的复杂过程，同时也是新时代我国城乡文化发展的重要目标和战略决策。

第二节　城乡文化融合发展的主要背景和重要意义

城乡文化融合不仅仅是一个学术概念和乌托邦的构想，而是作为城乡文化发展的新理念提出来的。作为城乡文化发展的新理念，它的提出有着坚实的理论和实践基础，是对马克思主义城乡关系理论在文化领域的具体展开和对我国党长期领导城乡文化建设实践经验教训的总结和提升。因此，新时代加强对转型时期我国城乡文化融合发展的体制机制和现实路径的探讨和研究，既是马克思主义城乡关系理论和文化发展理论创新的要求，也是新时代我国城乡一体化建设和经济社会持续健康发展和稳定的必然要求。

一、城乡文化融合是马克思主义城乡关系理论的重要内容

早在19世纪中期，马克思、恩格斯着眼资本主义条件下城乡关系的尖锐对立及矛盾现实，在批判吸收空想社会主义者关于城乡关系理论成果

的基础上提出了城乡融合发展理论。

马克思主义认为，旧的社会分工是城市和农村分离的根本原因，而资本主义私有制和资本主义大工业是进一步导致城乡之间尖锐对立和相互冲突的根本原因。"城市本身表明了人口、生产工具、资本、享乐和需求的集中，而在乡村所看到的却是完全相反的情况：孤立和分散。"①"由于农业和工业的分离，由于大的生产中心的形成，而农村反而相对孤立化。"②"资本主义生产使它汇集在各大中心的城市越来越占优势，这样一来，它一方面聚集着社会的历史动力，另一方面又破坏着人和土地之间的物质交换，也就是使人以衣食形式消费掉的土地的组成部分不能回到土地，从而破坏土地持久肥力的永恒的自然条件。"③

然而，马克思、恩格斯不是悲观主义者，他们以辩证唯物主义和历史唯物主义为核心，在深刻把握人类社会客观发展规律的基础上科学揭示了城乡关系的发展规律，认为城乡对立作为一个历史范畴，它必将随着生产力的发展而消除，城乡之间将沿着"城乡混沌—城乡对立—城乡融合"的历史脉络演进，城乡融合是城乡关系的总趋势。所谓城乡融合，就是"把城市和农村生活方式的优点结合起来，避免二者的片面性和缺点"。④随着生产力的高度发达和私有制的消灭，"城市和乡村之间的对立也将消失。从事农业和工业的将是同一些人，而不再是两个不同的阶级……乡村农业人口的分散和大城市工业人口的集中，仅仅适应于工农业发展水平还不够高的阶段，这种状态是一切进一步发展的障碍，这一点现在人们就已经深深地感觉到了。"⑤"由社会全体成员组成的共同联合体来共同地和有计划地利用生产力；把生产发展到能够满足所有人的需要的规模；结束牺牲一些

---

① 《马克思恩格斯全集》第2卷，人民出版社1957年版，第408页。
② 《马克思恩格斯全集》第25卷，人民出版社1974年版，第733页。
③ 《马克思恩格斯全集》第23卷，人民出版社1972年版，第552页。
④ 《马克思恩格斯选集》第1卷，人民出版社1995年版，第240页。
⑤ 《马克思恩格斯选集》第1卷，人民出版社1995年版，第243页。

人的利益来满足另一些人的需要的状况；彻底消灭阶级和阶级对立；通过消除旧的分工，通过产业教育、变换工种、所有人共同享受大家创造出来的福利，通过城乡的融合，使社会全体成员的才能得到全面的发展。"①

虽然，由于种种原因，在当时的时代条件下，马克思、恩格斯并没有具体阐述城乡文化融合问题，然而，城乡文化作为城乡社会发展的精神动力源泉，其融合本身就已经包含在城乡关系融合理论之中，是城乡关系融合的重要组成部分。

在国际共产主义运动史上，第一次把马克思主义城乡文化融合理论与社会主义城乡文化发展实践相结合的是列宁。十月革命胜利后，列宁把加强农村文化建设提到了重要地位，并创造性地提出了城乡文化联盟的思想。在苏维埃政权成立之初，列宁就深感加强农村文化建设对于社会主义建设的极端重要性。早在1923年，列宁在《论合作社》一文中指出，摆在苏俄面前的两大划时代任务，第一个就是改造旧社会的国家机关，"第二个就是在农民中进行文化工作。……就其经济目的来说，就是合作化，要是实现了合作化，我们也就在社会主义基地上站稳了脚跟……没有一场文化革命，要完全合作化是不可能的。""只要实现了这个文化革命，我们的国家就能成为完全社会主义的国家了。"② 为了加强农村文化发展，列宁提出了城乡互动，发挥城市优势作用，实现城乡文化共建的城乡文化联盟思想，并且提出了组织城市工人团体下乡学习实践，城市党支部与农村党支部结对帮扶，城乡文化互助工作"自觉性、计划性和系统性"等具体措施。列宁的这些思想，补充并实际发展了马克思、恩格斯城乡文化建设理论，对于在经济文化落后的社会主义国家加强农村文化建设，促进城乡文化融合，具有重要的指导价值。

---

① 《马克思恩格斯选集》第1卷，人民出版社1995年版，第243页。
② 《列宁选集》第4卷，人民出版社1995年版，第773页。

二、城乡文化融合发展是中国共产党的重要执政理念

我国对于农村和农村文化建设问题的关注已经由来已久。早在20世纪20—30年代,梁漱溟先生在其《乡村建设理论》中指出,乡村文化是我国文化的源头和主体,"原来中国社会是以乡村为基础,并以乡村为主体的;所有文化,多半是从乡村而来,又为乡村而设——法制、礼俗、工商业等莫不如是"①。梁漱溟认为,近代中国社会的落后原因是多方面的,既有"世界大交通,西洋人东进"所导致的外部力量所致,也有由于国人自己的"所作所为",然而从根本上讲,更源于中国文化的失败,认为"中国之失败,就在其社会散漫、消极、和平、无力"②。因而,他提出要把关注的重点从城市转向农村,遵循我国传统文化,把教育作为根本事业,才能走出一条农村改革的成功之路。尽管由于受到当时社会现实情况的影响,梁漱溟先生的乡村自治运动并没有取得成功,但其对农村和乡村文化建设的思想为我们推进城乡一体化发展提供了一个新的视角。

1. 毛泽东关于城乡兼顾的思想

无论是在我国的革命时代,还是在我国的社会主义建设时期,毛泽东都十分重视城乡文化的发展问题。早在在革命胜利前夕,毛泽东在综合分析我国政治经济形势和苏联经验的基础上,提出了全面统筹城乡发展的战略,为当代我国城乡一体化发展和城乡文化融合积累了宝贵的经验。毛泽东指出,在今后的革命与建设中,"城乡必须兼顾,必须使城市工作和乡村工作,使工人和农民,使工业和农业,紧密地联系起来。决不可以丢掉乡村,仅顾城市,如果这样想,那是完全错误的"③。之后,在《中国人民政治协商会议共同纲领》中,明确把"公私兼顾、劳资两利、城乡互助、

---

① 梁漱溟:《乡村建设理论》,商务出版社2015年版,第11页。
② 梁漱溟:《乡村建设理论》,商务出版社2015年版,第55页。
③ 《毛泽东选集》第4卷,人民出版社1991年版,第1427页。

内外交流的政策,达到发展生产、繁荣经济的目的"①作为党和国家进行经济坚实的根本指导方针。

新中国成立后,毛泽东在高度重视城市建设的同时,并没有丝毫放松对乡村建设的关注和重视。1956年4月,毛泽东在中共中央政治局扩大会议上作了《论十大关系》的讲话,指出:重工业是我国经济建设的重点。"所以,重工业和轻工业、农业的关系,必须处理好。""我们现在的问题,就是还要适当地调整重工业和农业、轻工业的投资比例,更多地发展农业、轻工业。"1957年1月,毛泽东在省市自治区党委书记会议上作了重要讲话,毛泽东在讲话中再次强调重视发展农业的重要性,要求"要说服工业部门面向农村,支援农业。要搞好工业化,就应当这样做"②。

2. 邓小平关于"两个飞跃"的思想

邓小平素来十分重视农村发展。他指出:"中国人口的百分之八十在农村,如果不解决这百分之八十的人的生活问题,社会就不会是安定的。工业的发展,商业的和其他的经济活动,不能建立在百分之八十的人口贫困的基础之上。"③"农村不稳定,整个政治局势就不稳定,农民没有摆脱贫困,就是我国没有摆脱贫困。"④

1978年,在邓小平的大力支持和领导下,在农村实行了旨在提高农民生产积极性,提高农民生活水平,促进农村经济社会发展的农村家庭联产承包责任制,从而开启了我国改革开放的序幕,使1978年到1984年成为改革开放以来农民收入增速最快、增幅最大的时期,极大低缩小了城乡经济社会差距,为城乡文化融合奠定了初步的物质基础。

随着改革开放的深入发展,他又提出了"两个飞跃"思想,为进一步

---

① 中共中央文献研究室:《建国以来重要文献选编》,中央文献出版社1992年版,第7页。
② 《毛泽东文集》第7卷,人民出版社1999年版,第198页。
③ 《邓小平文选》第3卷,人民出版社1993年版,第117页。
④ 《邓小平文选》第3卷,人民出版社1993年版,第237页。

解决"三农"问题指明了方向。1990年3月3日,邓小平第一次明确指出:"中国社会主义农业的改革和发展,从长远的观点看,要有两个飞跃。第一个飞跃,是废除人民公社,实行家庭联产承包为主的责任制。这是一个很大的前进,要长期坚持不变。第二个飞跃,是适应科学种田和生产社会化的需要,发展适度规模经营,发展集体经济。这是又一个很大的前进,当然这是很长的过程。"①

他强调要重视农业发展,"农业搞不好,工业就没有希望,吃、穿、用的问题也解决不了。"②"农业问题要始终抓得很紧"③,"工业越发展,越要把农业放在第一位"④;城市要带动和支援农村发展,"确立以农业为基础,为农业服务的思想,工业支援农业,促进农业现代化,是工业的重大任务"⑤;城乡要协调发展,"即使我们的工业更发达,国家收入更多,也要照顾城乡关系,不能相差太多,当然差距总还是会有的,要按劳分配,要有差别,但差别不能太大。"⑥"真正的社会主义道路就是要逐缩小城乡差别。"⑦

3. 江泽民的"城乡一体"思想

江泽民十分重视农业发展。他认为农业是国家经济社会发展的基础,"我国是一个农业大国,十一亿多人口,九亿在农村。这个基本国情,是我们考虑全部问题的一个根本出发点。"⑧"农业上不去,整个国民经济就上不去;农村不安定,整个社会就不会安定;农村经济得不到相应发展,

---

① 《邓小平文选》第3卷,人民出版社1993年版,第355页。
② 《邓小平文选(第1卷)》,人民出版社1994年版,第322页。
③ 《邓小平文选》第3卷,人民出版社1993年版,第355页。
④ 《邓小平文选(第2卷)》,人民出版社1994年版,第2页。
⑤ 《邓小平文选》第3卷,人民出版社1993年版,第23页。
⑥ 《邓小平年谱(1975—1997)》上册,中央文献出版社2004年版,第196页。
⑦ 《邓小平年谱(1975—1997)》上册,中央文献出版社2004年版,第115页。
⑧ 《新时期农业和农村工作重要文献选编》,中央文献出版社1992年版,第788页。

国民生产总值再翻一番、人民生活达到小康水平就不可能实现。"① 他强调"建设现代农业，发展农村经济，增加农民收入，是全面建设小康社会的重大任务"，"没有农民的小康，就不可能有全国人民的小康；没有农业的现代化，就不可能有整个国民经济的现代化"。② 认为现在农业和农村的问题仅靠自身是解决不了的，要树立正确的发展观，必须要依靠"城乡一体、城乡统一市场"来解决。"农业是社会效益大而比较效益低的产业，光靠市场调节不行，必须通过国家宏观调控加以扶持和保护，这也是世界上许多国家的共同做法。要制定引导资金等生产要素向农业流动，多方筹集农业发展资金的政策。合理调整工农、城乡利益关系，按价值规律同农民打交道。健全主要农产品风险基金和储备调节制度，减少农业的市场风险。引导二、三产业加强对农业的支持，逐步形成以工补农、以工建农、以工带农的机制。充分运用对外开放的有利条件，更多一些利用国外资金、技术，促进我国农业发展。从农业自身来讲，要强化科教兴农，优化内部结构，走贸工农一体化发展路子，逐步实现从粗放经营向集约经营、从低效农业向高效农业的转变。"③

4. 胡锦涛的统筹城乡文化发展思想

胡锦涛非常重视农村、农业发展和农村文化建设。胡锦涛指出："全面建设小康社会，最艰巨、最繁重的任务在农村；加快推进现代化，必须妥善处理工农城乡关系。"建设社会主义新农村，要"坚持把解决好'三农'问题作为全党工作的重中之重，统筹城乡经济社会发展，实行工业反哺农业、城市支持农村和'多予少取放活'的方针，坚持以经济建设为中心，协调推进农村社会主义经济建设、政治建设、文化建设、社会建设和

---

① 《新时期农业和农村工作重要文献选编》，中央文献出版社1992年版，第788页。
② 中共中央文献研究室：《江泽民论有中国特色社会主义（专题摘编）》，中央文献出版社2002年版，第118页。
③ 中共中央文献研究室：《江泽民论有中国特色社会主义（专题摘编）》，中央文献出版社2002年版，第129页。

党的建设，推动农村走上生产发展、生态良好、生活富裕的文明发展道路。""要加强精神文明建设，加快发展农村教育文化事业，倡导健康文明的新风尚，培育造就新型农民。"①

中国共产党第十七届中央委员会第六次全体会议审议了《中共中央关于深化文化体制改革推动社会主义文化大发展大繁荣若干重大问题的决定》更是对构建公共文化服务体系，推进城乡文化一体化建设等进行了战略安排。《决定》提出，要"完善覆盖城乡、结构合理、功能健全、实用高效的公共文化服务体系。""增加农村文化服务总量，缩小城乡文化发展差距。""要以农村和中西部地区为重点，加强县级文化馆和图书馆、乡镇综合文化站、村文化室建设，深入实施广播电视村村通、文化信息资源共享、农村电影放映、农家书屋等文化惠民工程，扩大覆盖、消除盲点、提高标准、完善服务、改进管理。"要"深入开展全民阅读、全民健身活动，推动文化科技卫生'三下乡'、科教文体法律卫生'四进社区'、'送欢乐下基层'等活动经常化。"要"引导企业、社区积极开展面向农民工的公益性文化活动，尽快把农民工纳入城市公共文化服务体系。"要"建立以城带乡联动机制，合理配置城乡文化资源，鼓励城市对农村进行文化帮扶，把支持农村文化建设作为创建文明城市基本指标。""中央、省、市三级设立农村文化建设专项资金，保证一定数量的中央转移支付资金用于乡镇和村文化建设。"②

5. 党的十八大以来习近平关于促进城乡一体化发展的重要论述

党的十八大报告强调，解决好农业农村农民问题是全党工作重中之重，城乡发展一体化是解决"三农"问题的根本途径。

2015年11月15日十八届三中全会于11月9日至12日在北京举行。全

---

① 胡锦涛:《扎实规划和推进社会主义新农村建设》，载《人民日报》2012年2月15日。
② 《中共中央关于深化文化体制改革推动社会主义文化大发展大繁荣若干重大问题的决定》，载《人民日报》2011年2月19日。

会听取和讨论了习近平受中央政治局委托作的工作报告，审议通过了《中共中央关于全面深化改革若干重大问题的决定》。全会决定提出，"必须健全体制机制，形成以工促农、以城带乡、工农互惠、城乡一体的新型工农城乡关系，让广大农民平等参与现代化进程、共同分享现代化成果。"①

习近平在中共中央政治局第二十二次集体学习时指出，要把工业和农业、城市和乡村作为一个整体统筹谋划，要继续推进新农村建设，使之与新型城镇化协调发展、互惠一体，形成双轮驱动。

2013年12月，习近平在中央城镇化工作会议上指出："城镇化与工业化一道，是现代化的两大引擎。走中国特色、科学发展的新型城镇化道路，核心是以人为本，关键是提升质量，与工业化、信息化、农业现代化同步推进。……要以人为本，推进以人为核心的城镇化，提高城镇人口素质和居民生活质量，把促进有能力在城镇稳定就业和生活的常住人口有序实现市民化作为首要任务。"②习近平的讲话为新型城镇化发展道路指明了方向。

2013年7月22日，习近平同志在湖北省鄂州市长港镇峒山村考察农村工作并同部分村民座谈时说："农村绝不能成为荒芜的农村、留守的农村、记忆中的故园。城镇化要发展，农业现代化和新农村建设也要发展，同步发展才能相得益彰，要推进城乡一体化发展。……我们既要有工业化、信息化、城镇化，也要有农业现代化和新农村建设，两个方面要同步发展。要破除城乡二元结构，推进城乡发展一体化，把广大农村建设成农民幸福生活的美好家园。"③习近平同志的讲话指出了新农村建设的方向。

十八届五中全会提出，"坚持协调发展，必须牢牢把握中国特色社会主义事业总体布局，正确处理发展中的重大关系，重点促进城乡区域协调发展，促进经济社会协调发展，促进新型工业化、信息化、城镇化、农业

---

① 《中共中央关于全面深化改革若干重大问题的决定》，载《人民日报》，2013年11月15日。
② 习近平：《在中央城镇化工作会议上发表重要讲话》，载《人民日报》，2013年12月14日。
③ 新华社特约记者：《习近平关心农村公路发展纪实》，载《人民日报》，2014年4月28日。

现代化同步发展，在增强国家硬实力的同时注重提升国家软实力，不断增强发展整体性。"①

三、促进城乡文化融合是我国经济社会发展的必然要求

党的十八大报告指出，"建设中国特色社会主义，总依据是社会主义初级阶段，总布局是五位一体，总任务是实现社会主义现代化和中华民族伟大复兴……必须更加自觉地把全面协调可持续作为深入贯彻落实科学发展观的基本要求，全面落实经济建设、政治建设、文化建设、社会建设、生态文明建设五位一体总体布局，促进现代化建设各方面相协调，促进生产关系与生产力、上层建筑与经济基础相协调，不断开拓生产发展、生活富裕、生态良好的文明发展道路。"② 文化建设既是我国"五位一体"战略布局中的重要"一环"，是建设中国特色社会主义的重要内容。同时，文化建设也是政治建设、经济建设、社会建设和生态文明建设的重要思想基础，离开文化建设，政治建设、经济建设、社会建设和生态文明建设就没有精神基础和智力支持，就不可能得到健康发展。加强文化建设，促进城乡文化融合，不仅是我国文化建设的内在要求，也是我国经济社会健康发展的必然要求。

1. 改变"城乡二元结构"，促进城乡一体化发展的必然要求

改革开放40年来，我国的综合国力大幅度提升，城乡人民的物质文化生活水平大幅度提高。然而，由于长期以来我国采取城乡分治政策，优势资源向城市倾斜，使得城乡之间经济社会发展差距越来越大，已经严重影响我国经济社会持续健康发展。我国城乡之间的这种二元结构，不仅仅表

---

① 《中国共产党第十八届中央委员会第五次会议公报》，载《人民日报》，2015年10月30日。
② 胡锦涛：《坚定不移沿着中国特色社会主义道路前进 为全面建成小康社会而奋斗》，载《人民日报》，2011年11月18日。

现在城乡之间巨大的经济发展差距，也表现在城乡之间因长期相互闭锁和不平衡发展所形成的巨大文化鸿沟。而且，从长远来看，城乡之间的这种二元文化结构对城乡经济社会发展的影响将更加持久和更加难以弥合。因此，要改变我国城乡二元结构，不仅要加快统筹城乡经济发展步伐，形成有利于城乡一体化的体制机制和政策体系，从根本上讲，还要加强城乡文化之间的融合发展，为城乡一体化奠定思想文化基础。

2. 加强城乡文化交流，促进社会和谐发展的必然要求

社会和谐包括人与人之间和谐、人与自然之间的和谐、人的内心和谐等内容，是社会关系发展中的一种理想状态。城乡关系和谐是我国和谐社会建设的重要内容，是我国社会主义和谐社会建设的题中应有之义。我们完全可以这样说，没有和谐的城乡关系，就没有社会主义和谐社会，或者至少可以这么说，没有城乡关系的和谐，和谐社会建设是不全面和不完整的。然而，一方面，长期以来，由于我国长期以来实行城乡两策，导致城乡之间的差距越来越大。另一方面，由于农民大量进城，他们长期在城市中生产和生活，使得城乡之间的这种距离第一次全面搬上桌面，客观上为城乡矛盾的大爆发提供了一个天然平台，城乡之间各种经济和社会矛盾进入集中爆发时期。与其他矛盾不同，城乡之间的这种矛盾越来越呈现出非短期的不可调和性。究其原因，最根本是城乡之间的文化矛盾，而这种矛盾不是短时间内可以解决的。促进城乡文化融合是解决城乡冲突，促进社会和谐的根本途径。

3. 克服城乡"现代病"，促进新型城镇化发展的必然要求。

新中国成立以来，中国共产党领导中国人民先后进行了社会主义建设和改革开放，取得了显著成就，尤其是改革开放40年来，我国的综合国力大幅度提升，城市和农村居民的物质文化水平取得了前所未有的改善和提高，我国正在持续、快速奔走在从富起来向强起来的现代化发展道路上，国家富强、民族振兴、人民幸福的中华民族伟大复兴的中国梦的目标

离我们越来越近，越来越清晰可见。然而，另一方面，我们在建设和发展中，也积累了不少矛盾和问题，有的甚至已经成为阻碍我国经济社会进一步持续健康发展的重要瓶颈。对此，我们必须予以高度重视，并及时想办法解决。这种矛盾和问题反映在城乡经济社会发展领域中最突出的表现当属于城乡"现代病"，如交通堵塞、污染加重、制假售假、诚信缺失等，已经成为我国社会健康发展的巨大隐忧。当然，导致城乡这种"现代病"的原因是多方面的，要解决好这些问题也必须全面思考，多方着力，精准施策。但是，城乡文化发展失衡，城乡之间长期互相隔离，并最终走向排斥乃至对立和冲突，使得城乡经济社会发展缺乏一个健康、稳定和先进的文化基础，缺乏一个可以寄托和安身立命的统一和稳定的精神家园，则是其深层原因之一。因此，要有效治理好城乡"现代病"，不仅要在政治、经济和生态文明建设等领域下功夫，也要加强文化治理的力度，加快推进城乡文化建设，夯实城乡经济社会持续健康发展的精神和文化基础，为推进新型城镇化发展奠定坚实的思想基础，提供强大的智力支持。

4. 弘扬社会主义先进文化，促进文化健康发展的必然要求。

统筹城乡文化发展，促进城乡文化融合，不仅是我国经济社会发展的需要，也是我国文化持续健康发展的必然要求。具体地讲，主要表现在以下几个方面：

第一，加强城乡文化融合，是传承文化传统，夯实文化基础的需要。作为优秀的民族文化，必然是具有悠久历史传统，具有深厚的文化底蕴和有着自身文化特质，具有独特的文化个性和文化魅力的文化。传统文化是我国文化的"根"和"魂"，是我国文化发展的源头活水，离开传统文化，建设社会主义先进文化，就缺乏基础。我国文化起源于农耕文明，农村文化是我国传统文化的最主要依托，促进城乡文化融合不仅有利于促进农村文化发展，也是保护我国传统文化的重要途径。

第二，加强城乡文化融合，是汲取进步文化，推动文化现代化进程的需要。海纳百川，有容乃大。优秀的文化必然是一种开放的文化，是一种能够吐故纳新，博采众长的文化。城市是我国现代化程度最高的地方，是外部文化进入中国的跳板和孵化现代文化的温床。同时，城市文化又是文化交流的前沿，是中国文化结构中最活跃和最具活力的部分。因此，促进城乡文化融合发展，有利于汲取城市文化中的现代因素，促进我国文化的现代化进程，拓宽我国文化的发展空间。

第三，加强城乡文化融合，是汲取城乡文化各自优势，促进我国文化良性发展的必然要求。城市文化和农村文化虽然都是我国文化的组成部分，是我国文化大系统下的两个子系统。然而，农村文化和城市文化，由于其所处的环境的较大差异，各自的优点和缺点都相对明显，如农村文化相对守旧，重血缘、重传统，不容易接受新事物；反之，城市文化则创新性强，然而也存在重物质，重个人轻集体等。因此，加强城乡文化之间的融合，既可以克服城市文化中的"现代病"，也可以有效克服农村文化的"保守病"，促进我国文化的健康发展。

第四，减少城乡文化冲突，促进我国文化和谐发展的必然要求。文化冲突是最根本的冲突，文化冲突所带来的影响是长期和深远的。文化之间的冲突源于文化发展的不平衡。我国城乡之间由于长期发展不平衡，城乡文化之间的差距越来越大。当前，我国城乡文化之间的差异不仅仅表现在文化的浅层，更已经深入到文化的一些核心价值层面，城乡文化之间的冲突已经由潜在变为现实，由偶然转变成为常态。化解文化矛盾，既不能人为地把城乡文化隔离起来，也不能回避矛盾，放任自流，而是要在遵循文化发展和文化交流规律的基础上，加强城乡文化融合，为城乡之间的交流和发展创造良好环境和氛围，使城乡文化之间相互包容、相互认同和一体化发展。

第五，加强城乡文化联系，促进我国文化整体发展的必然要求。城市文化和农村文化是中国文化大系统中的两个子系统，是中国文化不可分割的两个重要部分，它们共同构成中国文化这个整体。从理论上说，一种地域文化之所以称之为地域文化就在于其在一定程度上仍然保留了原有文化的主要文化特质，例如：其和原有文化具有共同的核心价值观念等，一旦其突破了这个边界，放弃了原有文化的主要特质，并逐渐形成了能够区别于其他文化的某种特质时，地域文化就会脱离原有文化而发展成为一种新的独立文化。长期以来我国采取城乡分治的政策，不仅拉大了城乡经济距离，形成了城乡社会壁垒，也使得城乡文化之间渐行渐远，我国文化整体性面临被肢解的风险。加强城乡文化融合就有利于加强城乡文化之间的相互交流，凝聚文化发展力量，促进我国文化整体健康发展。

第三节　中国城乡文化融合发展的主要目标

如何建设城市和农村文化，如何在城乡文化发展过程中正确处理好两者之间关系的问题，是转型时期我国城乡融合发展过程中必须要高度重视和有效解决的基本问题之一。我国城乡文化融合不是要简单地以城市文化取代农村文化，或者以农村文化取代城市文化，也不是要把农村文化和城市文化简单地糅合、拼凑在一起，而是要通过统筹城乡文化发展，逐步缩小直至最终熨平城乡文化差距，建设好同一片蓝天下的中国文化。具体地说，转型时期我国城乡文化融合发展的目标可以概括为多样、和谐、共生、开放、先进等五个主要方面。

一、多样

人类文化的丰富性主要源于其多样性，多样性是人类文化的重要特征。中国文化丰富多彩，在长期发展过程中形成了多种文化样态，本身是一个由多种文化形态构成的文化整体。如：根据人们的居住环境和文化形成的地域以及与其相适应的产生方式不同，中国文化主要包括城市文化和农村文化，而且，随着城镇化的深入发展，在一些地方（如城乡接合部、城中村、城市安置区等）和一些群体中（如农民工、拆迁安置农民等）已经出现了一种既不完全同于传统农村文化，也不同于纯粹城市文化的新的文化样态化；根据文化所形成的时间以及其对人们的影响不同，中国文化包括传统文化和现代文化两个构成要素；根据民族来分，中国文化包含了汉族文化、藏族文化、苗族文化、蒙古族文化等；按地区来分，中国文化可以分为湖湘文化、岭南文化、河洛文化、关中文化等。另外，随着我国与其他国家之间交流、交往的深入和科学技术，尤其是信息网络技术广泛应用，外国的文化随之传入中国，对我国文化产生越来越深入的影响。

当前，我国文化的各种文化样态和各文化子系统之间相互促进，相形益彰，我国文化生态整体上是好的和比较好的。然而，由于各种主客观方面的原因，我国文化的这种多样化格局也存在一些新的隐忧，对此，我们必须予以高度重视，并采取有效措施。

1. 防范农村文化消失的危险

在我国文化系统中，虽然城市文化和农村文化都是我国文化的组成部分，理论上应该具有同等的生存发展空间。然而，在实际生活中，城市文化因城市在国家政治和经济生活中的重要作用而被推向了主导地位，尤其在城镇化率成为地方政府主要政绩的当下，使得很多地方农村文化资源被城市挤占，农村文化主体被挖走，农村文化记忆被遮蔽，农村文化正在失去其长期以来赖以存在和发展的条件和基础，由昔日的文化"摇篮"逐渐沦为文化的"故园"。长此以往，农村文化将存在快速消失的危险。

2. 防范传统文化失传的危险

中国文化源远流长，历史悠久，在长期的发展过程中形成了独特的文化传统，为中国文化继续发展奠定了坚实基础。这也是中国文化能够绵延五千年而生命不息、活力不减少和文脉不绝的根本原因。然而，在经济市场化、信息网络化和社会生活现代化的今天，我国传统文化正面临"现代性"等思潮的严峻挑战，他们打着"现代化"的幌子加速消解我国文化的传统价值，如：泛滥的西式化教育使青年一代对传统文化的忽视、遗忘甚至不齿；在现代文化的实用主义影响下，"厚德""礼让"等在青年人的"人生字典"中正逐渐成为"生僻字"，长此以往，我国传统文化将存在无人可传的危险。

3. 防范中国文化"西化"的危险

随着我国改革开放的不断深入，中外文化的交流越来越密切和频繁，这不仅给我们学习国外优秀文化创造了有利条件，也为我国文化走出去，讲好中国故事，传播好中国声音提供了广阔的空间，打造了良好的舞台。然而，另一方面，西方国家，尤其是美国等，无时无刻不在利用其在政治、经济上的优势强化其在世界文化中的话语霸权，不择手段地向我国输出其生活方式和文化价值观，中国文化存在被西化、分化、异化和毒化的危险。

总之，我国文化的多元文化格局和文化生态系统正在发生深刻变化，文化的丰富性和多样性正面临严峻挑战。当然，出现这种情况的原因是多方面的。但是，我国长期以来所形成的城乡二元结构以及由此造成的城乡文化之间发展的不平衡、不协调等是其中的重要原因。不仅当前我国农村文化所面临的危险与此直接相关，我国传统文化的失传乃至消失和中国文化被"西化""毒化"等危险都与城乡文化直接相关，因为农村文化是我国文化的源头和传统文化的主要载体；城市文化是西方文化进入中国文化的桥头堡，以美国为首的西方文化正是从对城市文化的渗透和改变开始的。城乡文化融合的目标之一就是要通过统筹城乡文化发展，构建一个包容城市文化和农村文化在内的多元文化体系，让中国文化变得更加丰富多彩。

二、和谐

社会和谐是社会稳定和健康发展的前提，是我国经济社会建设的重要目标之一。社会和谐的内涵是多方面的，主要包括人与自然的和谐、人与人之间关系的和谐、人与自我的和谐等。城市与农村是我国经济社会发展中必须要处理好的重要的社会关系，构建和谐的城乡关系是和谐社会建设的重要内容和题中应有之义。当前，我国城乡关系整体上是和谐的，但是，由于我国长期以来形成的城乡二元结构，使得城乡之间的发展差距越来越大，由此所产生的城乡矛盾和冲突也越来越凸显，并已经成为新时代影响我国经济社会持续、健康和协调发展的主要瓶颈之一。当前，我国城乡矛盾和冲突不仅正在以显性的经济利益矛盾和利益冲突表现出来，随着城乡发展差距的进一步拉大，以及城乡二元结构的逐渐固化，城乡之间的这种矛盾正在向文化领域蔓延和发展。相比于经济矛盾和经济利益冲突，城乡之间的这种文化矛盾和文化冲突是更为根本的矛盾和冲突，其对我国经济社会发展的影响也将会更为持久和深远。因此，建设和谐的城乡关系，不仅要大力加强城乡经济发展，逐渐缩小城乡之间的经济差距，也要高度重视城乡文化建设，为城乡经济社会发展和城乡关系和谐奠定坚实的思想文化基础。

城乡文化和谐既是城乡社会和谐的前提和基础，也是新时代城乡文化融合的基本目标之一。所谓城乡文化和谐，是指城市文化和农村文化之间不冲突、不排斥、不歧视，和平共处，平等交流。具体地说，就是要通过加强城乡文化融合，使城市文化和农村文化之间能够达到相互包容、相互尊重、互相理解和相互欣赏的关系状态。

1. 城乡文化相互包容

这是城乡文化和谐的重要表现和基本前提。城市文化和农村文化尽管都是我国文化的重要组成部分，它们同根同源，相互之间不存在根本的矛盾和冲突。然而，由于城市和农村的自然环境、生产和生活方式的差异，以及长期以来我国在城乡之间实行分治政策，客观上隔断了城乡文化之间的正常交流，拉大了城乡文化之间的发展距离，使得城乡文化之间的同质性越来越低，异质性越来越高，相互之间的矛盾和冲突变得不可避免。所谓城乡文化之间相互包容，就是城乡文化之间能够坦然接受对方的存在，包容对方的差异，而不是简单地以自己的标准为标准去评判对方、苛求对方和改变对方。只有这样，才能为城乡文化和谐发展创造良好的条件和氛围。正如列宁在谈论俄国城乡间文化联盟的措施时所告诫的那样，城乡文化联盟是一种建立在工农群众地位平等上的联盟，二者没有隶属、没有领导与被领导的关系，是一种平等合作的关系，要注意防止"官僚主义"倾向及其"一长制"作风。

2. 城乡文化相互尊重

尊重所表达的是某一方面对另一方面的关联状态，是人与人（及其他）相互关系中重要的衡量要素。尊重，包括尊重他身为受造物的尊严及由此所衍生的权利，是相互之间建立良好的社交关系的基石。所谓城乡文化之间相互尊重，就是城乡文化之间互相承认对方存在的合理性，容纳个性，允许差异，不把自己的标准强加给对方。城乡文化之间相互尊重是城乡文化融合发展的重要前提之一。

3. 城乡文化相互理解

城乡之间的不平衡发展所形成的利益差距和利益矛盾固然是城乡文化冲突的最主要原因，然而，城乡居民之间缺乏相互理解，不能站在对方的立场和角度上去看待和思考问题，也是造成城乡居民疏远、排斥和冲突的文化原因。加强和促进城乡文化之间的相互理解，不仅是解决城乡之间文化矛盾，消除城乡文化冲突的重要途径，也是促进城乡文化融合的必经阶段和基本要求。所谓城乡文化相互理解就是要求城乡文化能够站在对方的角度、对方的位置、对方的立场、对方的角色看待和思考问题，从而达到化解矛盾，和谐相处的目标。

4. 城乡文化相互欣赏

作家亚当斯·乔治说："每个人的生命中总有荣耀的时刻，而大部分的荣耀时刻都来自别人的鼓励。不管一个人可能有多伟大，多有名，或是多成功，每个人都渴求掌声。"世界上的每一个人都是有血有肉有灵魂的，他们的身上都散发着不同的美，每一种美好的品性都是赏心悦目的。当你学会用欣赏的目光去看待世界、看待周围的人时，真正的朋友就会在你欣赏的目光中向你走近。世界之所以丰富多彩，最重要的原因之一，就在于其文化的多样性。不同文化之间的交流和发展同样要秉持相互鼓励和相互欣赏。农村文化和城市文化作为中国文化大系统下的两个子文化系统，正是以其各自的特性极大地丰富了我们的文化生活，给我们带来不一样的感受和体验。加强城乡文化融合，并不是要消除农村文化和城市文化之间的一切差异，而是要让城乡文化之间从相互了解开始，发现对方的长处和自己的不足，用欣赏和尊重来观察"不同"，并且学习和赶超，从而相互促进、共同提高，并最终达到城乡合璧，互为欣赏的目标。

三、共生

城乡文化共生是比城乡文化和谐更高的要求，是城乡文化交流互动的最高层次，包含了城乡文化之间的相互认同、相互学习、相互促进和共同发展等具体内容和要求，是城乡文化融合发展的重要目标和最高境界。

1. 城乡文化相互认同、共同分享

所谓认同是指个体或组织通过相互交往而在观念上对某一事物的认可和共享。习近平总书记在中央民族工作会议上讲话强调，加强中华民族大团结，长远和根本的是增强文化认同，建设各民族共有精神家园，积极培养中华民族共同体意识。这对促进城乡文化融合同样具有十分重要的指导意义。文化认同是最深层次的认同，只有真正解决了城乡文化之间的认同问题，城乡文化融合才具有现实基础。文化认同，既是城乡文化融合的重要目标之一，也是城乡文化融合的重要条件。我们促进城乡文化融合就是要城乡居民具有"一家亲"的历史观，不管是农村文化还是城市文化都能够充分体认到我们具有共同的历史和源头，城市文化和农村文化都是中国文化大家庭中的一员，是中国文化的重要组成部分；具有"一体化"的发展观，能够充分认识城市文化和农村文化你中有我、我中有你，是一个一荣俱荣，一损俱损的命运共同体；具有"一盘棋"的大局观，双方通过互利合作，在相互支持中实现共同发展；具有"一条船"的奋进观，双方明确共同的目标，同舟共济，在相互协作中完成共同肩负的历史使命。

2. 城乡文化相互学习、共同促进

城市文化和农村文化都是中国文化的重要组成部分，都是中国人民改造客观世界和改造主观世界的产物，是广大中国人民劳动和智慧的结晶，从根本上讲，没有先进和落后之分。然而，由于农村文化和城市文化所形成的环境和条件不同，在长期发展过程中客观上逐渐形成了自己的特点。学术界普遍认为，我国文化起源于农耕文明，虽然我国农村文化在经过几千年的发展演变后已经有了很大变化，但是，相对于城市文化而言，农村文化中较多保留了传统文化，发挥了优秀传统文化的重要"储存器"作用，而这恰恰是当前城市文化的主要短板所在。另一方面，以工业化、现代化为主要动力和基本内容产生和发展起来的城市文化，尽管仍然在一定程度上保有了我国传统文化的核心内容，但是其与农村文化比，其文化内容与时代结合得更加紧密，创新意识和开放意识更强，而这恰恰又是当前制约我国农村文化发展进步的重要瓶颈。我们强调加强城乡文化融合发展，就是要通过相应的体制机制创新，不仅能够让城乡文化之间交流更加顺利和自然，关系更为紧密，更要促使城乡文化之间能够互相学习，取长补短，从而达到共同发展的目标。

3. 城乡文化相互依存，一体发展

农村文化和城市文化原本是一个整体，就是这个整体在中国大地上顽强开拓、奋力发展，创造了辉煌的中国文化，也正是这个整体，创造了人类历史上持续5000年而仍然充满活力的文明奇迹。中国文化之所以能够创造出如此灿烂辉煌的成就且能持续数千年而不绝，其原因是复杂和多方面的，但是，有一点是肯定的，就是中国文化在其漫长的发展过程中始终是作为一个整体而存在的，在这个整体中，农村文化和城市文化作为中国文化的重要组成部分，它们互相促进、共同推动中国文化的健康发展。我们加强城乡文化的相互融合，就是要加强和维护中国文化的整体性，使城市文化和农村文化始终作为中国文化的有机组成部分，互相以对方的存在为发展基础，共同促进中国文化的健康发展。

四、开放

按照马克思主义唯物辩证法的观点，文化自身的因素是文化发展变化的根本原因，其动力的主要源泉是文化自身的内在力量。然而，文化要积养其内在力量、具有生机活力，同样需要开放。系统论认为，一个系统要维持其有序发展，就必须要从外界获取必要的物质、信息、能量，以满足自身的内在需要，也即必须要开放。文化作为一个系统性存在，其要持续发展同样需要开放，只有开放，才能吐故纳新、才能不断丰富和发展。习近平指出："本国本民族要珍惜和维护自己的思想文化，也要承认和尊重别国别民族的思想文化。不同国家、民族的思想文化各有千秋，只有姹紫嫣红之别，而无高低优劣之分。每个国家、每个民族不分强弱、不分大小，其思想文化都应该得到承认和尊重。"他又说："强调承认和尊重本国本民族的文明成果，不是要搞自我封闭，更不是要搞唯我独尊、'只此一家，别无分店'。各国各民族都应该虚心学习、积极借鉴别国别民族思想

文化的长处和精华，这是增强本国本民族思想文化自尊、自信、自立的重要条件。"我们加强城乡文化融合发展的目标之一，就是要把城市文化和农村文化建设成为一个开放的文化系统，以最大限度地保持城乡文化的生命力。这种开放性既包括了城乡文化系统的对外开放，也包括城市文化系统之间的相互开放，同时还包括包含城市文化和农村的中国文化整体的对外开放，是一个多层次和全方位的开放，是各个文化要素共同参与的开放。

1. 城市文化和农村文化的对外开放

一方面，城市文化和农村文化能够积极创新，勇于开拓，始终紧跟时代步伐，及时把人民群众在改造客观世界和改造主观世界过程中所形成的新的价值观念、生产生活方式和思维方式，以及由此形成的物质文化、制度文化和精神文化要素纳入自身的文化系统中，以保持自身的生机活力，始终代表中国文化的前进方向。另一方面，城市文化和农村文化能够积极面向世界，坚持洋为中用，在坚持中国文化主要特质，保持中国文化的核心文化要素的基础上，积极与其他国家和民族文化交流，与国外文化之间进行健康和有效的文化信息交换，在讲好中国故事，传播好中国声音，弘扬好中国文化，不断扩大中国文化在世界文化领域的话语权的同时，积极汲取其他国家和民族所创造的一切优秀文化成果。

2. 城市文化和农村文化之间的开放

城市文化和农村文化之间的开放既包括城市文化对农村文化的开放，也包括了农村文化对城市文化的开放。所谓城市文化对农村文化的开放，主要是指城市文化能够放下架子，汲取农村文化中的合理和优秀成分，不断用农村文化中的优秀文化要素充实、丰富和优化自己。所谓农村文化对城市文化的开放，主要是指农村文化能够积极汲取城市文化中的进步因素，并用城市文化中的进步文化要素不断发展和提升农村文化的特点。同时，在城乡文化融合发展的大目标下，城市文化和农村文化之间的这种开放性，将不仅仅是城乡文化之间简单地对对方某些文化要素的相互汲取，而是包括了城乡文化主体、城乡内容和城乡资源之间的平等、有序和自由流动,是城乡文化之间全方位、多层次的、常态化的互相开放。

3. 作为整个中国文化的对外开放

随着全球化和信息网络技术的快速发展和广泛应用,世界各国已经发展成为一个你中有我,我中有你的整体,也即习近平总书记所倡导的人类命运共同体。在全球化的世界图景中,民族文化的发展必须建立在与其他文化相互交流的基础上,以开放的姿态、平等的视角对待外来文化。加强城乡文化融合,建设同一片蓝天下的中国文化,不仅需要城乡文化系统坚持开放的理念,以保持城乡文化系统与外界文化环境之间的动态平衡,更要加强中国文化大系统的开放性,使得包含城市文化和农村文化的中国文化以开放、平等的视角来对待外来文化,积极汲取外来文化的优秀成果。当然,开放并不意味着放弃本真,更不意味着唯别人马首是瞻,而是要在开放中坚守文化自信,海纳百川,博采众长,坚持以我为主,为我所用。当然,在文化交流的过程中,我们尤其要警惕个别国家文化里的帝国主义思想,警惕帝国主义思想里的文化殖民现象。

五、先进

列宁在加强城乡间文化联盟的措施上曾经指出,"现在推行的文化联盟政策有别于资本主义制度下的旧联盟,在资本主义制度下的旧联盟只不过是向农民群众宣传一些在政治、经济、文化、道德等方面的腐朽思想,而现在的城乡文化联盟是要给农民群众讲文化、讲道德、讲纪律等与旧联盟相反的东西"[①]。在列宁那里,不仅指出了社会主义农村文化与资本主义旧联盟下农村文化的根本区别,更指明了社会主义农村文化建设的根本方

---

① 《列宁选集》第4卷,人民出版社1995年版,第679页。

向。今天，我们加强城乡文化融合发展，同样必须要坚持社会文化发展的前进方向，把先进性作为城乡文化建设的内在要求。具体地说，先进性作为我国城乡文化融合发展的重要目标，具体体现在如下几个主要方面：

1. 社会主义文化主导下的城乡文化

党的十八大报告指出，"建设社会主义文化强国，必须走中国特色社会主义文化发展道路，坚持为人民服务、为社会主义服务的方向，坚持百花齐放、百家争鸣的方针，坚持贴近实际、贴近生活、贴近群众的原则，推动社会主义精神文明和物质文明全面发展，建设面向现代化、面向世界、面向未来，民族的科学的大众的社会主义文化"①。《文化部"十三五"时期文化发展改革规划》强调，在"十三五"时期，我国文化建设必须要"坚持党对文化工作的领导，牢牢把握社会主义先进文化的前进方向，贯彻'二为'方向、'双百'方针，把中国梦和社会主义核心价值观贯穿到文化建设各领域各环节，坚持把社会效益放在首位、社会效益和经济效益相统一"。当前，世界多极化、经济全球化深入发展，文化多样化、社会信息化持续推进，各国的思想文化的交流、交融、交锋日趋频繁，文化在综合国力竞争中的地位和作用更加凸显，文化领域已经成为意识形态较量的主战场。这就要求我们在城乡文化建设中必须要坚持正确的文化方向，始终保持社会主义文化在城乡发展中的主导地位，积极培育社会主义核心价值观，这既是转型时期我国城乡文化融合发展的重要目标，也是建设文化强国的必然要求。

2. 建立在我国传统文化基础上的文化

中华传统文化，是中华文明成果根本的创造力，是民族历史上道德传统、各种文化思想、精神观念形态的总体。抛弃传统、丢掉根本，就等于割断了自己的精神命脉。习近平始终高度重视传承发展中华优秀传统文化

---

① 胡锦涛：《坚定不移沿着中国特色社会主义道路前进 为全面建成小康社会而奋斗》，载《人民日报》，2011年11月18日。

在中华民族伟大复兴进程中的重要地位，指出："中华文化积淀中华民族最深层的精神追求，是中华民族的丰厚滋养和突出优势，是我们最深厚的文化软实力。"强调"要使中华民族最基本的文化基因与当代文化相适应、与现代社会相协调，以人们喜闻乐见、具有广泛参与性的方式推广开来，把跨越时空、超越国度、富有永恒魅力、具有当代价值的文化精神弘扬起来，把继承传统优秀文化又弘扬时代精神、立足本国又面向世界的当代中国文化创新成果传播出去。"在《文化部"十三五"时期文化发展改革规划》中，也把弘扬优秀传统文化作为"十三五"时期我国文化建设的重要任务，强调要"把弘扬优秀传统文化与发展现实文化有机统一起来，在继承中发展，在发展中继承，实现中华优秀传统文化创造性转化和创新性发展。"这就要求我们在城乡文化建设过程中，必须要立足于中国传统文化这个基础，继承和弘扬我国优秀的传统文化，这既是转型时期我国城乡文化融合发展的重要目标，同时也是建设社会主义文化强国，实现"五位一体"战略布局的必然要求。

3. 紧跟时代步伐，与时代发展要求相适应的文化

文化和其他事物一样，不是静止不变的，而是发展变化的，随着社会的不断发展变化，人民的精神、价值趋向、道德观、社会认知度也会发生变化。文化是民族凝聚力和创造力的重要源泉，是综合国力竞争的重要因素，是经济社会发展的重要支撑。从根本上说，一个民族的进步性主要是由这个民族的思维、意识等的进步性，以及这个民族所表现出来的行为和价值观的科学性所决定。这就要求我们必须要把创新作为城乡文化发展的基本理念和重要方向，这不仅是时代发展的需要，是社会主义市场经济发展的必然要求，也是由文化的发展特性所决定的。对此，《国家"十三五"时期文化发展改革规划纲要》明确提出要把创新作为"十三五"时期我国文化发展的重要途径。"适应社会主义市场经济和高新技术发展要求，体现文化例外要求，加大改革力度，全面推进文化内容形式、方法手段、载

体渠道、体制机制、政策法规等创新,激发动力、增强活力、释放潜力,推动出精品出人才出效益。"

4. 把握文化前进方向,面向未来发展的文化

文化是一个时代社会的思维、行为和生活模式,一个社会选择什么样的文化决定了一个社会的现在和未来。文化的作用不仅要反应特定时代人们的精神、思维方式和价值观念等社会意识系统,为人们适应当下的社会生活提供一套尽可能完整的价值和意义系统以帮助人们顺利完成"社会化"的过程,尽快与其所处时代的经济社会的发展要求相适应,并为生活在这个时代的人们提供一个精神家园,尽可能地使每一个生活在其中的人们找到人生的意义。也正是从这一个方面来说,文化是一个民族的精神纽带,是社会发展进步的动力源泉。然而,这仅仅是其作为文化所应该具备的最基本的意义和价值。古罗马著名哲学家西塞罗在两千多年前就说过,教育的目的是让学生摆脱现实的奴役,而非适应现实。同样,对于一种先进的文化而言,绝不仅仅局限于此,而应该具有进一步为未来的社会构建精神家园、思维方式、价值观,为未来的人们提供其对人们的价值和意义体系的能力。同样,城乡文化建设也必须树立面向未来的目标和具有为未来城乡提供价值和意义系统的能力。这既是转型时期我国城乡文化融合发展的重要目标之一,也是检验我国城乡文化建设的重要标准。

总之,我国城乡文化融合发展不是简单地以城市文化战胜农村文化,用城市文化消灭和取代农村文化,也不是反之。而是要构建一个城市文化和农村文化相得益彰,共生、共荣、共享、包容、开放、进步的充满无限生机活力的城乡文化发展的形态。

第二章 我国城乡二元文化结构的困境与反思

事物是普遍联系和变化发展的,而事物之间的联系又是客观的,世界上既不存在无果之因,也不存在无因之果。城乡二元文化结构的形成与城乡关系的发展变化密切相关,城乡文化关系是城乡关系在文化领域的具体展开,城乡关系的发展演变是城乡文化关系发展变化的前提和基础。因此,探讨我国城乡二元文化结构的生成和演变离不开对我国城乡关系的考察。事实上,正是城市和农村长期的相互疏离、相互矛盾甚至相互对立冲突,最终导致了中国城乡二元文化结构的形成。

第一节 我国城乡二元文化结构的形成和演变

在近代以前的漫长农业社会里,农民、农村、农业是整个社会的基础。虽然,城市的政治、宗教和军事功能很突出,但总体而言,当时的城乡关系主要停留在农村养育城市阶段,乡土社会始终是中国社会的主体。与此相适应,在农村文化与城市文化的发展竞争中,农村文化也始终处于主导地位,居于支配地位。如:在物质文化方面,我国近代以前的城市规划和布局中,就非常典型地体现出农业文明时代的伦理文化特征,往往以我国农村传统的四合院结构来规划城市街区的布局，即以方格形为基础的街道网体系和以四合院为基础的建筑群体系。在制度文化方面，虽然城市是国家的政治中心和管理中心，但是，在我国漫长的农业文明时期，城市并没有形成独立于乡土社会之外的完善的城市管理制度和管理体系，而是按照乡村管理方式进行管理。在精神文化方面，当时的主流文化、民风、民俗和人们的信仰也是与农耕文化相适应和相匹配的，城市文化的核心内容也都是依附于农村文化的。总之，在我国漫长的农业社会里，城乡文化仍然是混为一体的。尽管近代以来，伴随着资本主义经济在我国沿海一些城市的萌芽，我国城市文化开始出现一些不同于传统农业文化的新特点，但是，农村文化作为中国社会文化主体地位始终没有发生大的变化。

历史地看，我国在整个农耕文明时期，乡村文化在中国文化系统中都是居于主导和支配地位的，城市文化和农村文化在本质上是一体的。我国城市文化和农村文化之间的相互分离，大致可以从鸦片战争开始算起，鸦片战争后，西方列强在我国境内设立各种城市管理机构，如1854年英、美、法三国在上海的租界中成立的"工部局"和后来的"公董局"，把西方的城市管理方式在租界内进行小范围的复制。1909年，随着清朝政府颁布《城镇乡地方自治章程》，城镇地区和农村地区的区分开始具有了法律的依据，中国社会的城乡二元社会开始萌芽，从那时候开始，城市文化开始了自己相对独立的发展过程。[①] 然而，客观地说，我国城乡二元文化结构的最终形成并开始出现固化趋势主要发生在新中国成立后，由于决策者在主观上受到城市偏向和二元结构理论的影响，加之客观上解决相关经济社会问题的需要，使得本已经具有分治趋势的城乡社会和文化格局被进一步强化，并最终形成城乡分治的二元社会格局和相互隔离的城乡文化格局。具体地说，新中国成立以后，我国城乡二元文化结构的形成和演变大

---

① 庄林德、张京祥：《中国城市发展与建设史》，东南大学出版社2002年版，第124页。

致可以分为以下几个阶段：

一、城乡文化自由发展阶段（1949—1953年）

新中国成立之初，经历过多年战争洗礼后的中国，百废待兴，重建家园，恢复经济成为这一时期的主要任务。在这一时期，我国传统的以乡村人口为主，以传统农业经济为主，以家庭保障为主的社会结构和产业结构并未发生大的变化，从总体上讲，中国社会仍然处在前工业化阶段。"1952年，在工农业总产值中，农业总产值占56.9%，工业总产值占43.1%。社会就业结构上，劳动力主要集中在传统农业部门。1952年，全国总人口57482万人，其中农业人口49191万人，占85.6%；非农业人口8291万人，占14.4%。社会劳动者人数共有20729万人，在三大产业结构中，第一产业17316万人，占83.5%；第二产业1528万人，占7.4%；第三产业1885万人，占9.1%。社会城乡结构上，城市化水平很低。1952年，城镇人口为7163万人，占全国人口的比重为12.46%；乡村人口50319万人，占总人口的87.54%。"[①] 这些数据说明，在新中国成立之初，农业、农村、农民仍然是中国社会的主要构成要素，我国仍然是一个以传统农业为主的农业国，城市和工业尚未成为社会主导因素。与这一时期我国的经济和社会结构相适应，城市文化也没有得到充分发展而在中国文化发展中取得主导地位。

另一方面，我国法律保护家庭财产权利，人口和经济要素可以在城乡之间自由流动，农民进城和城市人口下乡都不受限制。"1950—1952年城镇人口比重由10.64%上升到12.46%，城镇人口由5765万人增加到7163万人，增加了1398万人。1953—1957年第一个'五年计划'时期，国家开始大规模经济建设，从农村招收了大批职工，工业化的启动推动了城

[①] 国家统计局：《中国统计年鉴（1993）》，中国统计出版社1993年版，第211页。

化的发展。这一时期城镇人口达到9949万人,全国净增城镇人口2786万,其中由农村迁移到城市的人口为1500万左右,平均每年300万左右。"① 城镇人口比重从12.5%上升到15.4%。与此同时,国家组织和动员人多地少的内地向边疆地区移民,也组织动员城市疏散人口支援内地,支援边疆,支援农业建设。因此,这一时期存在着城乡之间人口的双向流动。50年代由城市迁往农村和由农村迁入城市的人数之比,大约是1∶1.8。这说明,当时中国的城乡关系是开放的,城乡之间的迁移是比较自由的,城乡之间的文化交流的渠道是基本通畅的。因此,尽管城乡之间由于生活环境,生产方式和生活方式等方面的差异,使得城市文化和农村文化之间形成各自的一些特点,在这种城乡居民自由流动和城乡居民经济生活地位相对平等的环境之下,城市文化和农村文化之间并没有出现严重失衡问题。

二、城乡文化的迅速分离阶段(1953—1958年)

这是我国城乡二元文化结构形成的关键时期。在这一时期,国家出台的一系列政策措施在客观上直接导致了城乡二元文化结构的形成。

1952年,随着国民经济的恢复和大规模经济建设的开始,城市人口迅速增加。1953年,全国城镇人口达到7826万人,比1952年增加663万,比1949年增加2016万。农村非种粮人口和因灾害减产造成的缺粮人口,需要供应商品粮的也有1亿人左右。加上粮食市场的混乱,出现了1953年春全国性的严峻粮食购销形势。为了解决粮食问题,1953年10月,中央接连召开几次会议,通过了《中共中央关于粮食统购统销的决议》,1953年11月19日,政务院通过《关于粮食的计划收购和计划供应的命令》。到1954年夏,又分别对食油和棉花实行了统购统销。

---

① 陆学艺、李培林:《中国社会发展报告》,辽宁人民出版社1991年版,第284页。

1956年以后，由于大量农民开始流向城市，给城市的经济社会秩序造成了巨大冲击。为了解决当时在全国范围内出现的严重的"盲流"问题，1956年12月，周恩来总理签发了《国务院关于防止农村人口盲目外流的指示》，但盲流问题并没有得到制止。为此，中共中央、国务院又于1957年3月、9月和12月连续下发通知和指示，要求各地采取坚决措施制止农民外流，开展生产自救战胜灾荒，同时禁止城市粮食部门供应没有城市户口的人员粮食，禁止工矿企业私自招用农村劳动力。1958年1月，经第一届全国人大常委会第91次会议通过，公布实施了《中华人民共和国户口登记条例》。

总之，统购统销制度和严格的户籍制度通过制度把城市和农村人为地分为两个相互隔离的部分，城乡二元社会结构的格局初步形成，从而在客观上为城市文化和农村文化的隔离和分化创造了现实条件。

三、城乡二元文化结构的最终形成（1958—1978年）

这是强化城乡二元结构的阶段。为了从根本上防止农民盲目地进入城市给城市经济社会生活造成冲击，最大限度地把农民捆绑在土地上，从而为城市和工业发展生产出更多的粮食和其他农产品，1958年，第一个人民公社在河南建立，之后迅速推开，并在全国农村普遍建立了人民公社制度。"人民公社通过土地的集体所有制、集体的生产和分配，通过'三级所有、队为基础'所控制的各方面资源，实现对农民的集中管理和控制，这就形成农民对人民公社的依附性，同时也制止了可能出现的土地兼并和两极分化，防止了流民的产生。因此，这一制度是城乡二元社会结构农村方面的稳定条件。"[①] 此外，为了稳定城市经济社会秩序，中央又出台了城

---

① 刘应杰:《中国城乡关系演变的历史分析》，载《当代中国史研究》，2014年第2期。

市劳动就业和社会福利保障制度,把城市居民从出生到上学,从就业到退休,包括生老病死、衣食住行,都纳入到城市的社会福利和保障体系之中。此后,又在这个基础上推行了票证、就业政策等一系列配套措施,严格限制农民向城市流动。

总之,随着农产品统购统销制度,以及严格的户籍制度的建立和完善,以及在此基础上形成的土地、住房、就业、医疗、养老、财政、税收等一系列城乡分治制度体系,城乡之间相互封闭的关系状态得以全面形成,使得城市和农村之间的正常文化交流被切断,城乡之间的文化分野开始出现,并最终形成了与城乡二元社会结构相适应的城乡二元文化结构。

第二节 我国城乡二元文化结构的特征

文化是一个十分复杂的概念,关于文化的定义有很多种,然而,迄今为止学术界尚没有一个统一的定义。一般认为,文化是一个复杂的社会系统,主要包括物质文化、观念文化、行为文化和制度文化等内容。据此,我们把城乡二元文化的主要特征概括为以下几个方面,即:物质文化的二元性、行为文化的二元性、制度文化的二元性和观念文化的二元性等。

一、城乡物质文化的二元性

在城乡二元文化的众多表现中,物质文化的二元性是最为表层,也是最明显的特征。所谓物质文化的二元性,是指由于城乡经济社会发展不平衡所导致的城市和农村在物质文化形态方面的巨大差异。

2006年11月,湖南卫视《洞穴之光》向人们展示了一所山区的农村学校,一个洞穴就是一间教室,一块木板就是一张书桌,墙角的蜘蛛网就是孩子们感知的"网络世界"。而那些来"洞穴"戒"网瘾"的城里孩子，他们的学校早已现代化，教学楼、实验楼、教师楼一应俱全。"洞穴"与"大楼"的差距不是简单的"物态"差别，而是二元文化的"物态性"反映。虽然这只是一个比较极端的个案，在绝大多数情况下，农村和城市的差距并没有这么大。但是，这也反映一个简单但是普遍的问题，这就是农村和城市在物质文化水平方面客观上差距巨大，而这种差距足以让人们形成这样一种刻板的印象：这样的状况就是农村，那样的状况就是城市。所以，如果农村的道路变得宽敞了，农村的房屋变得漂亮了，人们对种现象的最高评价便是：这里变得越来越像城市了；如果农民的生活改善了，农民吃的东西比较精致了，农民穿的衣服比较时髦了，人们对这个农民的最高评价便是：他（她）越来越像城里人了。

如果说农村和城市的物质文化二元性反应在城乡居民之间的吃饭、穿衣、住房等方面的还是数量上的多和少、质量上的优和劣、外部上的美与丑的差距上的话，那么，城乡物质文化的二元性反应在基础设施和大部分文化实施等方面则是有和无的差距。如城市有公共汽车、地铁，有的地方甚至还有磁悬浮列车，绝大部分农民（长期在城市务工的农民知道的概率要大些）甚至都没有听说过上面这些名字，就算偶尔从外面听到它们的名字，也只能在头脑里按照自己的经验去想象了。又如在文化设施上，城市居民时空见惯的音乐会、文化艺术中心、海底世界等，在很多农村居民的生活中是没有这些词汇的。

总之，长期以来，农村和城市在物质文化方面的所表现出来的二元性，不仅能够让人们非常容易地把农村和城市区分开来，甚至已经进一步变成了"农村就是这样的，城市就是那样的"的固有观念。虽然这只是文化的表层，但是恰恰是这种"表面"的巨大反差孕育了城乡之间的不同"躯体"乃至"内心"，是城乡二元文化形成的物质基础。

二、城乡生产和生活方式的二元性

所谓行为文化主要是指在特定环境下所形成的人们普遍采取的生产方式、生活方式,以及与这种生产方式、生活方式相适应的社会交往方式,是文化作用在人们身上的重要形式,是一种文化区别于其他文化的最重要表征。在我国长期实行"城乡分治"的背景下,我国城市文化和农村文化在行为文化方面的差异也是十分明显的,在现实生活中,这种差异往往表现为处于强势地位的城市居民对处于弱势地位的农民的轻视、漠视和歧视。

城市居民和农民,由于他们的生产和生活环境不同,在长期的社会实践中逐渐形成了具有自身特点的生产和生活方式,如:农民长期定居在农村,耕田种地,养羊放牧就是传统农民的主要工作;市民长期居住在城市,主要从事工业生产、商业贸易等非农工作。农民穿着朴素,生活俭朴;城市居民穿着时髦,对生活要求比较高。农村社会关系是主要建立在血缘、地缘基础之上的熟人社会,彼此之间依靠亲情、乡情和友情紧密结合在一起;城市的社会关系主要是建立在利益基础上陌生人社会,主要依靠契约等原则来调节彼此关系。农村在一定程度上保留了节庆、修房、乔迁、婚嫁、丧葬的传统礼俗;城市则追求现代生活方式,越来越多的人重视感恩节、情人节、圣诞节等西方节日。这些差异是城乡居民在不同的生产、生活环境中所形成的,是人类生活实践的产物,既具有形成的客观性,也有存在的合理性,本身并没有先进和落后之分。然而,在城乡二元文化背景下,城乡之间的这种差异被人为地贴上了身份的标签,成为城乡居民互相疏离和排斥的理由。

而且,在城乡二元文化的大背景下,这种标签已经打破了地域的界限。只要你是农民,不管你在农村还是在城市,地域本身已经并不重要,重要的是你的身份是农民还是市民。甚至也已经完全超越了生产和生活的本身，只要你的身份是农民，不管你在农村还是城市，你所从事的生产活动就被认定是低级的活动。而且已经超出了生产方式本身，你从事什么样的工作，穿什么样的衣服，过什么样的生活等，本身已经并不重要，重要的是你的身份是农民还是市民。也就是说，在城乡二元文化背景下，由于城乡之间在生产方式的差异已经具有了文化的意义，并且已经成为城乡居民的既定观念，如：农民进城以后虽然已经离开了农村和土地，客观上已经成为城市产业工人，但在多数城市居民眼里，他们永远都是城市的"农民工"。

三、城乡制度文化的二元性

所谓城乡制度文化二元化是指在城乡之间实行不同的制度和政策，实行"城乡分治"所引发的城乡文化之间的矛盾和冲突。这既是城乡二元文化的重要表现，同时也是我国城乡二元文化形成的重要原因。如上文所述，长期以来在城市和农村实施不同的政策和制度，是导致我国城乡二元经济社会结构的重要原因，同时也是形成城乡二元文化格局的重要原因。正是城乡之间的不同制度和政策，加速和固化了城乡二元经济社会结构，并进一步形成了城乡二元的文化结构。改革开放后，我国开始意识到城乡二元结构及其给国家经济社会发展所带来的严重危害，并在制度层面进行了一些调整和创新，以缓解城乡矛盾。如：取消了统购统销制度，越来越重视发挥市场在生产和生活资源的配置作用；废除了旨在限制农民进入城市生产、生活的人民公社制度，解放了农民迈向城市的脚；逐步放开了城市的户籍制度，废除了附加在城市户籍中的就业、住房、粮食和生活用品优惠供应等一系列隐性福利等，城乡二元社会格局开始松动。然而，另一方面，除了原有的城乡分治制度尚未完全根除之外，还产生了一些新的城乡分治制度，城乡二元制度格局并没有得到根本解决。

1. 城乡二元户籍制度

长期以来，我国通过在城市和农村实施不同的户籍制度而把城市居民和农村居民区分开来，而且在现实生活中，因为拥有城市户籍，城市居民所享有的福利保障和劳动就业机会就远远高于农民。曾几何时，拥有一张城市户籍卡成了农民子弟高不可攀的梦想，成为阻挡农村居民进入城市的铜墙铁壁。十一届三中全会后，随着市场经济体制逐步建立和健全，我国户籍制度的改革也不断深入推进，多数城市的落户准入条件逐步放宽，农民取得城市户籍的制度门槛越来越低，非农业户籍人口的城市迁移环境大为改善。然而，几乎所有的城市都实行人口准入制度，这些城市政府往往以自身利益最大化为出发点，对非户籍人口普遍存在排斥和歧视情况，普通农民进城落户的制度性障碍尚未得到根本解决。

2. 城乡二元产权制度

在我国现有的法律框架内，城市和农村土地的性质是有区别的。法律规定，城市土地属于国家所有，农村土地和城市郊区的土地，除了由法律规定属于国家所有以外，归集体所有。城乡土地性质不同，其所带来的收益也不同。农民对土地只有承包经营权，不能变更土地使用性质，也不能自由买卖。而且，长期以来，土地的承包关系不明确，土地权能残缺，农民的土地财产权利难以得到有效保护。农民对自己的宅基地和住房的产权也不清晰，不能像城市商品房一样进行银行抵押，进行正常的市场交易。

3. 城乡二元社会保障制度

改革开放以来，特别是近十多年来，我国在构建城乡社会保障体系方面进行了大量的工作。"新农合"于2003年起开始实施，"新农保"从2009年开始在全国试点推行，并最终在2014年把原有的农村新型社会养老保险和城镇居民社会养老保险合并，建立起了新的城乡居民基本养老保险制度。然而，"由于长期以来城乡二元社会结构并没有得到根本的解决，我国城乡社会保障体系在保障机制、基金筹措、管理办法、保障标准、保障覆盖率等诸方面都有很大的差异"①，城乡社会保障制度在保障标准、保障内容等方面差异巨大，城市和农村在社会保障制度方面的"二元化"问题仍然十分突出。如："中央财政资金用于社会保障事业比重在不断加强，但是，农村社会保障水平依然主要依托地方政府投入和农民自身经济能力，而其他各类资金来源如慈善、社会捐赠等又难以落实到农村，加之人口老龄化问题日益严重、通货膨胀的压力、资金缴费的不确定性等因素影响，农村社会保障事业资金储备明显不足。"②

4. 城乡二元基础设施建设和资金投入制度

长期以来，我国实行城乡分别化的资源配置制度没有发生根本变化，基础设施建设和资金投入的城乡二元特征仍然十分明显。"城市中的教育卫生和基础设施，几乎完全是由国家财政投入，而农村中的教育卫生和基础设施则主要用征收'三提五统'等办法由农民自己负担。城市的公共设施、公共事业主要是通过国家财政投资和市场化运作，而我国广大农村的公共设施、公益事业仍然主要靠从农民头上摊派、集资、收费甚至罚款来解决，农民不堪重负。虽然，近几年来我国城乡之间在公共设施方面的矛盾已经得到一定程度的缓和，但根深蒂固的二元制度已渗透到经济、政治、社会、文化等各个领域，并且盘根错节，互为依存，要从根本上得到解决还有很长的路要走。"③我国长期实施的城乡二元基础设施建设和资金投入制度，使得我国农村基础设施相较于城市基础设施建设处在劣势地位，农村地区基础设施供求不平衡，供给远远不足，使得农村居民共享现代化文明受到阻碍。

---

① 张林山:《深化改革 破除农村劳动力 转移就业的制度障碍》，载《中国经贸导刊》，2013年第22期。

② 张林山:《深化改革 破除农村劳动力 转移就业的制度障碍》，载《中国经贸导刊》，2013年第22期。

③ 刘奇:《二元文化：城乡一体化的"暗礁"》，载《中国发展观察》，2012年第11期。

四、城乡观念文化的二元性

观念文化尤其是其内含的价值体系处于文化系统的深层，是文化的核心内容，也是文化系统诸文化要素中最为稳定的部分。然而，由于长期以来我国缺乏完善的城乡文化融合机制，使得城乡文化之间的差距越来越大，并最终影响到城乡文化中的观念文化，使得我国城乡观念文化也呈现出明显的二元化特征。当前，我国城乡观念二元化主要表现在婚姻、生育和养老观念、消费观念、教育观念、择业和就业观念、休闲保健观念、丧葬观念等多个方面。

1. 城乡婚姻、生育和养老观念的二元化

城市居民和农村居民，由于其的生活环境、生活习惯和文化层次等不同，他们的婚育、养老观念也不同。在婚姻方面，农村居民普遍接受早婚，男娶女嫁，要求门当户对；城市居民则普遍接受晚婚，讲究"三观"相合，性格相合。在生育方面，农村居民大多仍然固守"早生早享福""多子多福""不孝有三，无后为大"等传统观念，普遍接受早生早育、多生多育，重男轻女思想严重；城市居民则追求个人价值实现，追求少生和优生优育，男孩女孩一样的观念。在养老方面，农村居民普遍认同家庭养老，儿子养老和养儿防老等观念；城市居民则普遍接受自我养老、社会养老，有的甚至开始考虑以房养老和互助养老等新观念。

2. 城乡消费观念的二元化

改革开放以来，我国广大农民的物质文化生活水平大幅度提高，越来越多的农民不再满足于吃饱穿暖的基本生活标准，越来越注重居住质量，对文化娱乐、交通、通讯、医疗保健等服务需求迅速增加，开始出现高级化和个性化的发展趋势。然而，广大农民的消费观念并没有发生根本的变化，他们"黜奢崇俭"，反对"寅吃卯粮"，勤俭节约，注重商品的实惠、耐用、实用性，消费时小心谨慎，勤俭节约，艰苦奋斗仍然是广大农民共同坚守的重要美德。相反，城市居民的消费观念则要超前得多，"今天花明天的钱"，追求消费的时尚化、个性化，在消费时越来越注重所谓的品牌、品质、品味。部分人甚至消费奢侈，攀比性较强。

3. 城乡教育观念的二元化

大多数城市居民能够深刻认识到良好的教育对于人生的重要性，十分重视对子女的教育和培养，把子女教育列为首要任务，不惜在教育方面投入大量的时间和金钱，对教育的期望值较高。与城市相比，农村居民对子女的教育没有那么重视，对教育质量和教育环境的要求也没有城市居民高，有的甚至存在读书无用论的思想，宁可让子女少读书或不读书而去打工挣钱。

4. 城乡就业观念的二元化

城市人择业观念比较强，年轻人中除少数有条件的选择自主创业外，大多数人的就业期望值比较高，他们要么瞄准体制内工作，希望考入机关事业单位当公务员，做白领；要么瞄准国有企业或者待遇优厚的外资企业，不愿意从事体力性、比较辛苦的工作。农村父母期望子女务农、务工，对子女从事何种职业无所谓，对于绝大多数农村年轻人来说，能够找个工作挣钱就好，就算是这份工作不做了，回到家乡种田，有吃有穿有房住没有温饱顾虑就满足了。

5. 城乡丧葬观念的二元化

随着农村居民的生活质量和文明素质的大幅度提高，农民居民的生活习惯和生活方式逐渐城市化，他们与城市居民的差距越来越小。然而，城乡丧葬观念的差别还非常大。在城市，整个丧葬过程基本上在殡仪馆完成，一般来说，死者的遗体在仪式完成之后即被火化，很少发生扰民现象，大多数丧葬仪式庄重、简单、文明。在农村，丧葬方面的繁文缛节很多，整个过程序复杂，耗时费力，有的甚至把多花钱办丧事作为在亲朋好友面前炫耀财富的资本，互相攀比，大办特办，而且在很多地方还保留了土葬的陋习，浪费了大量的土地资源。城乡之间在丧葬文化方面的这种巨大差异已经成为城乡文化融合的重要障碍，在有的地方，如城乡交界处，甚至已经成为城乡之间贫富差距扩大和城乡居民之间矛盾冲突加剧的重要原因之一。

五、城乡社会关系的二元性

转型时期我国城乡二元文化还突出表现为城市和农村在社会关系方面的巨大差异上，也即城乡社会关系的二元化。由于长期以来我国城乡之间经济文化发展不平衡和城乡分治下所导致相互隔离，以及城市和农村在自然条件、历史传统、人口因素、经济状况以及文化氛围等多种因素综合作用，使得城市和农村社会各自形成了相对独立的社会关系网络，并逐渐形成了城乡之间在社会关系领域的二元格局，这不仅使城乡居民在日常相互交往的实践中彼此都感到难以适应，形成思想感情上的隔阂，也严重影响我国城乡经济社会的健康发展。

1. 邻里关系的二元化

农村居民所居住的村落是历史形成的，其所在的社区相对封闭，与外部交流接触少，构成比较单一，流动性不强，而且是祖祖辈辈居住在一个固定的区域，彼此朝夕相处，知根知底，关系融洽而稳定，关键时刻能够互帮互助，互相照应。城市社区与农村社区相比则要开放得多，而且，城市社区居民空间范围大，人口集中，城市居民来自五湖四海，构成多样，流动性大，加之风俗习惯不一，文化传统各异，致使城市居民之间交流甚少，很难像农村居民那样建立起比较稳定的相互熟悉、互帮互助的邻里关系，有的甚至长期住在在同一小区，同一楼栋，同一单元的居民之间都互不认识，是一个典型的"陌生人社会"。

2. 工作关系的二元化。

农村产业结构单一，分工简单，居民同质程度较高。由于具有共同的职业，农村居民之间相对城市居民会有更多的相同的地方，而且，由于长期从事共同的职业，使得农村居民之间能够形成相同的日常的风俗习惯和生活方式，对同一事物具有相同或者相近的认知模式和评价标准。因此，一般来说，农村居民相互之间普遍具有较高的理解度和认可度，从而有利于彼此之间的和谐相处。而城市则不同，由于科技含量高，城市的产业结构十分复杂，社会分工很细，因此，即使生活在同一小区、同一楼栋的居民之间由于来自不同的职业群体，彼此之间在思维方式和行为方式，行业习惯和行业文化等方面的区别十分明显，从而使得他们相互之间在交流和沟通方面面临很多困难。

3. 家庭关系的二元化。

在我国传统的农村社区中，血缘关系和宗法关系仍然是整个农村社会关系的核心，他们的家庭观念和家族观念十分浓厚，个体、家庭与家族之间往往是"三位一体"，居民个体与家庭成员之间的关系仍然是所有人际关系中最紧密和最稳固的社会关系。而城市则不同，由于社会分工越来越精细，加之个体之间文化素质的较大差异，同一个家庭的成员往往从事着不同的职业，在不同经济社会组织工作和生活，家庭逐渐成为一天工作后的休息驿站，个人的生存和发展同家族甚至家庭的关系不大，而主要取决于自身素质及行业状况。这就使得城市居民的个性色彩日趋浓厚，传统的宗法观念、血缘亲情观念不断淡化，社会角色以及由此所派生的业缘、趣缘等关系成为主导方面。

4. 人际关系的二元化。

城乡人际关系的二元化也十分明显。"在农村，由于封闭落后，居民流动性小，通婚圈狭窄，亲缘、族缘关系错综复杂，加之受封建宗法观念的影响，所以他们待人接物更多的是注重亲情，以亲戚远近辈分大小为尺度，个人的社会地位则退居其次。城市居民则不同，由于城市属开放型社区，居民流动性大，业缘、志缘、趣缘关系居于主导地位，因而他们的角色意识和等级观念都比较强,上下级、同事和亲朋之间都有不同的相处原则和方式。"①

总之,城市的社会关系和农村的社会关系已经成为两个不同的网络,分别反映了城市和农村之间两种不同的生产方式和社会文明。农村的人际关系淳朴融洽,虽然有利于社会的稳定和发展,但因其是农村落后的生产和生活方式的反应而越来越不能适应社会发展的客观要求;城市的人际关系虽是新的生产和生活方式的产物,但也存在不少有悖于人性的缺陷。这既为城乡文化融合发展带来了巨大难度,也从另一个方面表明,我国推进城乡文化融合发展的重要性和紧迫性。

第三节 我国城乡二元文化结构的成因

我国二元文化结构形成的原因是多方面的,既有客观方面的原因,也有人为政策因素的影响;既有经济、政治的原因,也有社会、文化等方面的因素,是多种因素长期共同作用的结果。

一、城乡二元文化结构形成的经济原因

马克思主义认为,社会存在决定社会意识,经济基础决定上层建筑。在影响我国城乡文化发展,导致城乡文化二元结构形成的众多因素中,经济因素是最根本的因素。如前所述,在漫长的农耕文明时代,土地是社会发展的主要资源,使得农村文化和城市文化长期混为一体。进入到工业化时代后,土地在经济社会发展中的作用逐渐弱化,资本和技术在经济的作用上升,并最终取代土地成为主要生产资料,工业取代农业成为主要产

---

① 王喜平:《城乡人际关系差异成因的系统考察》,载《系统辩证学学报》,2001年第3期。

业。这就使得以工业生产为主,资本和技术高度集中的城市在国家经济发展中的地位迅速上升,并最终取代农村成为特定地区的经济、政治和文化中心,为城乡二元文化结构的形成奠定了经济和物质基础。进入工业化后期,随着工业化的不断推进和城市化的快速发展,工业开始取代农业在我国社会中的主导地位,城乡关系被重新构建,我国社会开始步入工业主导农业,城市主导农村的时代,工业和服务业成为整个社会经济生活的核心。与此相适应,城市文化也逐渐取代农村文化成为社会的主导文化,城乡二元文化结构最终形成。

二、城乡二元文化结构形成的政策原因

我国城乡二元文化结构的形成既是社会分工和工业化发展的必然产物,更是我国在特定历史时期采取"城乡分治"政策的必然结果。一方面,随着我国由农业社会向工业社会的转型,以工商业为主的城市必然在生产方式、生活方式和管理制度等方面发生重大变化,并最终形成与农村文化差别巨大的城市文化。因此,城乡文化的形成具有客观必然性,是社会分工发展的产物。正因为如此,所以城乡文化之间的差异和分离并不是单纯的"中国特色",绝大部分已经进入后工业化时代的国家和正处于工业化阶段的国家在文化发展过程中都曾经有过或者正面临相似的状况。然而,所不同的是,在我国城乡二元文化结构的形成过程中,政策因素的作用尤为突出。如统购统销制度把农业生产价值无偿转移到工业和城市,加速了城乡经济社会和文化发展的两极分化;城市和农村不同的户籍制度严格把农民排除在城市生活之外,基本截断了城市和农村的文化交流,使得城乡文化越行越远等,甚至直到今天,一些地方仍然存在漠视、歧视农业、农村和农民的现象;一些地方的城市偏向政策依然非常严重,城乡二元文化的存在基础没有明显松动,等等。

三、城乡二元文化结构形成的文化原因

如果说，经济因素和政策因素是我国城乡二元文化形成的直接原因的话，那么，文化因素则是我国城乡二元文化结构产生和形成的更深层原因。纵观我国历史，占人口大多数的农民是历代统治者盘剥和压榨的主要对象，这一方面是由于我国是农业大国，农民的人口基数大，容易在短时间内迅速集中统治者所需要的物质生活资料；另一方面，也由于我国农民的民主意识不强，不敢不能也不会争取自己的民主权利，只要还能够勉强活下去，一般都不会走上和统治阶级直接对抗的道路。这种现象的结果，不仅使得统治者往往在需要大量资金和财富的时候，首先想到的承担对象是农民，而且也使得农民的牺牲和付出逐渐衍生成为一种文化，把广大农民的付出和牺牲看成是自然而然、理所当然的事情。新中国成立后，我国的农民和工人，以及其他社会主义劳动者一起共同成为了国家主人，农民的民主权利，尤其农民的生存和发展权得到了法律保障。然而，不可否认的客观事实是，中国农民为我国的革命胜利、社会主义建设和改革开放的成就做出了巨大贡献，功不可没。"战争年代，农村包围城市；建设年代，农业支援工业；改革年代，农民服务市民。尤其自1958年城乡二元户籍管理的颁行，更将这种贡献制度化。值得警醒的是，二元制度很快演绎出二元社会，二元社会又孕育出二元文化。二元文化的生成，使'三农'贡献社会成了天经地义的事情，得到全社会普遍认同，而且，逐步上升到社会意识形态层面，反作用于二元制度。这种社会潜意识更凝结成思维定势，当社会发生危机时，人们便自然而然地想到让农民担当，一个中国最庞大的弱势群体就这样每每成为吸纳危机的海绵体。"[①]农民、农村和农业对市民、城市和工业乃至整个国家的贡献和牺牲也就逐渐演变成为一种"从来就不需要想起，但是永远也不会忘记"的文化，这是我国城乡二元文化结

---

① 刘奇：《二元文化：城乡一体化的"暗礁"》，载《中国发展观察》，2012年第11期。

构形成的最根本原因，也必将是打破城乡二元文化结构，实现城乡文化融合发展的最大障碍。

第四节 城乡二元文化结构对城乡文化发展的危害

改革开放40年来，我国政治、经济、社会、文化和生态环境等都已经发生了巨大变化，40年的改革开放也使我国社会进入了全面而深刻的社会转型时期。"中国社会正在从自给半自给的产品经济社会向社会主义市场经济转化，正在从农业社会向工业社会转化，正在从乡村社会向城镇化社会转化，正在从封闭半封闭社会向开放社会转化，正在从同质单一性社会向异质多样性社会转化，正在从伦理社会向法理化社会转化。"[①] 这种转型归根结底是中国社会由传统社会向现代社会的转型，或者说，中国社会转型的最终目标是实现中国社会的现代化，当下中国社会则正走在现代化的道路上。因此，由工业化、信息化、城镇化和农业现代化，及其所内含的城乡一体化，既是我国经济社会发展的方向和目标，也是当前我国城乡文化发展的重要时代背景和时代际遇，它既给我国城乡文化发展带来了新的重大机遇，也给城乡文化融合发展带来了新的严峻挑战。

一、信息化发展背景下我国城乡文化的新疏离

我国的现代化尚未完全迈进工业化门槛，信息时代的浪潮就已经汹涌而至，不过短短三十多年的时间，它就已经成为现代科技中最有生机、最有活力的领域和最剧烈地改变人的生存方式、最具现代性意义的科技力

---

① 陆学艺、李培林：《中国社会发展报告》，辽宁人民出版社1991年版，第29页。

量。在当代中国现代化的发展进程中，信息化无疑是其中最为显著的特征和最能够彰显现代性的重要因素之一，它不仅极大地丰富了人们的物质文化生活，也正在深刻影响城乡文化的生存状态和发展方式，为城乡文化的发展和城乡文化一体化提供了新的物质技术手段。如果说人民公社制度的废除和农村家庭联产承包责任制的实施解放了农民的"脚"，实现了我国农民的身体"进城"，为广大农民提供了直接体验城市文明的机会的话，那么，信息化的快速发展，以及由此所逐渐扩大的城乡信息一体化则进一步解放了广大农民兄弟的"脑"，实现了我国农民思想和文化"进城"，为城乡文化的全面接触打造了一个全新的平台，开启了城乡文化全面接触和交流的新时代。然而，另一方面，我国长期以来城乡二元分割的特殊国情及其所形成的城乡文化发展的独特路径，却又决定了我国城乡文化在信息化条件下必然面临新的现实困境，信息化的快速推进非但没有能够有效地消弭城乡之间原有的巨大文化差距，反而"固化"和"放大"了这种差距，使城乡文化在信息化推进过程中存在进一步疏离的危险。

1. 城乡文化交流的"单向化"

广播电视是信息化的起点和重要构成部分，也是当前我国城乡社会普及率最高的信息化"载体"，其在城乡文化的发展和交流中发挥了不可替代的重要作用。近年以来，随着我国电子技术的发展和农民生活水平的提高，彩色电视机已经普遍进入城乡家庭，收看电视节目已经成为当下人们最重要的休闲和娱乐方式。数据显示，1990年每百户拥有彩电量为4.72台，2005年这个数字已经达到了84.08台，城镇的居民每百户拥有量134.8台，到了2010年农村居民家庭每百户拥有彩电数量上升到111.79台。在电视网络方面，我国广播电视"村村通"工程已覆盖全部行政村和２０户以上通电自然村，全面完成中央无线广播电视覆盖工程，全国２亿有线电视用户已有1.1亿户实现数字化。

这种广播和数字电视网络的城乡覆盖，不仅极大地改善了农村文化民生,丰富了农村居民的文化生活,加速了农村的现代化进程,同时,也为城乡文化的发展和交流创造了广阔的平台,为城乡之间的文化整合和彼此认同带来了无限的发展空间。正如勒纳在其《传统社会的消逝》一书中所描述的那样,通过广播电视网络传输的丰富音像信息必将充分发挥其特有的"移情"作用。勒纳认为,"在当前第三世界国家发展中,科学技术的进步已经可以使价格低廉、功能强大、便于携带的大众化传播媒介设施普及于穷乡僻壤,人们可以足不出户而接触到来自全球各个角落的信息,通过声音图像获得有关新事物、新模式、新生活方式的形象化,可以在一定程度上弥补地理流动和不足产生的缺陷。这样,就可以把社会流动和变革的思想传播给其他成员。这里,大众传播媒介因其特有的快速大量传递信息的作用,而被称为发展过程中的'奇妙的放大器'"①。

然而,这只是问题的一方面。另一方面,广播电视网络的数字化发展和城乡覆盖所带来的并不完全是城乡之间的信息共享和文化的平等交流。由于迅速扩大的广播电视网恰逢中国社会深刻的经济转型,这就使得原本"中立"的信息载体正在逐步沦为工业和广告商便利的牟利工具,广播电视传媒的社会性被严重遮蔽,色彩绚丽的电视荧屏必将更多展现都市的"热闹"与"繁华",而受众占我国人口的70%以上农民则往往成了信息化进程的"旁观者",城乡文化发展过程中的"马太效应"日益明显。换言之,处于传统优势的城市仍然是现实中的优势者,城乡文化之间的"单向化"日益明显。

2. 城乡人际交往的"间接化"

近年来,随着通信技术特别是移动通信技术的快速发展和广泛应用正在深刻改变城乡居民的生活。据工信部统计,截至2012年底,中国农村100%的行政村已接通电话,20户以上的自然村通电话率达到95.1%。在

---

① 戴俊潭:《电视传播与转型时期中国农民的意识现代化》,复旦大学2004年博士论文,第76页。

中国的广大农村地区，手机拥有率上升至90%。在东南沿海一些发达地区，城乡一体的电话通信网早在20世纪80年代就已经建设完成，并正在向智能化和便捷化发展。如：广东省东莞市于1987年5月成为全国第一个城乡一体化的程控电话本地网之后，经过多次改进和升级，时至今日，这条程控电话网早已实现使用光纤传输，覆盖全市所有镇街。即使在经济发展相对缓慢的中部和西部地区，随着农村经济水平的提高和手机价格的下降，近年来，农村的移动电话普及率也持续走高。

显然，这不仅为农民致富、农业发展、农村进步铺设了信息高速路，同时也缩小了城乡间的信息距离，为城乡文化的融合发展创造了有利条件。然而，另一方面，固定电话和手机在为人们带来便捷的同时，也大大地减少了人们之间直接交流接触的机会，心与心之间的隔膜在这种表面的看似日益频繁的"不见其人，但闻其声"的联系之中与时增厚，并最终导致人际关系的进一步淡漠乃至异化。对此，英国埃塞克斯大学心理学者设计两项实验，探查手机对人际交往的影响："第一项实验中，研究人员征募37对互不相识的志愿者，让他们围绕过去几个月中自己遇到的一件趣事聊天10分钟。志愿者处于私密环境，均坐在椅子上，附近的桌子上放着其中一人的手机，另一半人则放置个人笔记本电脑。第二项实验有34对互不相识的志愿者参与。研究人员要求他们中一部分人聊一些家常话题，一部分聊自己经历过的'最有意义的事件'。对话过程中，同样会在附近的桌子上摆放手机或笔记本电脑。谈话结束后，研究人员都会询问志愿者对谈话对象的印象，依据标准心理评估模型打分。两项实验结果均显示，如果谈话过程中手机出现在视野中，即使没在使用，依然会显著降低志愿者的聊天积极性，笔记本电脑则不会产生这种效果。此外，经历一次'有意义'的谈话远比闲聊更能让谈话对象产生亲近和信任的感觉。研究人员在最新一期《社会与人际关系杂志》发表报告说，在面对面交谈中，手机会降低移情作用和人的理解能力。所谓'移情'，在心理学中指一种能深入他人主观世界,了解对方感受的能力。他们因此建议人们在约会或重要会面中把手机放在口袋里,而不要拿在手里摆弄。"① 英国《每日邮报》援引研究带头人安德鲁·普日贝尔斯基的话报道:"两项实验中,我们均找到手机对亲近度、沟通和交谈质量产生负面影响的证据。交谈中手机的出现会指引人想到当下社会环境以外的其他人或事。"

正如美国麻省理工学院信息社会学教授谢里·特克尔在其最近出版的新书《一起孤独》中提到的那样,"我们每日花更多的时间与更多的人联系,这种联系却让我们更孤独。"他同时提醒,科技重新定义我们对"亲密与孤独"的观念,用"伪技术关系"替代"持久的情感联系"是极危险的,这些技术使人们觉得相互间十分亲密,其实却在不断疏离。显然,这种以固定电话和手机为主要工具的现代通信所伴生的"疏离"效应也同样发生在城乡文化之间。随着固定电话和移动手机会的高度普及和城乡一体的电话通信网的建立,城市居民和农村居民之间原本机会不多的"持久的情感联系"正在被"伪技术关系"取代,电话和手机等通信工具俨然正在成为横亘在城乡居民之间的又一道新的"技术壁垒",城乡之间的人际交往日益"间接化"。

3. 城乡文化交流的"虚拟化"

现代信息网络技术是20世纪人类取得的重要科技成就之一。在当代社会,信息化的发展进程与网络的规模扩张和高速发展已密不可分,或者更具体地说,互联网的技术水平及其普及程度从一定程度上已经成为衡量一个国家和地区信息化水平高低的关键指标。在我国,随着信息技术的快速发展和人们物质文化生活水平的大幅度提高,互联网已经进入普通百姓家,上网已经成为城乡居民生活的一部分。据中国互联网络信息中心(CNNIC)2013年1月15日在京发布第31次《中国互联网络发展状况统计

---

① 乔颖:《英国研究显示手机"伤感情""失礼仪"》,http://world.huanqiu.com/well_read/2012-10/3172070.html(访问时间:2018年8月26日)。

报告》(以下简称《报告》)。《报告》显示，截至2012年12月底，我国网民规模达到5.64亿，全年共计新增网民5090万人。互联网普及率为42.1%，较2011年底提升3.8%。其中，在我国网民中农村人口占比为27.6%，相比2011年略有提升，规模达到1.56亿，比上年底增加约1960万人。

互联网的普及和使用，特别是其迅速向农村延伸，必将进一步改变农村人们的生产和生活方式，重塑农村社会。同时，网络跨越时空把城市和乡村的各个角落联结起来，为城乡社会的重新整合和城乡文化的融合发展提供了前所未有的机遇。现代电子传媒被英国当代著名哲学家、社会学家吉登斯看成是现代性的动力机制和现代性的重要特征，"他认为，在传统社会中，时间与空间是紧密联系在一起的，'什么时间'和'什么地点'是不可分离的，而现代时间则是一种'虚化'的时间，它脱离具体的空间，具有一种超越空间的因果关系的特性"①。于是，具体空间的意义降低了，而将具体地域空间与全球空间联系起来，使得传统意义上的"历史"被重组为一种整体的"历史"。②

然而，互联网在神奇般拉近了人们之间的时空距离，把人们尽可能糅合在一起的同时，也加速了社会关系的非人性化发展，加剧了人的孤独、疏离感，甚至是沮丧的感觉。在信息网络技术所构建的"虚拟世界"里，任何个体都可以是匿名的、虚构的身份，甚至多重的角色表现自我并与其他人或群体发生各种关系，进行文化交流。"在前现代社会，空间和地点总是一致的，因为对大多数人来说，在大多数情况下，社会生活的空间维度都是受'在场'（presence）的支配，即地域性活动支配。现代性的降临，通过对'缺场'（absence）的各种其他要素的孕育，日益把空间从地点中分离出来，从位置上来看，远离了任何给定的面对面的互动情势。"③这样，

---

① 杨立英:《论网络化生存对中国传统伦理精神的消解》，载《中国青年政治学院学报》，2003年第7期。

② [英]安东尼·吉登斯:《现代性的后果》，田禾译，译林出版社2000年版，第15—18页。

③ [英]安东尼·吉登斯:《现代性的后果》，田禾译，译林出版社2000年版，第16页。

使得在"现实世界"里原本越行越远的都市与乡村社会变得更加疏离,城乡关系发展面临网络带来的新冲击。对此,较早把网络沟通作为独立的对象进行系统观察和研究的霍华德·莱因戈德(Howard RhEingold)认为,在媒介饱和年代,网络沟通将重新塑造人们的个性和情感,其提供的是多对多模式,也将对群体观念和人际关系构成挑战。

4. 城乡文化之间"数字鸿沟"的扩大化

近年来,随着电话、电视"村村通"工程的继续推进,新农村信息化建设渐成热潮,这些都对进一步缩小城乡数字鸿沟产生了一定的作用。但总体来看,城乡、地区间数字鸿沟仍很突出。一方面,城乡信息化在数字上仍然存在很大的差距。当前,虽然城乡之间在广播电视、固定电话和移动通信方面的差距正在缩小,但是,在计算机互联网方面仍然存在巨大差距,这种差距不仅表现在城乡居民之间计算机拥有量和网民的人数上,更体现在城乡居民对互联网等的应用结构和深度方面。根据中国互联网络信息中心2012年7月发布的《中国互联网络发展状况统计报告》数据显示:截至2012年6月底,中国网民数量达到5.38亿,而农村网民规模仅为1.46亿。另一方面,城乡的"数字鸿沟"进一步体现在城乡居民在互联网等的应用结构和深度方面上。"电子商务、社交媒体等应用的使用情况是衡量互联网应用深度的重要指标,而这些应用的增长主体往往是城市人口、高收入人群。在农村,这些'高级'应用显然未形成规模,在深度方面与城市依然存在差距。"① 而且,在短时间内,城乡之间的这种"数字鸿沟"不仅不会立即消失,在现有的经济文化状况下,甚至存在进一步扩大的趋势。

1995年,美国商业部电讯与信息局发表了《被互联网遗忘的角落:一项有关美国城乡信息穷人的调查报告》中正式提出了"数字鸿沟"这一概念。认为"'数字鸿沟'所带来的信息落差、知识分隔和贫富分化,是互

---

① 喻思娈:《城乡数字鸿沟依然持续扩大》,载《人民日报》,2013年3月16日。

联网发展必须应对的难题。所谓数字鸿沟,是指不同社会群体之间在拥有和使用现代信息技术方面存在的差距"①。数字鸿沟问题不仅关系到国家信息化战略目标的实现,也将对国家的经济社会发展产生深远影响。"信息通信技术具有提高改变知识储备和传播的本质以及促进生产组织和社会管理体系变革的能力,因此,信息通信技术带来的不仅仅是一场信息革命,更重要的是,它在促进经济发展的同时也推动了社会转型。"②

城乡数字鸿沟问题的出现,不仅加剧了中国城乡社会经济发展的不平衡和城乡之间新的社会分化,使我国城乡之间在继"半工业社会"出现极其明显的分化之后,再次出现新一轮的严重的社会分化。同时,城乡数字鸿沟的持续扩大,使得在当下我国城乡文化"二元"格局的旧架构上再叠加上新的"城乡文化断裂",并将以一种更加复杂的状态共存,从而进一步扩大城乡文化"鸿沟",加速城乡文化的两极分化发展趋势。因为,"在所有的国家,总有一些人拥有社会提供的最好的信息技术。他们有配置最先进的计算机、最优质的电话服务、最快速的网络服务,也受到了这方面最好的教育。而另外有一部分人,他们出于各种原因不能接入最新的或最好的计算机、最可靠的电话服务或最快最方便的网络服务。这两部分人之间的差别,就是所谓的数字鸿沟。处于这一鸿沟的不幸一边,就意味着他们很少有机遇参与到我们的以信息为基础的新经济当中,也很少有机遇参与到在线的教育、培训、购物、娱乐和交往当中。"③

---

① National Telecommunications and Information Administration(NTIA).Falling through the net:A Survey of the "Have Nots"in Rural and Urban America.Department of Commerce.1995,7

② 胡鞍钢、周绍杰:《中国的信息化战略:缩小信息差》,载《中国工业经济》,2001年第1期。

③ 胡延平:《跨越数字鸿沟:面对第二次现代化的危机与挑战》,社会科学文献出版社2002年版,第179页。

二、城镇化发展背景下的城乡文化冲突

改革开放后，我国城镇化的进程逐步加快，特别是自 1990 年以来，我国的城镇化进入了高速发展时期。相关统计数字显示，1990 年，全国总人口为 114333 万，市镇人口为 30191 万，城镇化率为 26.41%。到 2013 年末，我国内地总人口为 136072 万人，城镇常住人口 73111 万人，乡村常住人口 62961 万人，中国城镇化率已经达到了 53.7%，是 1990 年的两倍多。[①] 然而，长期以来，我国主要是以单纯追求城镇面积扩大和城镇人口增长为主要指标的道路，这种城镇化的后果之一，就是直接导致了城乡居民结构的深刻变化，使得传统意义上的农民逐渐分化为留守农民群体、进城农民工群体、城中村农民等多个群体，传统意义上的市民逐渐分化为原居市民、通过就业和通婚等途径进入城市的"政策性"市民、通过征地拆迁安置进入城市的"被动性"市民和通过购房定居取得城市户籍的"市场化"市民等群体。美国社会学家萨姆纳（W.G.Sumner）认为，所有群体都趋于通过产生一种群体内的"我们"和群体外的"他们"之间的强烈不同感来保持群体的界限，并根据心理归属感划分为内群体和外群体，当他们之间利益存在着冲突和碰撞时，必然导致表层上的冲突和碰撞。这些界线分明的群体，在市场化裹挟着城镇化浪潮的冲击下，不仅常常因为利益主体分化和相互之间的利益竞争引发冲突，同时，也由于不同群体之间在价值观、文化心理、思维方式和生活方式等方面差异和相互之间不适应而引发文化矛盾和文化冲突。

1. 留守农民与城市居民的文化冲突

这是当前城乡文化矛盾中最难以融合，同时，也是最容易被人们忽视的文化矛盾。由于历史文化、地理环境、政治经济、社会结构等因素的相

---

① 王晓易：《国家统计局数据显示 2013 年中国城镇化率为 53.7%》，http://www.ce.cn/xwzx/gnsz/gdxw/201401/20/t20140120_2161403.shtml（访问时间：2017 年 12 月 12 日）。

互作用,中国的城市和乡村形成了中国独有的两种文化模式。这两种独特的文化模式既根源于中国传统文化,又有着巨大的差异。"在现代中国社会,农村是中国传统文化的主要生长地,在这里的传统文化底蕴最深,被外来文化同化和整合的程度最小,仍旧是一种以土地情结为基础的乡土社会,仍旧是以伦常为本位的差序格局社会,道德伦理、关系本位、宗族观念、老乡观念、乡土情结是中国农村文化的缩影和表现形式。"[①] 而在城市,则是另外一番景象,商品经济的长期"渗透"使得最初的乡土气息逐渐被"小市民文化"所淹没,外来文化的冲击又使得小市民文化逐渐被"现代化"所取代,而使得市民的道德伦理、关系本位、宗族观念、老乡观念、乡土情结都已经变得越来越淡漠。虽然,改革开放已经40年了,城市和农村的物质文化生活水平都已经有了大幅度改善和提高,但是,它们之间存在的巨大文化差距却并没有明显缩小。文化矛盾和文化"隔膜"仍然是城乡社会之间难以弥合的巨大鸿沟之一。

随着越来越多的青壮年农民进城务工和越来越多的老人、妇女、儿童被留在农村,留守农民正逐渐取代青壮年农民成为农村社会的主要群体。由于他们承接所有家务和几乎全部的农村生产劳动,事实上已经成为农村社会的经济主体、政治主体和文化主体,他们与城市居民的文化矛盾也正在演变为农村社会和城市社会之间的矛盾。一方面由于被迫承担青壮年劳动力进城后留下的繁重的生产劳动和琐碎耗时的家务,另一方面也由于经济条件的限制和受自身能力素质等的制约和影响,这些长期留在乡村的老人、妇女和儿童很少有进城与城市居民直接联系和接触的机会,因此,他们与城市居民之间的文化矛盾往往不会表现为直接和大规模的语言和行为等方面的显性冲突。然而,也正是两者之间的长期相互闭锁和"隔离",严重阻碍了两者之间的文化交流,给城乡一体化的发展和城乡文化的融合

---

① 费孝通:《乡土中国》,人民出版社2008年版,第25—34页。

带来挑战。

尤其令人担忧的是，城乡之间以留守农民和城市居民之间的这种文化矛盾并没有自然消失，而是以潜在的形式在积累着。而且，随着城镇化进程的加快，留守农民与城市居民之间的文化矛盾和文化冲突开始呈现出向结构化发展的新趋势。一方面，农村社会的文化资源的流失和文化主体的弱势化，无疑使得农村文化在与城市文化的竞争中更加处于劣势，拉大了城乡文化之间的距离。另一方面，在当前城乡二元体制下，城镇化的发展使得城乡文化资源加快分化，而城乡文化资源和文化融合的体制机制却没有相应的建立起来。在这种情况下，城乡文化分化的趋势就往往不易得到有效控制，各种文化矛盾就极易累积下来，而由这种持续分化与矛盾的不断累积所导致的城乡社会之间的文化资源分配失衡与文化差距就会愈益明显，城乡社会的文化结构的张力也就会愈益明显。在这种情况下，城乡社会的文化冲突就会趋于结构化。

2. 进城农民工与城市居民的文化冲突

这是当前城乡文化矛盾中最为直接、最为激烈，也是影响最大的文化矛盾。随着农村土地经营制度和粮食流通体制等的改革，大量农民离开土地进入城市工作和生活。农民工队伍的不断发展壮大不仅给中国城乡经济乃至中国整个经济的发展带来了巨大的影响，也给城乡社会关系和城乡文化发展带来了深刻影响。

一方面，农民工大量进城，并长期或短期与城市居民共同工作和生活，为城乡居民进行全面、直接交流创造了有利条件，显然，这将有利于城乡文化交流和发展，尤其是对于相对落后一方的农村文化而言，这种影响更为显著。它不仅改造了农民工原有的文化构成，提高了农民工的现代文化素养，通过农民工返乡等直接或间接的文化传递影响，也加快了以现代文化为主要内容的城市文化向广大农村的文化渗入，促进了农村文化的现代化进程。美国著名的城市建筑和城市历史学家刘易斯·芒福德博士指出:"城市的主要功能是化力为形,化能量为文化,化死物为活灵的艺术形象,化生物繁衍为社会创新。"①而"在这种条件下,那些城市生活经验最丰富的群体会优先蓬勃发展,因为他们的文化发展与当时的经济和技术发展阶段相适应。随着城市的日益现代化,这些群体在保留原有文化特征的同时也实现了自身的现代化"②。

然而,另一方面,农民工的大量进城,把来自两种不同文化背景的人们聚集到了一起,也在客观上增加了农村文化和城市文化之间相互碰撞和对冲的可能性,给城乡文化的融合和发展带来了新的严峻挑战。美国社会学家萨姆纳(W.G.Sumner)认为,所有群体都趋于通过产生一种群体内的"我们"和群体外的"他们"之间的强烈的不同感来保持群体的界限,并根据心理归属感划分为内群体和外群体,当他们之间利益存在着冲突和碰撞时,必然导致表层上的冲突和碰撞。③事实上,当前我国农民工与城市居民因为文化差异所引发的矛盾和冲突已经成为我国城镇化过程中的巨大威胁之一。他们之间既存在心理层面的相互疏离和排斥,也有着深层的价值观方面的冲突,而且,由于目前尚缺乏有效的制度化的调节和引导机制,双方之间的这种文化矛盾正在逐渐外化为城乡居民之间的行为冲突。

同时,更为严重的是,由于户籍制度和社会保障制度等的制约,我国农民工即使在空间上迁入城市,也很难从精神上彻底地融入城市。他们在日常生活层面,与城市居民之间的差异明显,不能够融入城市市民的主流生活之中,长期处于"住在城市之中,却生活在城市之外"的尴尬境地;在社会心理层面,由于他们经常受到市民或者明显或者潜在的歧视,使他

---

① [美]刘易斯·芒福德:《城市发展史:起源、演变和前景(中文版)》,倪文彦、宋峻岭译,中国建筑工业出版社1989年版,第145页。

② See.McDonald,Terrence J.For a compatible but slightly different take on Schlesinger'swork in1920s and 1930s, "Theory and Practice in the New History:Reading Arthur Meier Schlesinger's The Rise of The City,1878-1898." Review in American History,September,1992,(20):432-445.

③ 王娟娟、梁健:《农民工问题演变的经济社会学分析》,载《湖北社会科学》,2011年第9期。

们容易对城市和城市居民产生了十分复杂的情绪,他们与城市居民之间在内心和情感方面的距离变得越来越远。长此以往,农民工群体必然被迫逐渐转向对内群体的认同,寻找内群体的情感和社会支持,而越来越呈现出"内卷化"[①]的发展趋势。当前,这种"内卷化"主要表现在以下几个方面:一是社会交往的"内卷化",即他们交往和接触的对象一般局限于同乡和同类人员;二是社会流动的"内卷化",即他们在城市的垂直流动的机会很小,往往局限于其阶层、职业范围内的水平流动;三是情感认同的"内卷化",即他们缺乏城市的主人翁意识,在城市生活中缺乏心灵的归属感等。这种趋势发展的结果,是在城乡二元结构的大框架下再造成"一个城市两个社会"的新"隔离"状态。显然,这不仅不利于城乡文化的融合发展,也将进一步拉大城乡之间的经济社会发展距离,加剧城乡之间的经济、社会和文化矛盾,影响城乡一体化的发展进程和整个社会的和谐稳定。

3. 城中村农民与城市居民的文化冲突

这是当前我国城镇化背景下最复杂的城乡文化矛盾。"城中村",从字面意义看,意为被城市包围的"村庄",在城市中的"农村",是我国城镇化过程中,在我国特有的城乡二元管理体制下所形成的特殊区域。这种特殊性不仅使的"城中村"在产业结构、建设景观等多经济和物质要素方面与城市社会存在巨大的落差,影响着城市的发展,同时,也在思想和价值观念、思维方式、交往和生活方式等方面与城市居民之间存在巨大的差异,导致城乡之间的文化矛盾和冲突。

当前,我国"城中村"农民与城市居民之间的文化矛盾和文化冲突主要表现在以下几个方面:

一是思维方式和观念的冲突。"城中村"仍然是一个彼此相对熟悉的

[①] "内卷化"一词,英文为 involution,原意是"边缘"向内卷曲的;复杂的、纷繁的。"这一理论最早由美国人类学家戈登威泽提出,他用"内卷化"来描绘一种内部不断精细化的文化现象。所谓"内卷化"是指系统在外部扩张条件受到严格限定的条件下,内部不断精细化和复杂化的过程。

较为稳定的、主要由传统观念加以维持的礼俗社会。在价值观念上,"城中村"里面的居民具有比城市居民较为强烈的集体意识,在他们的价值取向中,集体意识也比城市居民浓重。然而,相对于城市居民,"城中村"里面的居民对眼前利益看得更重,他们的创新意识和进取意识也相对比较弱,形成了一种介于城市居民和农村居民之间的独特的人格特征,即在他们身上,往往既兼具了城市居民和农村居民的部分优点,又在一定程度上集中了城市居民和农村居民的缺点。

二是人际交往观念的差异。与乡村一样,"城中村"仍然是一个熟人社会,人们之间的交往多是家人、老乡等,交往范围局限于血缘、地缘、姻缘,属于内倾型;城市社会是一个异质性的社会,人们之间的交往偏向外倾型。内倾型的人际交往强化了他们作为"城中村"居民身上所具有的传统观念和小农意识,阻碍了他们与城市市民之间的互动与对话,客观上形成了一种社会隔离状况:即"城中村"农民与城市主流社会、文化相疏离,形成"城中村"的"文化孤岛",使他们很难对城市产生归属感和主人翁意识,只有自卑的边缘人感觉。

三是"城中村"在生活方式、心理认同和城市有很大差异。在生活方式上,"城中村"居民的生活方式传统、单调,重视情感生活,这与以业缘关系为主导的城市显得格格不入,也正是他们从心理上无法认同城市人的生活方式的重要原因。

总之,这种特殊的制度供给和生活环境使他们形成了既不同于"农村人",又不同于"城市人"的文化心理,而成为一个"矛盾体"。他们虽然长期接受着城市文明的辐射和影响,但是,他们的思想观念、文化心理和行生活方式等方面具有很深的乡村文化烙印,是实实在在的"农村人",他们既渴望城市文明,又对城市文明敬而远之,既追求市民的文化和生活方式,又本能排斥和抗拒城市所代表的现代化进程,他们与城市居民之间的这种文化矛盾和冲突严重影响了城乡文化发展和社会和谐。

4. 城市定居农民与市民的文化冲突

所谓城市定居农民是指通过升学、就业、购房等途径在取得城市户籍并在城市居住的农民。虽然，这一部分人大部分都已经取得了城市户籍，在我国人口统计中，也已经被归类为城镇人口，但是，并不意味着他们已经实现了从农民向市民的根本转变。由于历史文化、地理环境、政治经济、社会结构等因素的相互作用，我国形成了城市和乡村两个地域文化系统，虽然它们都来源于中国的传统文化，但是它们在思想观念、生活准则、价值体系、行为方式、民俗习惯、语言等各个方面却又存在着巨大的差异。当生于农村、长于农村，长期受农村文化影响的群体迁入城市并在城市定居生活时，他们无论在价值观念、生活方式还是社会心理方面上都将与其所在城市居民之间存在差距而很难完全融入城市的社会生活之中，有的甚至引发文化矛盾和文化冲突。因此，城市定居的农民进入城市之后必然面临文化适应的问题。

所谓文化适应是指"由个体所组成，且具有不同文化的两个群体之间，发生持续的、直接的文化接触，导致一方或双方原有文化模式发生变化的现象"[①]。文化适应作为不同文化之间相互影响的结果，其实现不是短时间内能够达成的。对此，奥地利人本心理学家 Adler 在对文化适应进行系统研究之后提出了"文化适应的五阶段"模式假说，即"接触阶段——不统一阶段——否定阶段——自律阶段——独立阶段"。在 Adler 看来，作为弱势文化的一方，在进入新的文化环境后只有在经历了对主流文化充满好奇的接触阶段、充满困惑的不统一阶段、具有防御性倾向的否定阶段、在人际关系和语言上协调的自律阶段后，才能最终与主流文化适应的独立阶段。

Adler 的假设描绘了弱势文化群体适应和融入主流文化环境的一般过

---

① Redfield. R., Linton. R., & Herskovits, M. J. Momorandum on the Study of Acculturation. *American Anthropologist*. 1936, Vo9.38, pp: 149 – 152.

程，在一定程度上揭示了文化适应过程的规律。然而，事实上，并不是每一文化个体最终都能够顺利地适应新的文化环境，并融入其中的。对此，John Berry 从文化适应的策略角度提出了文化适应的四种模式，即整合、同化、分离和边缘化。"弱势文化群体中的个体如果只注重维持原有的母体文化而避免与主流文化群体接互动，就选择了消极固守的'分离'文化适应模式；如果个体不认同原有的母体文化而一味追求主流文化，这是一种盲目顺应的'同化'文化适应模式；如果个体既不想维持原有的母体文化，又不愿意与主流文化群体保持互动，就形成了一种失范的'边缘化'文化适应模式；如果个体既保持对原有母体文化的认同，又保持与主流文化群体的互动，就是采用了积极的'整合'文化适应模式，这是最理想的文化适应模式。"[1] 但是，有研究表明，跨文化者采取何种策略，主要地不是取决于自身的素养和态度，而是取决于主流文化群体的不同态度。[2]

目前在中国，城市人对农村人所持的态度大多是消极和负性的，这也就决定了在城市定居的农村文化在与城市主流文化接触时很难采取积极的"整合"文化适应模式。因而，在当前我国城市居民对农民尚存在较严重的文化歧视之前，定居城市农民与原居市民之间的文化矛盾和文化冲突是客观存在，并且在短时期内很难消失的，只是相对于其他城乡文化矛盾来说，更多地采取了温和的形式罢了。

三、工业化发展背景下我国城市文化的发展困境

亚里士多德说：人们来到城市是为了生活，人们居住在城市是为了生活得更好。人们追求城市生活，不仅仅因为城市有比乡村更好的物质生活

---

[1] Berry J.Acculturation:Living Successfully in Two Cultures,*international Journal of Intercultural Relations*,2005.

[2] Flannery W P, Reise S P, Yu J. An Empirical Comparison of Acculturation Models. Personality and Social Psychology Bulletin, 2001, Vo9. 27，pp: 1035-1045.

和更便利的交通和通信等基础条件,更期望在城市有着比乡村更为浓郁的文化氛围和更为良好的文化环境。因此,理想中的现代城市不仅仅是一个物质高度丰富和发达的所在,也应该是一个人类精神和文化的高地,一个能够充分承载人们思想和文化的诗意的家园。然而,长时期以来,我们在城镇化建设中,重视城市物质建设而轻视城市精神建设,把主要精力集中在建筑设施、道路和广场等"硬件"建设上,忽视了城市文化的传承和城市文化建设,带动行动上使城市文化发展陷入了困境。

1. 城市文化发展的"空心化"

所谓城市文化"空心化",是特指我国在城镇化发展进程中所出现的城市文化匮乏、城市文化核心价值观缺失等的现象。导致城市文化这种"空心化"趋势的原因是多方面:一是城市化过程中的"建设性"破坏导致的传统文化的"丢失"。一些地方由于缺乏文化遗产的保护意识,在城市化过程中热衷于拆旧建新,对文物建筑尤其是历史街道、乡土建筑一拆了之,致使很多文化遗产被破坏和遗弃。二是城市文化建设过程中的"单向度发展"造成精神文化的"缺失"。一些城市在文化基础设施建设过程中不重视文化内涵的建设,不重视与之相匹配的"人"的思维方式和价值观念的培养,不重视历史、宗教、哲学、文学艺术等精神文化形态的建设,不重视培植文化生长的生态环境和文化的可持续发展能力。三是城市社会生活的过度"市场化"所导致的文化价值"迷失"。

在市场经济条件下,一些人为了追求物质生活的享受,不断地向"物"的层面沉沦,他们在找到物质上的栖身之所后,精神家园日渐荒芜,心灵空间日渐狭窄,乃至最终摒弃价值理想、忘却终极关怀。在城市化进程中,城市文化"空心化"的问题是转型时期我国城市文化发展所面临的最突出和最根本的问题之一,任其发展下去,人们在城市生活中将失去文化土壤的支撑和精神生活的落脚点,我国城市文化的发展也将失去持续发展的基础而陷于"无根"状态。

2. 城市文化发展的"无序化"

序，即事物发展变化的秩序或规则，遵循这种秩序或规则，即为"有序"，反之就是"无序"，其不仅表现为事物在空间结构和时间序列上的规则性，也表现为事物发展变化目标的确定性。文化发展的序就是指文化在发展过程中，空间结构、发展过程和目标指向上所具有的某种规则。在城镇化过程中，我国一些城市的文化发展正呈现出"无序化"的发展趋势，其主要表现为：一是城市文化建设缺乏系统性和整体性，新增文化设施、文化项目等与城市整体布局和文化格调格格不入；二是城市文化建设的空间布局缺乏科学性和合理性，城市文化设备、设施等分布杂乱，相互之间缺乏内在联系；三是城市文化发展缺乏方向性，城市文化建设局限于满足低层次文化需求，对建设具有进步意义和富有特色的文化，尤其贯彻社会主义核心价值体系意义不大等。当然，当前导致我国城市文化"无序化"的因素是多方面的，然而，城市管理者对文化在城市发展中的重要性认识不够，没有树立现代文化城市发展理念，以及我国城市文化建设主体的长期错位和缺失等是主要原因。城市文化的这种"无序化"发展既不利于城市"外在美"的形成和展示，更不利于城市"内生力"的成长，从而影响城市的持续和长远发展。

3. 城市文化发展的"断裂化"

"断裂"，顾名思义，就是"破裂"或"折断"的意思，如岩层、建筑物等的承重结构受力后裂开等。在这里"断裂"指由于某种原因所引起的事物发展过程的"中断"而无法按照既定的目标前进的状态或趋势。所谓城市文化发展的"断裂化"，即当前我国一些地方在城镇化进程中所出现的文化发展过程的中断和目标迷失等现象。概括起来，当前我国城市文化发展的"断裂"主要表现在以下几个方面：

一是城乡各自为政，与乡村文化的"断裂"。乡土文化是传统文化的主要载体，是联系城市今天和昨天的精神脐带。然而，由于我国长期以来形成的城乡二元文化格局，以及在城镇化进程中人为地排斥农民工和乡村文化，使得城市文化在发展过程中逐渐和自己乡土的断裂，出现和自己的传统文化断裂。

二是移山填湖，与自然环境的"断裂"。自然环境是城市发展的基础，城市发展必须根据生态原理来规划和建设，重视人与自然的和谐关系，重视经济发展与环境的协调发展。然而，我国个别地方在城市建设过程中为追求所谓城市规模，贪大求洋，不断吞噬着风景优美的周边绿色地带，使得人们离自然越来越远，造成城市建设和城市文化与自然的"断裂"。

三是政策缺乏持续性，与城市文化自身的"断裂"。与物质文明建设不同，文化的形成和发展具有自己的独特进路，是一个逐步积累和沉淀的持续过程，也即，不同文化的发展都具有自己的文脉。然而，在城镇化过程中，一些地方的所谓城市文明建设和城市文化的发展战略既没有依循城市的"文脉"，也缺乏持续性，往往是换一届领导换一个思路，换一个领导换一套做法。而且，在当前的城市化进程中，普遍存在"外来"移民占住城市中心，原居市民逐渐被"边缘化"的趋势，这也在一定程度上打破了原住民的生活环境，改变了他们的语言习惯和生活习惯。

四是过度西化，与中国文化整体的"断裂"。在城市建设中，一些地方热衷于抄袭照搬"德国小镇""意大利风情""罗马花园""夏威夷色彩""巴黎印象"等，照搬移植所谓的"外域风情"；在日常生活中，越来越多的城市年轻人以过"洋节"、吃"西餐"、穿"和服"、看"洋片"等为荣，竞相模仿西方的生活方式；在思想观念上，对自由民主等西方价值观顶礼膜拜等。长此以往，城市文化发展将远离自己的文化源头，丧失自己的文化特色，动摇自己的文化自信和自尊。

4.城市文化发展的"碎片化"

所谓"碎片化"，是指一个社会处在由传统社会向现代社会转型的过渡期所具有的一个基本特征：传统的社会关系、市场结构及社会观念的整体性——从精神家园到信用体系，从话语方式到消费模式瓦解了，代之以一个一个利益族群和'文化部落'的差异化诉求及社会成分的碎片化分割。我们这里所讨论的城市文化的"碎片化"，主要是指在城镇化进程中，由于发展环境的突变和文化主体结构的重组和替换等所导致的文化要素的分散、丢失、重组等整体性被打破的现象。

  这种状况产生的原因是多方面的，从现实生活看，一方面是由于大范围城市拆迁等，使得城市的原住居民不得不离开其世世代代生养生息的城市中心迁移到远离城市的边缘地带，这种原有文化群落的大规模迁移、重组，必然导致文化形态的"碎片化"；另一方面，伴随进城限制政策的逐步取消，来自不同文化群落和文化个体的迁移不断增加，也必然使得不同文化以"碎片"的方式重新在城市中聚集。此外，从虚拟空间看，由于以智能手机为代表的移动终端已经普遍成为城市人们获取信息和消费文化的主要平台，无数"碎片化"的文化表达通过"微博""微信"等形式充塞人们的大脑，成为影响人们生活方式和价值观念的重要途径。"当我们尽情陶醉于它带来的短暂快感时，很难再就某一人、某一事进行一探到底的研究和追问。于是，完整的、有纵深感的知识体系也就难以形成，系统的、层层递进的逻辑思维也便搁于浅滩。"[①]

  更令人担忧的是，在当下，由于一些城市注重城市"物化"层的建设，而缺乏主流文化的培育和养成，无论是在城市的现实生活还是虚拟网络环境里，并没有主流的文化来自然地融合和吸收它们，从而使得各个文化群落和文化个体无论在现实生活和虚拟社会里继续以"碎片"的形态存在，丧失了文化的归属感。城市文化发展过程中的这种"碎片化"趋势对文化的发展是极其不利的，如不引起高度重视并采取有效措施，将不可避免的最终导致文化传统的丧失、文化发展过程的中断，乃至民族文化生命力的枯竭。

[①] 刘阳：《"微"文化与"被碎片化"》，载《人民日报》2012年4月13日。

5. 城市文化发展的"趋同化"

所谓城市文化发展的"趋同化",指的是在城市文化发展过程中所出现的城市文化个性逐步丧失,城市文化特色逐步模糊,城市文化建设相互雷同的现象。当前我国城市文化发展的这种"趋同化"既表现在城市的整体布局和城市建筑风格上,也表现在城市居民日常和大量的生产和生活方式上。

在城市的整体布局和城市建筑风格上的"趋同化",主要表现在城市文化设施建设上的照搬照抄、千城一面。一方面,这既有世界经济和科技发展等客观因素的影响,在当前城市化急剧发展及全球化的大背景下,无论是物质形态的还是非物质形态的城市文化均受到了巨大冲击,经济和信息的全球一体化,使得规划理念、设计方案、建筑形式等均产生趋同的倾向。另一方面,这更是城市管理者缺乏科学理念,忽视城镇化进程中文化作用的必然结果。一些城市在其发展战略规划中,盲目模仿国内外所谓"国际化大都市",热衷于以最新最高最现代的建筑作为城市的标志性建筑,忽视了自身文化传统和地方文化特色,一样的模式,中不中、洋不洋、今不今、古不古,无主题文化定位,无城镇特色可言。这种盲目模仿使小城镇失去个性,这种趋向也使得城市个性逐渐模糊,在很多城市,已经完全失去祖先留下的千姿百态、充满独特美感的建筑文化。

除此之外,当前我国城市文化发展的"趋同化"也进一步体现在生产和生活方式上,使得不同城市之间人们的生活状态也从多方面呈现出相同的特征,如交通形式、工作性质、生活方式等,城市面貌和生活方式也从未像今天这样"同质化"和"趋同化",城市在世界范围内正在面临着"特色危机"。

四、城乡二元文化对农村文化发展的影响

在城市经济和城市文化主导的大环境下,城乡二元文化结构给农村文

化发展所造成的影响是全面和空前的，特别是在城镇化的快速发展条件下，城乡二元文化对农村文化的负面作用被进一步放大，农村文化的发展前景堪忧。

1. 农村文化地位"虚化"

长期以来，由于国家采取城市偏向的政策取向，使得人们对农村文化重视不够，农村文化地位被进一步"虚化"。农村文化的这种"虚化"不仅在上文所说的政府投入上，更表现在媒体的态度和农民群众的日常生活中。

一是思想认识上的不足，乡村文化工作开展乏力。长期以来，人们普遍对农村文化建设的重要性认识不足，导致乡村文化工作基本上处于等、靠、要状态，基层文化建设活动开展不正常，对于群众自发的文化热情和潜力加以引导和扶持就更显不足。

二是农村文化生活单调低俗。由于经济意识的提高，大量农村居民更加重视经济投入，经济效益回归，不注重智力投入和文化消费，农村亲戚朋友的消遣主要集中于喝酒、打牌、闲聊、赌博，农村文化简单化、庸俗化严重，不利于农村文化的健康发展，导致促进社会主义核心价值观的文化生活越来越少。更有甚者，一些村庄复兴了族群权力，邪教和迷信的扩散对农村社会政治、经济、精神文明造成了负面影响，阻碍了农村治理。

三是媒体对农村文化的重视不够。2006年1月18日的《经济日报》（农村版）推出了"农业电视节目现状扫描"系列报道，报道称，"现在全国电视人口覆盖率高达94.61%，其中农村人口占了大头。而在全国电视节目年播出总量的1004万小时中，农业电视节目不超过1%"[1]。传播与农民生产生活有关的大众媒体内容的内容数量非常有限。

2. 农村文化主体"弱化"

改革开放近40年来，我国城市和农村的物质文化生活水平都得到了

---

[1] 葛红：《试论中国农业电视节目现状与发展》，载《现代农业》2012年第4期。

大幅度提高，改革的正当性、有效性是无可置疑的。然而，随着城市化的发展和国家对农村居民进城生活、工作甚至定居的全面放开和鼓励，大量农村居民离开农村，脱离土地进入城市工作、生活，尤其是农村青壮年，基本上都已经进入了城市。当前仍然留在农村的，大都是60岁以上老人、妇女和孩子，也即人们戏称的所谓"386199"部队。而留在农村的这一部分群体往往文化素质普遍比较低，难以承担也承担不了新时代建设和发展农村文化的重任。这就是说，在农村文化建设和发展过程中，缺乏最根本和核心的要素——文化主体，这是导致当前我国城乡文化二元化结构形成和进一步加剧的根本原因之一。

另一方面，由于乡村文化工作人员待遇不高，导致农村文化队伍不稳定。由于各种原因，一些土生土长的民间艺人，要么进不了"正规部队"或得不到重视与支持而逐渐流失、后继无人，致使民间艺人队伍越来越萎缩。同时，从事基层文化工作的专职人员的待遇不高，往往出现军心动摇、跳槽转行现象。此外，乡村有特长的文艺人才缺乏，尤其是文化经营人才、管理人才、经纪人才、创意人才严重匮乏，即使有，也是凤毛麟角，而且是人难留、难留人。

3. 农村文化内容"异化"

随着城乡流动速度的加快和大众传媒的迅速发展，农村文化呈现的"真空"状态使城市文化不自觉的进入了农村，农村的文化阵地被城市文化以惊人的力量占据。二者呈现出此消彼长的态势。实践表明，并不是所有的城市文化都能在农村发展，都能够受到农民的欢迎。例如：一些地方的丧葬仪式上泛滥成灾的"低俗"表演等，正在逐步侵占着农村文化阵地，不仅浪费了大量的文化资源，更造成了农村文化生活的空白。

4. 农村文化载体"窄化"

进入21世纪以来，现代传媒手段快速发展，极大地冲击着传统乡村文化教育手段，导致乡村传统文化教育作用的弱化。此外，新媒体作为一种新兴媒介,以前所未有的态势快速发展,微信、微博、电视和网络以其方便、快捷、信息量大、娱乐功能强而逐渐成为主导力量。相反,以地方戏曲、小品、民族舞蹈、民间工艺为代表的农村传统文化形态则正在日益被边缘化。

5. 农村文化功能"退化"

文化即"人化",具有教育人、熏陶人,引导人等功能和作用。然而,随着改革开放的深入发展,我国很多优秀传统文化受到巨大冲击。在农村,这种情况尤为严重。如在一些地方,很多有形的和无形的文化都被破坏了,很多优良的家风家训被丢弃了,很多对人们具有潜移默化教育功能的程序、仪式被取消了,使得农村文化氛围越来越稀薄,在一些地方甚至已经完全感受不到文化的影响。这就必然影响到农村文化功能的发挥,使得农村文化出现文化功能"弱化"和"退化"的趋势。

6. 农村文化基础"软化"

一方面,农村经费投入普遍不足,文化设施不够普及。在文化发展上,城乡投入明显失调,文化设施分布不匀,呈现出从城镇向乡村逐渐衰减现象。比如,在城市间的各类社区、街道、居民小区、公共活动场所等都普遍设有公共健身器械、娱乐设施或图书馆、文化馆等,而在乡村,除了乡镇集镇区可能存在上述少量文化设施外,其他广大农居村庄的拥有量就屈指可数了。另一方面,乡村文化产业发展缓慢,乡村文化建设短板突出。尤其是经济欠发达地区的乡村,其文化产业发展几乎为零,乡村文化建设不健全、不对称的问题十分突出。

第三章　我国城乡文化融合发展的路径选择

我国城乡二元文化结构形成的原因与西方发达国家不同，不仅有经济因素，也有历史的因素，还有政治、文化和社会因素，是多方面因素共同作用的结果。因此，我国城乡文化融合发展不能也不应该走西方国家"统一——分离——对立——统一"的传统演进道路，而是既要遵循文化系统及其运动规律，也要结合我国的现实国情，走中国特色社会主义城乡文化融合发展之路。

第一节　城乡文化的系统特征

文化是一个系统性的存在，任何文化都是由众多文化要素构成的复杂系统。它和其他自然物质系统一样具有整体性、层次性、动态性和开放性等特征，同时也具有自身的特点。[①] 城市文化和农村文化是我国文化在城市和农村两个不同地域中的存在形态，是在城市的中国文化和在农村的中

[①] 江秀乐，龙秀雄：《论民族文化的系统特征》，载《陕西师范大学学报（哲学社会科学版）》2016年第5期。

国文化。因此，城市文化和农村文化作为中国文化系统的两个子系统，同样具有文化系统的共同特点。

一、城乡文化系统的整体性

所谓文化系统的整体性，是指文化系统内部各文化要素之间相互联系、相互影响，并且综合地发挥作用的特点。这种作用既不同于单个文化要素所产生的作用，也不是各个文化要素作用的简单累加，而是各个文化要素所共同具有的类似自然物质系统的非加和性的一种新的作用。不同文化因其所包含的文化要素不同，其对人们产生的影响也就不同。

一方面，在文化系统中，各文化要素之间是互相依存、互为存在条件的，任何文化要素都不能脱离其他文化要素独立存在和发挥作用。例如，在民族文化系统中，价值观念体系是整个民族文化的核心和基础，它对整个民族文化起决定作用。但是，这种作用也不是孤立的。它不但要以其他文化要素如该民族的文化心理、社会意识形态和社会制度体系等的存在为条件并要通过它们表现出来，而且其内容和形式在一定程度上也要受到其他文化要素的影响。同样，一个民族的社会制度体系和社会意识形态等，总是要受该民族的价值观念和文化心理等的影响而表现出相应的民族特征。就是作为人类共享性最大的科学技术，其发展速度和影响程度等也要受到该民族的价值观念、文化心理和社会制度等的综合影响。

另一方面，在文化系统中，各文化要素总是要以文化合力的形式综合地对人们发挥作用。不同类型文化，因其构成的文化要素不同，其对人们产生的影响也就不同。即使它们之中有一个或几个文化要素相同或者相似，其给人们所产生的影响也会存在差异。例如，同样一部文学作品，对一个中国读者和对一个美国读者所产生的影响肯定是有差别的，因为中国文化和美国文化无论是在价值观念、民族文化心理、社会意识形态上还是在社会制度和科学技术发展水平上都存在着很大的差异,而在实际生活中,影响人们的不只是该文学作品的单独力量,而是以上多种文化要素的综合作用。

二、城乡文化系统的层次性

文化之所以是一个系统性的存在,不仅因为它是一个由众多文化要素共同组成的统一整体,更因为其在结构和功能上体现的有序性,即文化和其他自然物质系统一样具有层次性的系统特征。

首先,在文化系统中,各个文化要素并不是杂乱地堆积在一起,而是按一定规律分别处于不同的文化层次。

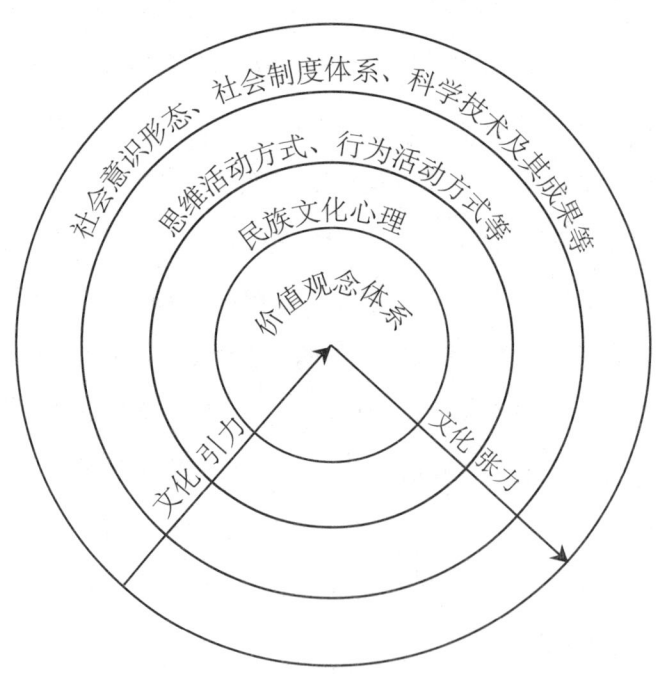

如上图所示,一个特定的文化系统一般由四个大的文化层次组成,而每个大的层次中又包含若干个小的文化层次。在文化系统内部诸要素中,价值观念体系、文化心理、思维活动方式和行为活动方式等处于文化系统

的深层结构之中，共同构成文化的内核，是文化中最不易变更的部分，也是一种文化不同于其他文化的内在根源。其中，处于最内层的文化要素是价值观念体系。所谓价值观念，用美国人瑞菲尔德（R.Redfeild）的话说，"价值是一种或明确或隐含的观念。这种观念制约着人类在生存实践中的一切选择、一切愿望以及行为的方法和目标"[①]。通俗地讲，价值观念就是人们对好坏、是非、善恶、美丑等问题所做出的判断。它决定着文化的性质，在整个文化系统中居于支配地位，是民族文化系统的核心和"稳定器"。

处于民族文化系统第二层次的文化要素是文化心理。所谓文化心理就是价值观念反映在人际关系上所形成的公认的价值标准并存在于人们内心的一种群体心理。正是这种共同的文化心理成为沟通和联系特定群体全体成员心灵的纽带，使每一个成员对本群体成员和自身文化有一种天然的认同感和亲切感，从而维持着群体的同一性和稳定性。它不但要把价值观念体系的影响传递给思维活动方式和行为活动方式、社会意识形态、社会制度体系、科学技术等外层文化要素，而且也要把其他文化要素的影响反馈给价值观念体系，是连接文化核心和其他文化要素的纽带和"信息储存器"。

而处于第三层次的是人们的思维活动方式和行为活动方式。所谓思维活动方式和行为活动方式，是指人们由特定的价值标准所决定和形成的反映在思维活动和行为活动过程中的内在规范，并具体表现为人们的道德、风俗、习惯等。它们使文化系统内部各文化层次中潜在的力量现实化和外在化，并把它们物化为社会意识形态、社会制度体系和科学技术等，是文化系统的"显示器"。

除此之外，其他文化要素如社会意识形态、社会制度体系、科学技术及其成果等则处于文化系统的最外层，它们一起共同构成文化的外壳，是在特定文化中变化比较迅速的部分。所谓社会意识形态就是从特定阶级利

[①] 杨怀中：《中国文化的缺陷及当代建构》，载《自然辩证法研究》2005年第2期。

益的立场出发,反映社会经济基础和政治制度的思想体系,是表现一定阶级的政治原则、行动纲领、价值标准和社会理想的观念的上层建筑,是除科学技术之外的社会意识形式,包括政治法律观点、文学艺术、道德、宗教、哲学等。它不但直接表征着共同体成员的思想状况和社会关系等,而且时刻调整着共同体成员的思想和行为等,是文化系统的"调节器";社会制度体系是指一切制度化的社会组织形式和人的社会关系网络,包括社会制度、法律制度、政治体制、经济体制,以及教育制度、科研体制,直到各种生产行业、各个社会集团的组织形式等,它们以强制性的力量直接制约着共同体成员的思想和行为,是文化系统的"控制器";而科学技术及其成果等则是在文化系统中受价值观念体系影响最小和最能反映人类创造性本质的文化要素,是"第一文化"[①],它决定着文化未来的发展状况和生存空间,是文化系统的"放大器"。

其次,不同文化要素之所以能结合成为一个有机的统一整体并与其他文化发生联系,是因为其内部存在着与自然物质系统的吸引力和排斥力相似的"文化引力"和"文化张力"。"只要与其他文化发生关系,影响就是双向的:这种关系是一种张力关系,既互相吸引又互相排斥。"[②]而且,文化系统内部的这种文化引力和文化张力的分布也是有规律的,所处的文化层不同,其所具有的文化引力和文化张力也就不同,也即它们在文化系统中的分布同样具有层次性的特征。所谓文化引力,是指在文化系统中,特定的文化对其他文化,以及该文化系统内部各文化要素之间所具有的一种吸引力和凝聚力,它沿着文化系统核心向文化系统外层逐渐减弱。因此,在特定的文化中,价值观念体系的文化引力最大,因而具有最强的稳定性,而科学技术等的文化引力最小因而具有最大的世界共享性。所谓文化张力,是指在文化系统中,特定文化对其他文化以及文化系统内部各文化

[①] 何新:《中国文化史新论》,黑龙江人民出版社1987年版,第29页。
[②] 谢少波、王逢振:《文化研究访谈录》,中国社会科学出版社2003年版,第5页。

要素之间所具有的一种渗透力和扩张力。它与文化引力的分布相反，是沿着文化核心向文化外层逐渐增强的，它是文化变化和发展的动力源泉。因此，处于文化系统核心的价值观念体系因其文化张力最小而变化缓慢，而处于文化最外层的科学技术等则因其文化张力最大而日新月异，一日千里。

三、城乡文化系统的动态性

文化作为人类所特有的社会现象和人们活动及其成果的集合体，是随着社会的发展而不断变化和发展的，即文化具有动态性的系统特征。它不仅反映在其作为系统整体在时间维度上的运动之中，也体现在文化系统内部各文化要素及其相互之间关系的变化上。

首先，在文化系统中，文化要素的内容和形式都是不断变化和发展的。不仅文化外层的科学技术发展迅速，就是处于文化核心地位的价值观念体系，其稳定性也是相对的。随着社会的进步和各文化之间交流的加深，文化系统中的价值观念体系也会发生一定程度的变化。在特定的社会条件下，文化系统中原有的价值观念体系甚至还会被新的价值观念体系所取代从而导致整个文化的变迁。例如，在中国的传统文化中，处于核心地位的价值观念体系是"仁、义、礼、智、信"等内容，但是，在经过几千年的发展变化和历经汉唐、清末、"五四"等时期与其他民族文化之间自觉和不自觉的交流与碰撞之后，西方文化中的科学、民主、自由等价值观念已经与中国传统文化相融合而成为当代中国文化核心的重要组成部分。而同属于东亚文化圈的日本，其传统文化的中国色彩是很重的。但是，在经过明治维新和"二战"后美国文化的影响，现在的日本文化已经更具西方文化色彩。

其次，文化系统内部各文化要素之间的关系也是在不断变化和发展的。如前所述，在文化系统中，价值观念体系决定了其他文化要素的性质，影响着其他文化要素的内容和作用形式。但是，这种关系也并不是一成不变的。在特定的历史条件下，价值观念体系对其他文化要素的这种作用也会被削弱甚至消失。例如，在中国的春秋战国时期，长时期的战乱和动荡使原有的价值观念体系在文化中的地位丧失殆尽，以至于整个社会出现了所谓礼崩乐坏的局面。而在改革开放的今天，由于科学技术的高度发达和多种文化思想的大量涌入，人们的思想再一次进入到最浮躁的时期，以至于使很多人觉得"整个人生变得茫茫荡荡，毫无根底"[1]。同样，文化系统中其他文化要素之间的关系也是在不断变化和发展的。

再次，文化系统的动态性还表现在文化的传播、变迁和文化中心的转移上。文化的差异性使得文化传播成为可能，同时也成为文化传播的首要动因，因为人类处于孤立状态只是暂时的，不论是环境的变迁还是人类的主动迁徙，其结果都必然将自己所创造的文化带入异地，这就形成了文化的传播。文化的学习和传播又会最终导致文化变迁。所谓文化变迁是指"一个社会或群体中的大多数成员逐渐放弃旧的行为，选择标准体系而接受和形成新的行为标准体系的过程"[2]。造成文化变迁的外因主要是外部环境的变化和"文化侵略"。文化变迁的内因则是新旧文化要素的撞击。新旧文化中价值观念等文化要素的矛盾和斗争最终推动文化的变迁和更新。另外，一个民族文化乃至世界文化的中心也不是一成不变的，随着各种文化要素的变化，文化中心也会或迟或早要发生转移。如17世纪以后，欧洲的文化中心便由意大利转向英国，美国19世纪中叶开始成为文化中心，亚洲的文化中心自19世纪以后已经开始转向日本等；中国经过南北朝时期的战争，文化中心由黄河流域转向长江流域。

---

[1] 司马云杰：《绵延论——关于中国文化绵延之理的研究》，陕西人民出版社2003年版，第17页。
[2] 宋开之：《中外文化概论》，河海大学出版社1999年版，第213页。

四、城乡文化系统的开放性

文化作为人类特有的社会现象,不仅具有整体性、层次性和动态性等特征,同时更是一个开放的系统,具有开放性的特征。所谓文化系统的开放性,是指它在本质上所具有的吸收其他文化养分以及文化系统内各个文化要素之间互相吸取对方的有益成分以发展和完善自己的特点。它既体现在文化之间的相互交流上,也体现在文化系统内部各文化要素之间相互依存和相互渗透的过程之中。

首先,文化系统本身是不断运动和发展的。在文化系统中,以文化要素形式存在的价值观念体系、民族文化心理、思维活动方式和行为活动方式、社会制度体系以及科学技术等,本身并不存在一条泾渭分明的界限,它们之间是一种你中有我、我中有你的相互依存、相互渗透的关系。随着人类改造自然和改造自身实践活动的发展,文化系统内部各文化要素都会从其他文化要素中吸收养分以逐渐丰富和完善自己。例如,在特定的民族文化系统中,以社会意识形态存在的哲学和科学技术这两个不同的文化要素之间就是这样一种相互吸收和相互渗透的关系。哲学为自然科学的研究提供世界观和方法论上的指导,"一个民族想要站在科学的各个高峰,就一刻也不能没有理论思维"[1]。反之,哲学又总是要不断地从自然科学的发展中获取养分以丰富和发展自己,"随着自然科学领域中每一个划时代的发现,唯物主义也必然改变自己的形式"[2]。在文化系统中,其他文化要素也同样具有这种开放性的特点,因为"文化的发展从某种程度上说,就是文化要素的复合及其相互间的促动,凡是能够容纳更多文化要素且能够进行合理组合的,那么这种文化就是发展的"[3]。

---

[1] 恩格斯:《自然辩证法》,人民出版社1984年版,第47页。
[2] 恩格斯:《路德维希·费尔巴哈和德国古典哲学的终结》,人民出版社1971年版,第19页。
[3] 司马云杰:《绵延论——关于中国文化绵延之理的研究》,陕西人民出版社2003年版,第391页。

其次，文化系统的开放性还表现在文化交流过程中各文化对其他文化养分的吸收上。这既是文化本质特征的具体体现，也是文化存在和发展的必然选择，因为"文化本身是无本位的，任何一种文化有其创造转换和过渡的必要性，以及更新和重组的性质，只有不断地吸收优势的外来文化，改造自身的落后性质，才能得到不断的发展和进步，才能实现文化的世界化和现代化，才能推进民族的兴旺和发达"。

当然，人类文化也有不同于其他自然物质系统的自身特点。自然物质系统作为纯粹的自然存在形式，其内部各要素之间及其与其他物质系统之间的作用是自发形成的，只满足自然界的物质运动规律。如前所述，与自然物质系统不同，文化是"人化"，是人类本质力量的对象化的产物，是人类改造自然和改造自身的活动及其成果的总和。在文化系统中，人是其中起决定作用的因素。它除了要满足自然界的物质运动规律外，更要符合人类社会自身的发展规律。因而它不同于自然物质系统的自发性而具有自觉性特点。在世界文化发展史上就有很多这种自觉构建自己民族文化体系的例子。例如，中国历史上的新文化运动和日本历史上的明治维新等就是充分发挥人在民族文化中这种自觉能动性的典型。

五、城乡文化系统的关联与作用机理

如前所述，文化是一个由价值观念，文化心理，思维活动方式、行为活动方式，社会意识形态、社会制度体系、科学技术成果等要素共同构成的复杂系统。在文化大系统中，城市文化和乡村文化是人类文化分布在不同空间领域的两种基本形态，它们之间既相互区别，又相互联系，共同推动民族文化发展。

1. 城市文化和乡村文化在历史上同根同源

我国文化起源于农耕文明，随着社会生产力的发展和城市的产生，城市文化应运而生。然而，城市文化并不是完全抛弃了原有文化的重新开始，而是在保有了原有文化核心价值体系基础上的"另起炉灶"。虽然，它们通过在不同的自然环境和社会环境中长期沿着各自道路发展之后，不仅是在物质文化方面，而且在思维活动方式、行为活动方式上，甚至在价值观念上都已经出现了很大的差异，但是，作为中国文化的子系统，它们不仅从其产生的源头，还是城乡文化系统内部各文化要素之间的相互关联上，仍然具有诸多相通之处，中华五千年文化的精髓内容——仁、义、礼、智、信、忠、孝、廉等核心价值早已根植其中，深深地打下了中华文化的烙印。

2. 城市文化和乡村文化在现实中殊途未必同归

城市文化和农村文化虽然"师出同门"，具有大致相同或相近的核心价值观念体系，是文化史上的"连襟兄弟"。然而，从它们相互分离并独立成为两种不同的文化样态开始，它们就已经各自在不同的道路上按照自己的特定逻辑不断的发展和演变，并最终发展成为两种具有不同内涵、相对独立的文化子系统——一个代表工业文化和现代文明的城市文化，另一个代表农业文明和传统文明的农村文化。而且，从理论上说，原本具有同根同源的城市文化和农村文化并不必然同向发展而形成一个有机的文化整体。这种趋势在转型时期的中国正在由潜在变为现实——城市文化受西方工业文明的严重影响，提倡工具理性，重视物质和技术，强调人对自然的征服，崇尚物质利益驱动；乡村文化则往往基于日常生产生活所创造出的生活方式和观念体系，更强调追求人与自然的和谐统一。在城乡二元社会结构条件下，城市文化和农村文化之间在文化取向、生活方式、价值观念、思维方式、时间取向、社会规范等方面的差异正在变得越来越大，相互之间的文化碰撞，文化冲突已经不可避免。尤其是在全球化背景下，西方文化霸权利用其在经济科技方面的优势地位对我国城乡文化进行猛烈攻击，地方性文化空间和社会传统正在被"消费主义文化"颠覆，我国的民族文化面临着被"异化"的危机。

3. 城市文化与乡村文化在客观上存在耦合关联

城市文化和农村文化不仅在历史上同源，在现实生活中也始终存在着内在的耦合关联。城市文化和农村文化之间的这种内在耦合关联主要是通过两个文化系统内部的文化要素之间的相互作用和影响实现的。具体地说，城市文化和农村文化系统之间的相互作用主要表现为各文化系统组成要素之间的"文化引力"和"文化张力"。文化要素在文化系统中所处的层次不同，其表现出来的"文化引力"和"文化张力"的大小也不同。所处的层次越深，其对其他文化的"文化引力"就强，而"文化张力"就越弱；反之，其所处的文化层次越浅，其"文化张力"就越强，"文化引力"就越弱。

从城乡文化系统内部各文化要素之间的相互影响来看，城市文化系统与农村文化系统具有不同的特点。一方面，由于农村地理环境相对偏僻，交通条件比较落后，其接受外部的信息比较少，加之农村自然经济生产方式和农村熟人社会等的特点，使得农村文化系统的外层变化比较缓慢，其对处于深层文化要素的影响也比较小。相反，处于农村文化深层的文化要素，则由于其变化缓慢而具有较强的稳定性，其对外层文化的引力相对比较大。这也是导致农村文化较保守和难于接受新思想新观念的重要原因之一。另一方面，城市文化因其处于社会变化和科技发展的最前沿，其外层文化要素发展变化迅速，因而其对深层文化要素所产生的"文化张力"也比较强；这也是导致城市文化的核心价值观念体系稳定性差，容易受到其他文化观念影响的重要原因之一。

从城乡文化之间的相互关系来看，农村文化对城市文化的影响和城市文化对农村文化的影响也不是对等的，而往往表现出"非对称性"特征。一方面，农村文化因其在价值观念上的稳定性和血统上的"纯正"性而具有较强大的"文化引力"。这种"文化引力"在城乡文化交流中往往表现为把城市文化往文化源头往回"拉"力量，以尽可能使城市文化保留在原有文化体系内。另一方面，城市文化作为现代文明的产物，因而其外层文化发达，其产生的"文化张力"也很强，这种"张力"往往表现为其对农村文化要素的渗透力。这也是城市文化能够迅速发展成为社会主导文化和强势文化的重要原因之一。

第二节 转型时期城乡文化系统的发展变化规律

深入了解和研究城乡文化系统的运动特点及其发展变化规律，尤其是深入研究和探索城乡文化系统之间的相互作用，相互影响及其发展变化的内在规律，既是加快城市文化和农村文化建设，共同推动中国文化健康发展的现实需要，更是我们在实践中统筹城乡文化发展，促进城乡文化融合的必然要求。

一、我国城乡文化存在和发展的主要条件

社会存在决定社会意识。人类在改造客观世界的过程中也在不断改造主观世界。随着社会的不断发展和实践的逐步深入，人们逐步加深了对自然界、人类社会和自身的认识，并且形成了不同的文化。然而，一种思想，或者理念，或者生活方式能否发展成为稳定的文化是多种因素、多种力量长期共同作用的结果，是一个十分复杂的文化运动过程。同样，特定的文化形成之后，也不是一成不变和无条件存在的，而是发展变化和有条件的，是多种因素，多方面条件共同支持和维护的结果。

具体地说，在人类社会生活中，某一特定文化能够最终形成，并持续发挥作用，至少需要以下几种力量的支撑：

1. 理论支撑力

所谓理论支撑力，主要是指特定文化所获得的相关理论的支撑程度。理论支撑力量的大小，主要取决于理论本身的被认可度和被接受度，以及特定文化与这种理论的正相关度。正如前文所述，一种文化之所以能够获得人们的普遍认同和接受，其中，一个重要原因之一，就是这种文化作为对自然、社会和自身的某一事物、某一领域、某一方面的认识和反映，其本身就是一种理论或者某一特定理论的重要内容，也即其存在和发展是建立在一定的理论支持之上的。而且，这种文化的力量越强，其对人们社会生活和行为的影响就越深远，其稳定性也就越强。反之，这种文化对人们生活行为的影响就越小，其稳定性就越差。这就要求我们，在文化建设和发展过程中，必须推进马克思主义文化理论的中国化、时代化、大众化，大力弘扬我国优秀传统文化理论，使得马克思主义文化理论深入人心，为社会主义核心价值观的传播提供强大的科学理论支撑。

2. 历史传承力

所谓历史传承力主要指的是特定文化因长期流传所获得的影响力，特定文化的历史传承力主要取决于其真理性程度，以及其与不同时代社会发展客观要求的契合度。一般地说，一种文化所经历的时间越长，流传得越久远，其对人们的影响和作用就越大，生命力就越强；反之，其对人们的影响和作用就越弱。这就要求我们，在文化建设和发展过程中，必须要十分重视文化的宣传教育，尤其要高度重视对优秀传统文化的弘扬，要积极探索传承优秀传统文化的有效途径。

3. 制度固化力

所谓制度固化力，主要指特定文化在不同发展时期所获得的相关制度的维护力度。一种文化所获得的制度固化力的大小主要取决于该文化对不同时代发展要求反应的敏感度，以及其与不同时代主流价值观的吻合度。一般地说，一种文化，越能反映特定时代的发展要求，与特定时代主流价值观的吻合程度越高,就越有可能被统治阶级所重视,其所获得的制度固化力量就越强。反之,就很难得到统治者重视,甚至有可能遭到统治者的取缔而失传,也就是说,一种文化存在和发展离不开相关制度的支持和保障。这就要求我们,在文化建设过程中必须要加强制度创新,建立和完善相关的体制、机制,为我国文化的健康发展营造良好的制度环境。

4. 行为涵养力

所谓行为涵养力,主要是指特定文化所获得的人们认可,并积极践行的力度,以及由此所获得的文化影响力。一种文化获得行为涵养力的大小主要取决于该文化本身对于不同时期人民的生活和发展要求的把握程度。一般地说,一种文化越能反映和把握广大人民群众的发展要求,就越能够得到人们认可和践行,这种文化所获得的涵养力就越强,反之,其所获得的涵养力就越弱。这就要求我们,在文化建设中要坚持以人民为中心的思想,切实加强公共文化事业发展,大力发展文化产业,不断丰富人们的文化生活内容,提高人们的文化生活水平,加强对人们日常生活文化的正确引导。

5. 物质保障力

所谓物质保障力,主要是指特定文化所能够获得的现实物质的支持程度。一种文化所获得的物质保障力的大小,主要取决于不同时期人们的物质文化生活水平的状况,以及这种文化对不同时期人们文化需求满足的程度。一般地说,特定文化越能反映不同时期人们的文化需求,其获得的物质保障力就越大。这就要求我们,在文化建设和发展过程中,必须要加大文化方面的投入,加强文化基础设施建设,为我国文化的健康发展提供强大的物质保障。

二、转型时期我国城乡文化存在和发展条件的发展变化

如前所述,城市文化和农村文化是中国文化在城市地区和农村地区的

存在形态。然而，随着城乡社会生活的不断发展变化，城市文化和农村文化存在和发展的条件也在不断地发展变化之中。当前，我国正处于政治、经济、社会、文化等方面的重大转型时期，城乡文化赖以存在和发展的各种力量正在进行新的分化组合，我国城乡文化之间的相互影响也在加强。具体地说，当前影响我国城乡文化存在和发展的因素正在发生以下重要变化：

1. 理论支撑力的发展变化

近代以来，在历经鸦片战争、新文化运动、五四运动之后，我国传统文化受到了严重冲击。新中国成立以后的很长一段时间，我们忽视对优秀传统文化的保护，尤其是把传统踩在脚下的"文化大革命"使我国传统文化遭受重大损失。改革开放以后，虽然在文化领域进行了拨乱反正，但是对传统优秀文化的保护和宣传力度远远不够。我国传统文化赖以存在和发展的理论基础遭到严重削弱，我国以传统文化为主要内容的农村文化的生存和发展面临严峻挑战，其理论支持力严重流失。另一方面，随着我国改革开放的深入发展，人们的思想日趋活跃，新的思想和理论层出不穷，客观上为我国城市文化的丰富和发展创造了前所未有的有利条件，加速了我国城市文化的"去传统化"趋势。尤其值得警惕的是，各种理论思潮涌入中国，在西方国家的"西化""分化"大战略下，一些落后、反动思想也乘虚而入，严重影响我国文化的健康和稳定发展。

2. 历史传承力的发展变化

如前所述，一种文化所获得的历史传承力的大小与这种文化所产生和流传的时间密切相关。对于特定文化而言，其产生的时间越早，持续存在和流传的时间越长，历史越久远，其所获得的历史传承力就越大；反之，其产生的时间越晚，持续的时间越短，缺乏历史的沉淀，其所获得的历史传承力就越小。正如前文所述，我国农村文化作为我国传统文化的主要继承者，其文化历史源远流长，具有深厚的历史底蕴，因而具有很强的历史传承力。这也是我国农村文化具有顽强生命力的重要原因之一。城市文化则不然，由于其产生的时间晚，城市文化中的很多内容尚没有经历过长期的历史淬炼，缺少历史的积淀，加之长期以来受到城乡二元文化结构的影响，使得我国城市文化的根基不稳，面临现代文化"无根可寻"的困境。这也是我国城市文化中的很多内容不能够持续存在，有的甚至只是昙花一现的重要原因。

3. 制度固化力的发展变化

文化的存在和发展状况与其所处的制度环境息息相关，一种文化的存在和健康发展需要相关制度的支持，也即前面所述的需要获得必要制度固化力。由于历史和现实的诸多原因，转型时期我国城乡文化发展所获得的制度固化力很不平衡。

一方面，我国当前正在处在由传统向现代，由农业国家向工业国家转型时期，从根本上讲，所谓转型本身就是基于工业优于农业，城市优于农村，城市文化优于农村文化，现代优于传统等这个基本假设而提出来的，具有原始的城市制度偏向性，也即城市文化在形成之初就具备了比农村文化更强的制度固化力。

另一方面，新中国成立以后很长一段时间，我国不仅在经济发展方面，也在文化建设方面，国家存在严重的重城市，轻农村思想，并在此基础上出台了一系列相关配套制度，更强化了城市文化的制度固化力。改革开放以来，我国虽然开始重视和关注城乡文化的二元结构问题，并采取了一系列办法和措施，然而，这种城乡文化发展在制度上的城市偏向性问题并没有得到根本解决。

4. 行为涵养力的发展变化

文化即"人化"，文化不仅需要建构，更需要养成。一种文化的形成和发展离不开人们的认同和实践，也即一种文化的存在和发展必须建立在人们的日常文化生活基础之上。特定文化在人们日常生活中所获得的这种影响，就是前面所谈到的行为涵养力。随着市场经济的发展和城镇化的加快发展，我国城乡文化之间所获得的这种行为涵养力已经和正在发生着深刻的变化，并由此影响城乡文化之间的交流和发展。一方面，随着农村青壮年劳动力的大量进城，农村文化主体的流失十分严重，越来越多的村庄变成了空心村，农村文化中大量优秀传统文化正在面临无人可传的现实困境，农村文化的历史传承力大受影响。另一方面，我国城市人口集中，人口的文化素质整体水平比较高，容易接受新思想、新观点和新的文化生活方式，在文化的传承和践行方面具有得天独厚的优势。

5. 物质保障力的发展变化

马克思主义认为，社会存在决定社会意识，文化的产生和形成离不开人类的生产和社会实践。同时，文化的存在和健康发展也离不开相应的物质支持，必须要建立在一定的物质基础之上。文化存在发展过程所必需的这种物质基础，就是物质保障力。在现实生活中，文化发展所需要的物质保障力主要表现为特定时期国家和社会在文化发展领域方面所投入的人、财、物，以及由此所建成的文化基础设施状况。在城乡文化的发展过程中，由于主客观原因等多方面的影响，我国城乡文化所获得的这种物质保障力是存在差异的。一方面，由于长期以来所形成的城乡二元经济和社会结构，使得城市居民经济收入和生活水平长期高于农村居民的经济收入和生活水平，导致农村用来发展文化的资源远远少于城市。另一方面，我国长期以来存在重经济发展，轻文化发展，重城市发展、轻农村发展的经济偏向性和城市偏向性，使国家投入农村文化发展的资源远远少于城市等。这种状况长期存在和发展的结果，使得城市文化发展所获得的物质保障力长期大大高于农村文化。

三、转型时期我国城乡文化的发展变化的主要趋势

城市文化和农村文化不仅在历史上同源，在现实生活中也始终存在着

内在的耦合关联。城市文化和农村文化之间的这种内在耦合关联，主要通过城乡文化系统内部的文化要素之间的相互作用和相互影响实现的。正如前文所述，由于我国城乡二元经济社会和文化结构的影响，转型时期我国城乡文化赖以存在发展的条件已经和正在发生深刻而剧烈的变化，使得我国城乡文化发生了新的变化。

如前所述，城市文化和农村文化系统之间的相互作用主要表现为各文化系统组成要素之间的"文化引力"和"文化张力"。文化要素在文化系统中所处的层次不同，其表现出来的"文化引力"和"文化张力"的大小也不同，所处的层次越深，其对其他文化的"文化引力"就强，而"文化张力"就越弱；反之，其所处的文化层次越浅，其"文化张力"就越强，"文化引力"就越弱。一方面，由于农村地理环境相对偏僻，交通条件比较落后，其接受外部的信息比较少，加之农村具有的自然经济生产方式等的特点，使得农村文化系统的外层变化比较缓慢，对处于深层的文化要素的影响也比较小。相反，处于农村文化深层的文化要素，由于其变化缓慢而具有较强的稳定性，这就是农村文化比较保守，难于接受新思想、新观念的重要原因。另一方面，城市文化则由于其处于经济社会变化发展和科技几部的最前沿，其外层文化要素发展迅速，"文化张力"强，核心文化价值观念体系的稳定性差。这也是城市文化容易汲取新的文化养分，甚至接受其他文化价值观的重要原因。

从城乡文化之间的相互关系来看，农村文化对城市文化的影响和城市文化对农村文化的影响也不是对等的，而往往表现对"非对称性"特征。一方面，农村文化因其在价值观念上的稳定性和血统上的"纯正"性，使其具有较强的"文化引力"，这种"文化引力"在城乡文化交流中往往表现为尽力把城市文化留在中国文化的范畴之内，使城市文化保留原有的主要特质。另一方面，城市文化作为现代文明的产物，从一定程度上更能够反映时代变化，因而其外层文化发达，"文化张力"强。在城乡文化的交流过程中，这种"文化张力"主要表现为城市文化对农村文化要素的渗透力，这也是城市文化能够迅速发展成为社会主导和强势文化的重要原因之一。

总之，农村文化作为我国传统文化的主要继承者，虽然具有强大的历史传承力，然而，由于国家政治、经济、文化等多方面的影响，其所获得的理论支撑力、制度固化力、行为涵养力、物质保障力等大大降低，使得我国农村文化的影响力呈现出逐渐弱化的趋势，如果不加以高度重视并及时采取相应措施，长此以往，我国农村文化将存在边缘化甚至湮灭的巨大风险。另一方面，由于我国城市文化形成和产生的时间比较晚，整个文化系统所具有的历史传承力比较微弱，从而呈现出弱稳定性。加之，随着我国工业化和城市化的发展，新的制度文化、行为文化和物质文化加速形成，外层文化要素的"文化张力"超过深层文化要素的"文化引力"，传统价值观在城市文化中作用呈现出严重弱化的发展趋势，如果不加以高度重视并采取相应措施，长此以往，我国城市文化发展将面临"无根"的隐忧，在西方国家持续向我国进行文化渗透的情况下，我国城市文化更存在被"西化"的严重危险。

第三节　转型时期我国城乡文化融合发展的路径选择

城乡文化的发展道路，理论上应该有多种选择，如：人们可以从加强城乡文化系统中某一种或几种文化要素的联系作为突破口，逐步加强城乡文化系统的联系；可以采取政府介入的方式，人为抹平城乡文化差距，使城乡文化"平均发展"；也可以采取超然态度，放任城乡文化的"野蛮生长"……然而，从以往的人类文化实践看，主要有"自然演进"和"圈地运动"等两种路径。然而，我国城乡文化融合发展所要走的是一条具有中国特色社会主义城乡文化发展道路，即：既遵循文化交流发展规律，又发挥我国社会主义制度优势，充分调动各方面积极性的城乡文化融合发展之路。

一、城乡文化的"自然演进"发展模式

所谓城乡文化发展的"自然演进模式"，并不是指城乡文化的发展完全不受文化以外的其他因素的影响，主要是指在城乡文化运动过程中不存在以政府为主导的人为因素的过多干扰，也即，城乡文化在城乡文化的分离、对立和再统一阶段都能够始终保持客观理性的立场和态度。这种模式在客观上具有以下特征：

第一，在城乡分离之前的漫长时期，民族文化是作为一个整体而存在的，尚不存在所谓的城市文化问题。在这一漫长时期，只存在文化能否为特定阶级支配、利用的问题，并不存在所谓的城乡文化发展的问题，城市文化和农村文化是一个高度统一的浑然整体。

第二，在工业革命前，城市文化已经伴随着城市的产生而产生，并开始发展成为不同于原有农村文化的相对独立的文化体系，但是，农村文化和城市文化之对于其主体的人类而言，并没有优劣之分，也不存在等级之别，城市文化和农村文化仍然能够按照文化的自身规律自然进化和发展。

第三，进入工业化时期，随着资本主义生产方式的确立和科学技术的发展，工业取代农业逐渐成为主导地位，城市开始统治农村，城市文化也开始成为社会主导文化，农村文化与城市文化开始走向对立，文化冲突成为常态，城乡二元文化结构最终形成。

第四，在后工业化时期，在城乡文化经历了漫长的碰撞、对立和冲突之后，城乡文化系统之间及其系统内部各文化要素之间重新在新的环境下达到新的平衡，并最终走向融合。

当然，这只是城乡文化发展的一种理想状态，是假定完全没有外力因

素干预下城乡文化发展运动的轨迹。然而，在现实文化社会生活中，城乡文化的交流和发展不可避免地要受到文化之外的其他因素的影响，尤其是要受到特定社会的经济、政治和社会因素等深刻影响，这就使得城乡文化走向融合的过程变得更加复杂。因此，城乡文化"自然演进"的模式在现实文化实践中很难实现。

二、城乡文化的"圈地运动"发展模式

历史上的所谓"圈地运动"主要指的是，发生14、15世纪英国新兴资产阶级用暴力手段驱赶农民离开土地，以加快资本主义发展的历史事件。显然，这不是本书中"圈地运动"发展模式的全部含义。在本书中，"圈地运动"模式也叫"政府垄断"模式，指的是政府为了推动工业化和城市化，采取多种手段使农民与土地分离，以达到农村土地"城市化"和农民身份"非农化"，进而达到农村文化"城市化"目标的一整套措施的总和。西方国家在资本主义前期普遍采用的就是这种模式。此外，第二次世界大战结束以后，绝大多数发展中国家的城市化所采取的也是这种模式。本书在研究中之所以把这种模式取名为"圈地运动"模式，一方面是因为英国是历史上最早采取这种方式实行工业化的国家。另一方面，这种模式与英国早期的"圈地运动"在表面上具有一致性，但性质不同。

实践证明，这种通过政府强行推进的以"土地城镇化"和"农民非农化"为主要特征的"圈地运动"模式，由于其严重违背了文化运动和发展规律，不仅没有缩小城乡经济社会的发展差距，相反，进一步加剧了城乡文化之间的对立和冲突，使得城乡文化之间的矛盾更加尖锐化和长期化，影响了社会稳定和城乡文化的健康发展。显然，"圈地运动模式"并不是城乡文化一体化发展的理想模式。

三、转型时期我国城乡文化融合发展的道路选择

纵观世界各国城乡文化发展历程,不管是"自然演进"的发展模式还是"圈地运动"的发展模式都具有不同程度的片面性。转型时期我国城乡文化发展必须要走中国特色的融合发展之路,既要遵循文化运动发展的客观规律,又要充分考虑到我国城乡文化发展的历史和现实情况;既要坚持政府在城乡文化建设和发展中的主导作用,又要充分调动城乡群众参与城乡文化建设的积极性和主动性等。具体地说,转型时期我国城乡文化融合发展必须要坚持以下几个方面的重要原则:

1. 坚持科学发展,走城乡政治、经济、文化和社会全面发展之路

辩证唯物主义认为,在物质和精神的关系中,物质决定精神,精神对物质具有反作用。系统理论也认为,系统内部各个组成要素之间是相互联系、相互作用和相互影响的。城乡社会是由经济、文化、政治等子系统共同构成的大系统,文化的发展离不开经济、政治的作用和影响;反之,文化的进步也必然进一步推动经济、政治等变化和发展。这就要求我们在城乡文化建设和发展过程中,不能就文化建设谈文化建设,而要把城乡文化发展放在城乡经济社会发展的大局中来谋划,坚持城乡文化建设与城乡的政治、经济、社会发展协同推进,充分利用政治建设对城乡文化建设的把关作用,使城乡文化建设始终坚持社会主义发展方向;要充分发挥经济建设对城乡文化建设的基础作用,为城乡文化发展提供坚实的物质基础;要充分发挥社会建设对城乡文化发展社会支持作用,奠定城乡文化发展的社会基础。尤其要加快发展农村经济,最大限度缩小城乡之间的经济差距。因为,在市场作用下,资源的流动就其总体趋势来看,总是由不发达地区流向发达地区,由贫困地区流向富裕地区,文化资源也不例外。然而,长期以来,在以城市为主导的城乡二元经济结构下,使得农村文化资源、农村文化人才不断向城市转移,导致城乡文化发展水平差距大,农村文化产

品和公共文化服务短缺现象日趋严重。

2. 遵循文化系统运动规律，走精神文化、制度文化、行为文化和物质文化协同发展之路

如前所述，城市文化和农村文化作为系统性存在，每一个系统由内到外包含了精神文化、制度文化、行为文化和物质文化等四个基本文化层次，每一个文化层次又包含了众多的文化要素，都是由众多文化要素共同构成的文化整体，组成城乡文化系统的各文化要素之间相互作用、相互影响，共同推动城乡文化和中国文化的运动发展。而且，所处的文化层次不同，文化要素所具有的文化引力和文化引力也不同，其对于城乡文化发展的影响和作用也不同。这就要求我们在促进城乡文化融合发展过程中，必须要按照城乡文化发展变化的内在规律，充分发挥城乡文化系统各个文化层次和文化要素的作用，坚持走精神文化、制度文化和物质文化的协调发展之路。构建城乡文化共同价值体系，奠定城乡文化融合发展的精神基础。构建城乡文化共同价值体系，奠定城乡文化融合发展的精神基础。要培育城乡健康文化生活方式，增强城乡文化融合发展的实践基础。要建设新型城乡社会关系网络，巩固城乡文化融合发展的社会基础。打造城乡文化产业链条，夯实城乡文化融合发展的物质基础。

3. 坚持城乡一体化战略，走城乡文化统筹发展之路

城市文化和农村文化是我国文化在不同地域环境下所形成的文化形态，都是我国文化的重要组部分，在本质上并没有先进、落后之分，它们之间只存在内容和构成这些内容的表形式的区别，没有价值上的区别，也即在文化价值上，城市文化和农村文化之间是"等值的"。而且，从理论上看，城市文化和农村文化都是中国文化大系统的重要组成部分，是中国文化大系统内部的两个子系统，它们之间是相互联系、相互影响、相互作用的关系。一方面，中国文化的发展必须要建立在城乡文化的发展基础之上，城乡文化健康发展是中国文化健康发展的基础；另一方面，城市文化

和农村文化之间互为对方存在和发展的条件，互相影响，互相促进。这就要求我们在城乡文化建设实践中不应该也不能够厚彼薄此，必须要坚持城乡一体化战略，走城乡文化统筹发展之路。

4. 明确城乡文化发展主体，充分发挥政府和居民两个方面的积极性

文化建设与其他建设不同，具有社会属性和市场属性两种属性，而且，在这两种属性中，社会性是文化事业的主要属性，文化事业的公共性属性和社会属性决定了政府必须要在城乡文化发展中发挥主导作用。这就要求各级政府必须要履行好自己的责任，切实扭转"重经济、轻文化，重城镇、轻乡村"倾向，加强领导，建设好农村基层文化设施。同时，城乡文化建设的主体是城乡居民，在城乡文化发展过程中必须做好宣传教育，充分调动城乡居民的积极性和能动性；要充分动员社会各方的力量，吸引社会资金，整合各种资源，切实保障农村文化建设经费投入。

5. 加强制度创新，建立和完善创新文化融合发展的体制和机制

同西方发达国家比，我国城乡二元文化结构的形成和发展具有自己的特殊性。一方面，我国城乡二元文化结构的形成与西方发达国家一样，是社会生产力发展到一定阶段的必然结果，是人类由传统农业社会向现代工业社会转型的产物，本身具有客观合理性。另一方面，我国城乡二元文化结构的形成又与我国长期以来实行城乡分治的体制和机制有着直接关系。因此，要解决我国当前的城乡二元文化结构问题，发展仍然是最根本的途径，尤其是要加紧实施乡村振兴战略，加快农村经济社会的发展。同时，我们必须加快体制改革和机制创新，通过创新促进中国城乡文化价值观念、中国城乡文化生活方式、中国城乡社会关系等融合的体制机制，为城乡文化融合发展的提供制度保证。

总之，转型时期中国城乡文化融合发展要建材新的发展理念，走城乡政治、经济、文化和社会全面发展之路，要根据文化系统运动规律，走精神文化、制度文化、行为文化和物质文化协同发展之路，要按照城乡一体

化的要求走城市文化和农村文化的统筹发展之路。

第四节 国外促进城乡文化发展的主要经验及其启示

他山之石,可以攻玉。尽管各国在城乡文化发展过程面临的问题千差万别,所选择的路径也不尽相同,但是,城乡文化发展本身是有规律可循的。西方发达国家作为最早实现工业化和成功转型的国家群体,他们在统筹城乡发展,推动城乡文化一体化发展的某些做法和经验,对当前我国走出城乡二元结构困境,促进城乡文化融合发展目标,无疑将具有一定的借鉴和参考价值。

一、美国统筹城乡发展,促进城乡文化一体化的主要措施

美国是城乡一体化发展程度很高的国家。在美国,"传统意义的农村社区几乎不再存在,城市和乡村除去主体产业和景观差别外,生活水平和现代文明程度基本趋同"[①]。在协调城乡发展,促进城乡文化发展方面,美国主要采取了农工协调发展的城镇化道路、大力发展城乡基础设施、积极构建"大都市区"城镇体系、扶植农业农村地区发展等一系列重大举措,并在实践中取得了很好效果,是目前解决城乡二元经济社会和文化结构问题最成功的国家之一。

1. 坚持农工协调发展的城镇化道路

美国一开始便十分重视工业化、城镇化和农业的互动协调发展。一方面,通过农业现代化的迅速发展来推动工业化、城镇化的进程,为城镇化

---

① 余斌、罗静、新军:《城市化与城乡发展:世界不同类型国家比较与启示》,载《地域研究与开发》,2005年第5期。

发展解决了粮食、原材料、资金和国内市场等问题，真正发挥了"农业革命是城镇化和工业化加速发展的第一动力"[①]作用；另一方面，通过工业化、城镇化的发展为农业、农村发展提供技术和动力支持。如为了协调工业和农业发展，美国的工业化一开始便从棉纺织业起步，并进一步以纺织工业为依托进入重工业、新兴工业部门。此外，美国从20世纪50年代后期起，还富有针对性地制定了一系列优惠的郊区税收政策，鼓励城市工厂迁往郊区，也为农村工业化发展创造了有利条件。

2. 大力发展以交通为主的基础设施

美国素来十分重视基础设施建设在促进城乡经济社会发展一体化过程中的重要作用。以交通建设为例，早在1880年前，美国就不惜代价地引进了欧洲的先进技术和设备，实现了交通运输技术的大飞跃，为加强城乡联系打下了坚实技术基础。1880—1920年，美国加快了城郊有轨电车和高架铁路的发展，在全国普遍建立起了连接各个城镇的铁路网，实现了城市和乡村之间的主要对接。1920—1950年，推行了大规模援助公路建设政策，在全国建立起公路网尤其是高速公路网，城镇发展开始步入了城市郊区化发展时代。1950年至今，随着现代交通、通信技术的进一步发展，不仅通过有形的交通网络把城市和农村连接为一个整体，现代通信技术的发展更是完全打破了城乡的自然边界，使城乡社会生活融为一体。在美国，不仅"大部分农村的基础设施和公共服务水平与城市几乎相差无几"[②]，而且"美国通过基础设施的高度现代化，实现了其村镇的高度现代化，使城乡之间的差距大大缩小"[③]。

3. 努力构建"大都市区"城镇体系

美国在推进城镇化和城乡一体化建设中的另一个重要特点之一，就是

---

① 姜爱林：《城镇化、工业化与信息化协调发展研究》，中国大地出版社2004年版，第234-235页。

② 张晴：《发达国家城乡统筹发展的做法及对中国的启示》，载《世界农业》，2011年第4期。

③ 刘敏：《海淀区城乡基础设施一体化建设研究》，中央民族大学2010年博士论文，第10页。

积极构建"都市化区""大都市化区"的城镇体系。经过近100多年的积极发展,在美国已经基本形成了全国性的、由少数特大城市和一大批大、中城市为主体而组成的几十个大工业区和100余个"大都市区"。这种以打破区域间的封闭状态,面向世界,从全国整体出发,采取圈域经济的"都市圈"城镇化发展模式,对促进区域性中心城市以及众多地方性中小城镇协调互动发展起到了非常重要的依托和带动作用,极大地推动了美国城乡文化一体化的发展。

4. 加强对农业和农村地区发展立法工作

美国始终注重对农业和农村政策的立法保护,把提高农民收入、发展农业农村教育、改善农村发展环境、完善社会保障制度、建立金融和保险体系、实行向农业农村倾斜的税收等上升到法律层次,并通过国家立法强化和保障农业和农村在国家发展中的基础地位。如,为了长期稳定农产品价格、促进农业自由市场竞争、提高农产品质量,美国先后制定实施了《农产品信贷公司特许法》《农业法》《联邦农业完善和改革法》《农业安全与农村投资法案》《农村发展法》《平权法》等一系列法律。为了促进农村教育教育法制,美国先后续制定实施了《莫里尔法案》《哈奇法》《史密斯—利弗法案》《史密斯—休斯法》《乔治·里德法》《人力训练与发展法》《就业机会法》《就业培训合作法》《初等和中等教育法》《教育目标:美国教育法》《学校—工作多途径法案》等数十部涉农教育法案[①]。

二、德国推动城乡协调发展的主要措施

在当代世界,德国也是城乡一体化程度比较高,城乡文化融合得比较好的国家之一,其城市化水平达到了90%左右,已经形成一种城乡统筹、

---

① 胡雪梅:《美国、韩国的农村教育及其对我国的启示》,载《临沂师范学院学报》,2008年第5期。

分布合理、均衡发展的独特模式。

1. 通过立法保障城乡协调发展

德国《联邦基本法》规定：国家必须保持联邦地区内人民生活条件一致性的目标要求。此外，在《联邦基本法》的基础上，德国又制定了《空间秩序法》《改善区域经济结构共同任务法》《联邦区域规划纲要》《结构援助法》《区域经济政策的基本原则》等一系列法律，使区域经济的平衡发展成为德国联邦政府和州政府的重要任务，为城乡协调发展提供了可靠的法律保障。

2. 运用规划手段引导城乡协调发展

德国的区域规划主要解决两个问题：一是通过规划将各方面的用地需求协调好；二是通过区域规划，将各种公用设施在空间上的分布，既考虑到有利于效率的提高，也考虑到条件较差地区的特殊要求。尤其值得一提的是，德国联邦政府于20世纪50年代所实施的城乡"等值化"建设工程。这项工程通过土地整理、村庄革新等方式，实现了"农村与城市生活不同但等值"的目标，使农村经济与城市经济得以平衡发展。

3. 运用财政政策推动城乡协调发展

德国的财政政策有横向、纵向之分。横向财政是指各州，各地方之间实行的财政转移支付，即财力强的州拿出部分税收收入捐给财力弱的州。纵向财政是上下级政府间的财政转移支付，联邦政府对州、州对地方的财政支持。在政府投资方面，联邦政府60%的投资资金都流向了经济欠发达地区。财政平衡政策不仅使地方政府财政收入能力与其支出责任不对称的矛盾有所缓解，而且成为促进区域经济平衡发展最有力、最直接、最见效的手段。这就为农村经济社会和文化发展提供了坚实的经济和物质基础。

4. 运用福利制度保障城乡协调发展

德国的社会保障制度覆盖面很广，是一个相当完善且庞大的，包括生、老、病、残、死、伤、失业、就学、住房等方面的体系网。经济欠发达地区的弱势群体,可以通过享受相关的社会福利来维持其基本的生存和经济活动。此外,德国在社会上没有明显的农工、城乡差别。农工差别只是从事工作性质的差别。只要农民进城工作,按章纳税,进入社会保障,就成为城市居民。20世纪50年代,德国联邦政府还出台了农民卖地退休补贴政策,对农民卖地退休者国家给予额外退休金,极大地促进了农村生产方式的转变。

5. 运用交通系统促进城乡协调发展

德国城市化的独特之处在于大中小城市并行发展,小城镇星罗棋布在全德各地。无论是大城市还是在几千人口的小镇,各项市政设施的水平基本一样,几无差异。加之方便的购物、餐饮等生活配套条件,接近大自然的生活环境,使小城镇拥有大城市无法比拟的优越性。人们可以居住在小城镇而到大城市工作,亦可以生活、工作在城市,而休闲、度假在乡村。

三、日本加强城乡文化一体化的主要做法

日本是亚洲国家中最早步入工业化的国家之一,其在促进城乡关系统筹发展,推进城乡文化一体化方面的成绩可圈可点,在很多地方值得我们借鉴和参考。

1. 加强农业和农村发展立法

1950年,日本制定了国土综合开发法,将其作为地区发展的根本法。1967年出台了"结构政策的基本方针",1968年创设了综合资金制度,1969年颁布了《农振法》,1970年再次修改了《农地法》和《农协法》,设立了农民养老金制度。为解决农民就业问题,1971年的《农村地区引入工业促进法》鼓励城市工业向农村转移,为农民提供非农就业机会。1984年修改了《农振法》和《土地改良法》,以加强农村地域环境建设。1987年的《村落地域建设法》,规范了农村村落及其周边地域土地的利用

秩序，促进了村落建设。《孤岛振兴法》《山区振兴法》《过疏地域对策特别措施法》等针对特定地区（即经济贫困地区）的制度，推动了地区平衡协调发展。

2. 推动工业企业向农村地区转移

为了促使工业由大都市向地方城市和农村转移，日本将工业过度密集的地区确定为"促进转出地区"，将工业集聚程度较低的地区确定为"诱导地区"，通过政府补贴和政策性融资手段推动工业企业向农村地区转移。从全国工业产值分布看，1970年"促进转出地区"占30.5%，1985年降至18.2%，"诱导地区"则从20.5%增至27%。从就业人员比重看，"促进转出地区"从1970年的21.6%降至1985年的17.7%，"诱导地区"则从34.4%增至37%。随着农村地区工厂不断增加，农民有条件农忙时耕作，农闲时做工，逐步形成大规模兼业队伍。60年代兼业农户占总户数的比重超过6成，兼业收入明显超过种植业收入，成为农户最大收入来源。

3. 改善农业基础设施建设

在农业的发展过程中，日本政府特别重视基础设施的作用。日本运用财政支付大量投资，用于农业生产基础设施整治、农村生活环境整治、农村地区保护和管理等基础设施建设。从人均行政投资额看，日本农村地区1970年前始终低于城市，但1972年实现反超，此后两者差距逐渐拉大。1975年农村为16万日元、城市为14万日元。1998年农村为48万日元、城市仅为32万日元，农村是城市的1.5倍。农业基础设施的改善，适应了土地规模经营的潮流，加强了城乡之间的物质和信息联系，为提高农业生产率发挥了积极作用。

4. 实施惠农扶农政策

在农村实行优惠的税务政策。日本税收制度开始向农村倾斜，对农村实行优惠于城市的所得税制和土地税制，增加国家税收对农村地区的返还。中央对农村的税收返还比例从1955年的12%上升至1970年的22%，

2000年续增至25%。此外，日本加大保护本国农产品的力度。由于日本主要农产品的单位成本普遍高于欧美，为此，日本政府自20世纪50年代即开始实施农产品进口高关税政策，并设置各类复杂的技术性壁垒，将外国大米等主要农产品有效挡在了门外。

5. 加大基础教育投资

1947年颁布的《基本教育法和学校教育法》，将义务教育年限从6年提高到了9年。除了基础教育以外，日本政府还特别重视农村职业技术教育。政府和私营企业同时参与，形成了分层次、有重点的农村职业教育体系，对农民进行职业技能培训，为农村谋职者提供各种学习机会，使其适应工作环境并获得劳动技能。

四、韩国推进城乡文化一体化发展的主要措施

韩国与我国不仅同属亚洲国家，而且，其在转型时期与我国当前的情况的同质性很强，在快速推进城镇化进程中同样存在农村大量的剩余劳动力流向城市，以及由此产生的城乡文化冲突问题。然而，从20世纪60年代开始，韩国在推动城乡经济协调发展方面先后采取了一系列新办法和新举措，并最终成功地实现了城乡经济社会和文化的一体化发展。

1. 开展"农户副业企业"计划

1960年到1970年间，韩国各大城市内的工业化发展如火如荼，城市内和城市间的竞争不断加剧，使得农村地区的工业发展提上日程，各个城市均把自身的工业向农村地区发展延伸。1967年，为进一步扩大出口产品的供给量，同时也是为了促进农村经济发展，韩国政府提出了"农户副业企业"计划。该计划由地方政府提供金融或财政补助，一般由十户左右的农村家庭联合在一起，组建成为一家企业，主要生产农副产品、手工艺品等。虽然，在实施几年后，由于企业规模较小，且发展缓慢，同时也受

到农村地区技术水平落后、基础设施薄弱等缺陷的制约,"农户副业企业"计划发展效果不理想,时间不长该计划即被搁置了。但是,它是韩国在统筹城乡发展过程中积极探索,为城乡一体化发展开启了道路。

2. 实施"新村工厂"计划

20世纪70年代,韩国各个城市内的工业发展水平不断提升,但与之相比,韩国广大农村地区经济发展不太理想,此时韩国社会经济中的二元结构问题开始出现,城乡差距开始拉大。正是在上述背景下,韩国政府正式发起了"新村运动"。"新村运动"大体上分为三个时期,早期主要是推进住房条件、桥梁、公路等农村基础设施建设;中期的主要内容是推进农业现代化,推广高产水稻技术,从而提高农民收入;后期主要是发展农产品加工业。"新村工厂"是"新村运动"重要组成部分,即在广大的农村地区开办各类工厂企业,采取的具体方法就是由城市的工业向周边的农村延伸拓展。在此过程中,韩国各地方政府不断加大对农村地区基础设施的投资。与此同时,韩国政府在此时期开始大力发展劳动密集型产业和技术密集型产业,这些产业吸纳了大量的农村剩余劳动力。韩国经过多年"新村工厂"计划的实施,带来了韩国农业现代化从量变走向质变。

3. 推进"农村工业园区"计划

针对实施了近10年的"新村运动",韩国政府及时对其进行了总结和反省,并对农村工业化发展道路进行了修正。1983年,韩国政府正式出台了"农村工业园区"计划。与早期的"新村工厂"计划不同,"农村工业园区"计划是选择面积较小的农村地区就地发展农村工业。"农村工业园区"一般选择人口较少的郡、市等行政区域发展,园区占地10公顷以下,一般可以集中20家企业布局,解决3000名农民就业。在这些农村工业园区内,一般是重点发展劳动密集型企业。政府除了像以往一样加大对农村基础设施的投入以外,还增加了对技术的投入,鼓励农村工业园区向特色产业、创新产业方向发展。

4.转向新型工业化发展道路

20世纪70年代后,韩国政府重点强化小城镇发展与建设,大幅改善农村居民生活居住环境,同时加强对农民的教育普及。此外,政府还不断推进农村信息化建设,投资设立了许多信息服务网点,向农村工业企业提供大量的技术、管理、市场等信息。进入20世纪80年代后,韩国政府在广大农村地区围绕其工业发展特点开始转变和调整产业结构,对原有企业进行机械化改造的同时,开始鼓励引进和发展新兴产业。随后的90年代,政府开始鼓励广大农村地区发展第三产业,通过一些国家级的服务机构,大幅提升农民的福利水平。进入新世纪后,韩国政府确定了农村走新型工业化道路的方针,政府主要是引导和鼓励农村地区发展科技含量较高的现代农业,同时积极开展城市和乡村的帮扶与对接服务,鼓励城市中的大企业对农村地区进行一对一的帮扶,选择一些市场效益比较好的项目共同建设,通过先进企业来带动农村的发展,从而形成了工农合作共赢发展的局面,成功推进了韩国城乡发展一体化进程。

五、国外推进城乡文化一体化发展的启示

上述各国虽然在转型时期,她们所已有的基础条件,所面临的困难和所要解决的主要问题都不尽相同,但是,她们在城乡经济社会和文化发展中也存在许多共同特点,对这些共性的经验予以及时总结和提升,对正处于转型时期我国的城乡一体化和城乡文化融合发展无疑是十分有益的。

第一,城乡文化矛盾是社会生产力发展和社会分工的产物,城乡文化按照统一、分离、冲突、统一的路径运动发展是城乡文化的基本规律。城乡文化在发展过程中所产生的问题,从根本上不是哪一个国家所特有的问题,是处于现代化转型时期国家普遍面临的共性问题。随着生产力的进一步发展,导致城乡二元文化结构的条件将被逐步消除,城乡文化也必将在

新的基础上达到新的融合、统一。

第二，把城乡文化发展作为协调城乡文化发展的重要内容，使城乡文化的统筹发展与城乡经济社会发展同步规划、同步推进，是各国的共同特点之一。城乡文化系统是社会大系统的子系统，其与城乡经济社会的关系是整体与部分的关系，只有从整体上加强城乡经济社会的协调发展，城乡文化协调发展才有基础；同样，城乡文化的协调有利于推进城乡经济社会的整体发展。

第三，法律和制度的保障是最根本和最可靠的保障。加强关于促进城乡文化融合发展的立法工作，用法律手段推动和保障城乡文化的协调发展是各国的普遍做法和有效经验。

第四，城乡文化的协调发展需要与之相适应的物质基础，在城乡经济社会发展工程中大力加强城乡基础设施建设，是世界各国的普遍经验，尤其是大力加强城乡交通设施建设和加强农村教育发展。

第五，在推动城乡经济社会协调发展过程中把发挥政府的主导作用和调动城乡居民的积极性统一起来，充分发挥政府和社会两方面的优势，是各国城乡文化建设取得成功的又一重要经验。城乡文化的发展事业具有公共性、全局性、基础性和长期性，在城乡文化融合发展中，必须要充分发挥政府的主导作用。但是，农民和市民是城乡文化协调发展的主体，离开城乡居民的普遍参与，城乡文化发展就成了无本之木、无源之水。

第五节　我国城乡文化融合发展的积极探索

改革开放以来，我国越来越重视城乡文化协调发展问题，并且把统筹城乡文化发展摆在党和国家工作的突出位置。党的十七届六中全会《决定》深刻阐述了加快城乡文化一体化发展的极端重要性，强调指出："增加农村文化服务总量，缩小城乡文化发展差距，对推进社会主义新农村建设、形成城乡经济社会发展一体化新格局具有重大意义。"党的十八大报告提出了建设社会主义文化强国的目标，强调要加大对农村和欠发达地区文化建设的帮扶力度。《国家"十三五"时期文化发展改革规划纲要》进一步提出了现代公共文化服务体系基本建成，基本公共文化服务标准化、均等化水平稳步提高，体现地方和民族特色的文化设施网络基本形成，公共文化供给与群众文化需求有效匹配的具体目标。同时，我国各地积极探索，在促进城乡文化一体化的工作中取得了可喜成绩，为转型时期我国城乡文化融合发展提供了坚实的实践基础。

一、甘肃省武威市加强城乡融合发展的实践探索

区域自然特征和经济社会发展水平差异，决定了实现总体目标，必须寻求不同的发展模式，探索多种路径。在促进城乡文化融合发展过程中，甘肃省武威市以中心城区和较大乡镇为重点，加强教育、卫生、科技、文化、体育等社会事业发展和基础设施建设，推动城乡文化协调发展，通过便捷的交通，让广大农民享受城市公共资源，让城市居民回归自然，享受生态文明，提高生活质量。

1. 加快文化基础设施融合建设，实现公共资源共享

受经济发展长期落后的制约，武威城乡文化设施十分缺乏。为了加快公共文化基础设施建设，围绕核心区建设，在凉州中心城区和各县城建设文化馆、图书馆、体育馆、科技馆、博物馆，在城区和城镇建设影剧院、体育场、综合文化站，在新农村建设文化室，形成大、中、小相配套、城乡共用的公共服务设施，增强城乡文化服务功能，实现公共资源共享，形成承载能力强、功能设施全的中小城镇集群，提高了城镇化水平，加速了城乡文化融合。在加快文化基础设施建设的同时，增强公共文化产品和服

务供给，丰富文化活动内容，提升文化产品和消费层次，实现文化资源共享。如：在实施广播电视全覆盖的同时，扩大文化、科技、卫生下乡规模，延长时间，突出农民技术培训。围绕核心区建设，提供方便快捷的公共交通服务，让先进的文化全面进入农村，让农民享受到高层次的文化产品服务，充实农民精神生活。

2. 探索现代文化与历史、民俗文化融合，打造特色文化品牌

武威是全国历史文化名城、具有十分丰富的文化资源。武威通过积极保护、深入挖掘优秀历史文化资源，发展现代文化，繁荣群众文化和专业文艺，借助现代科技传播体系和互联网等新兴媒体，强化特色文化组合，打造一批富有特色、群众喜闻乐见的文化精品，提升文化品牌竞争力。为了发挥武威多元文化交融发展的资源优势，挖掘丰富多样的文化旅游资源，发展特色文化旅游业。在凉州老城区适度实施历史文化名城保护、空间营造与文化复兴计划，保护文物古迹。集中打造和全面推介以天梯山石窟、雷台、文庙、罗什寺、白塔寺、亥母洞等名胜古迹为代表的历史文化游；以天祝马牙雪山、高山草原，古浪马路滩林场，凉州神州荒漠野生动物园、沙漠公园，民勤红崖山水库区域、青土湖沙区湿地为代表的生态文化游；以威龙葡萄酒基地、莫高葡萄长廊、黄羊河集团观光农业、农垦研究院生态园和农家乐等为代表的休闲绿色游。依托快速通道形成多层次的旅游线路，提升旅游服务产业的品质和影响力。加快旅游文化产品开发，鼓励发展文化创意产业，推进文化体制改革，增强文化发展活力，大力发展旅游景区服务业，培育发展一批具有较强竞争力的文化企业，把文化旅游业培育成为促进跨越发展的新兴产业。

3. 加强精神文明建设融合，努力提高全民素质

为了加强城乡精神文明融合，武威区坚持城乡共建，示范带动，融合发展。强化社会主义核心价值体系教育，坚定中国特色社会主义共同理想，大力弘扬民族精神和时代精神，树立和践行社会主义荣辱观，着力推

动社会主义先进文化深入人心，不断巩固全市人民团结奋斗的共同思想基础。努力实现以思想道德修养、科学教育水平、民主法制观念为主要内容的全民素质明显提高，以积极健康、丰富多彩、服务人民为主要形式的文化生活质量明显提高，着力将城乡融合发展核心区打造成精神文明建设的示范区、城乡文明融合的展示区、城乡一体化发展的先行区。此外，武威区还以实施居民素质提升工程为核心，创建文明城市、文明通道、文明工业园区、文明村镇，广泛开展公民思想道德建设和区域性、群众性精神文明创建活动。加强社会公德、职业道德、家庭美德、个人品德建设，提升居民思想道德素质；开展全民美育和礼仪教育，提升居民文明礼仪素质，大力推广普通话；开展"除陋习、讲文明、讲卫生、讲科学、树新风"活动，狠刹赌博、酗酒、封建迷信、大操大办等不良风气，推进殡葬改革，革除生活陋习，倡导健康文明生活。引进城市先进管理理念，建设新村镇，培育新农民。促进全民思想观念和生活方式转变、促进工业文明与农业文明融合、城市与农村融合，实现城乡共建共享和繁荣进步，推进城乡文化一体化建设。

二、重庆北碚区以城乡一体化服务推动城乡文化均衡发展

为了促进城乡文化融合发展，重庆市积极开展了以城乡一体化服务推动城乡文化均衡发展的实践探索，并取得了初步成效。

1. 抓住示范区建设机会，推动城乡文化服务均衡

2013年，北碚区作为创建第二批国家公共文化服务体系示范区之一，正式启动体系建设。在示范区的建设中，重点从文化基础设施建设城乡一体化、文化产品供给城乡一体化、制度设计保障城乡一体化等方面进行建设，让城乡居民能够享受到基本均衡的文化服务。围绕城乡一体化的公共文化服务体系建设，有效地缩小了城乡文化服务的差别，使北碚区的文化

服务和群众的文化享受逐步走向均衡。

2. "圈、带、点"承载"一刻钟"城乡一体文化服务

公共文化设施是公共文化服务的基础，在城乡一体化的示范建设中，北碚区提出一个目标：建设"城乡一刻钟"文化服务载体。所谓"城乡一刻钟"文化服务载体的目标，是要让城市居民和农民都要在出门步行15分钟之内，就能参与和享受文化服务。"圈、带、点"的文化基础设施建设已使全区形成了"城乡一刻钟"的文化服务网络，覆盖了城乡居民，不管是城市居民还是农民，都能在出门步行15分钟之内享受到公共文化服务。

3. 提供符合"口味"的产品保证群众对文化的需求

在创建中，北碚区烹调出了一大批这样符合群众"口味"的公共文化产品，满足群众对精神文化的需求。通过扩大文化设施的免费开放，让群众能够享受到文化设施内的产品。通过深入开展文艺演出进镇街、展览讲座进社区、高雅艺术进农村、数字服务进家庭等"文化十进"，将优质的文化服务产品送到了群众家门口。在文艺精品供给中，北碚区持续开展了"北碚印象"百名艺术家大型采风创作活动，并创作打造出一批在全国获奖的文艺精品，并有4个项目获全国第十届中国艺术节群星奖、舞蹈《高山流水》获第九届中国舞蹈荷花奖、版画《而立之年》获第十二届全国美展金奖。

4. 搭建"大舞台"，让群众成为文化活动主角

在公共文化服务体系的示范创建中，北碚搭建起一批适合不同群体、不同年龄群众自觉参与的文化"大舞台"，让文化成为老百姓的自觉行动，增强文化自信。北碚区文化委员会与北碚电视台合作，创办了一个"童声话碚城"栏目，让喜爱主持的儿童参与。在创建中打造出的"群众文化艺术节"持续时间有半年之久。在艺术节中，"我秀我才""碚城好声音""舞动碚城""群众坝坝舞'星级争霸赛'"吸引了数以万计的群众参与。为百姓搭建的舞台中，涉及文化活动的方方面面。在针对不同群体参与文

化活动中，北碚通过"碚壳"APP的上线，与年轻人进行线上线下的文化互动，吸引年轻人参与感兴趣的文化活动；开展"特别的爱给特别的你"系列文化活动，让老年人、未成年人、残障人、农民工、失独的家庭、戒毒学员、军人等群体都能参与到文化活动中来。

三、杭州积极推进城乡文化一体化发展的实践探索

近年来，杭州市加强城乡文化发展，推动城乡文化一体化发展工作取得明显成效，基本形成覆盖城乡的公共文化设施网络，基本建立公共文化服务体系框架，初步实现了城乡在文化政策上的一致、在文化资源上的互补、在文化权利上的平等、在文化发展上的互动。

1. 统筹城乡文化政策设计

为推动政策创新，杭州市积极深化城乡文化一体化发展的制度建设，制定实施了《中共杭州市委、杭州市人民政府关于以新型城市化为主导进一步加强城乡区域发展的实施意见》《中共杭州市委办公厅、杭州市人民政府办公厅关于进一步加强农村文化建设的实施意见》《杭州市人民政府关于加强基层文化建设的若干意见》《中共杭州市委办公厅、杭州市人民政府办公厅关于加强杭州市文艺精品工程建设的意见》《市委办公厅、市政府办公厅关于印发〈杭州青年文艺家发现计划〉的通知》《市委办公厅、市政府办公厅关于进一步加强乡镇综合文化站建设的若干意见》《关于加强县级和城乡基层宣传文化队伍建设的实施意见》，等一系列政策文件，为农村文化建设提供了政策保障。编制了《杭州市"十二五"公共文化服务体系建设规划》《杭州市"风情小镇"规划设计导则》《市委办公厅、市政府办公厅关于开展中心村培育建设的实施意见》等政策规划，在文化建设上实现了城市与农村的同步规划。

2. 统筹城乡文化资金安排

近年来，杭州市积极建立公共财政对文化建设投入稳定增长机制，不断加大对农村文化的倾斜支持力度。市级财政从 2004 年起，每年安排 400 万元基层文化建设专项资金；从 2006 年起，每年安排 400 万元农村文化建设专项资金和 350 万元农村文化活动扶持资金。根据市委、市政府工作要求，近年来，《杭州青年文艺家发现计划》每年有 3000 万元的专项经费用于人才引进；每年均安排一定数额的文化专项资金用于保障不同阶段的农村文化建设需要，如安排了 1200 万元和 800 万元分别用于广播电视"村村通"工程、乡镇综合文化站建设；五县（市）每年安排不低于 500 万元的专项经费，用于扶持文化创意产业的发展，同时在每年的文化创意产业专项资金安排一定数额的资金用于农村文化建设项目等，为城乡文化一体化发展提供了物质基础。

3. 统筹城乡文化设施建设

近年来，随着杭州公共文化建设步伐的不断加快，全市实施的一批重点发展、优先发展、鼓励发展的项目，逐步形成并完善了优势互补、错位发展、优化配置、布局合理的城乡公共文化服务体系。建成了杭州图书馆新馆、杭州城市规划展览馆、青少年发展中心、杭州大剧院、下城文体中心、江干文化中心、西湖区图书大厦、萧山剧院及文化中心、余杭江南水乡博物馆、桐庐县的非物质文化遗产保护中心、叶浅予艺术馆、建德市文化中心等文化设施，提前 2 年完成县级市和县城数字影院建设改造任务。同时，另有一批行业文化设施和专业文化设施向社会公众开放，包括纪念馆、博物馆、名人故居等各类公共文化设施，成为市民经常、就近、可选择地参与各类文化活动的重要阵地、精神家园。

4. 统筹城乡文化产业发展

近年来，杭州市文化产业围绕打造全国文化创意中心的奋斗目标，大力实施文化引领战略，有效推动全市文创产业持续稳定发展。2012 年，五县（市）实现文化创意产业的增加值142.59亿元，增长11.9%。尤其是随着"创意富阳"、临安"国石文化"、建德"美丽江城""潇洒桐庐·中国画城"、淳安"金木水火土综合文化工程"等重点项目的打响，文化特色在杭州西部由点及面逐步铺开。

5. 统筹配置城乡文化资源

为了使城乡文化资源共享，杭州市扎实开展了"三下乡""双千结对、共享文明""乡风文明千里行"文艺宣传大篷车巡回演出、"文化春风"行动、"我们的节日""到人民中去"等系列主题文化惠民活动。与此同时，杭州市积极推进特色文化广场活动向县（市）延伸，实现农村文化活动每年在万场以上；组织杭州爱乐乐团的乐手赴临安青山湖街道和灵隐街道对基层乐队进行现场指导；促进市文联所属文艺家赴基层服务点进行指导培训，开展文化共建工作，努力将文化"种"在基层，为推动基层文化繁荣发展夯实基础。

6. 统筹城乡文化队伍建设

随着推进城乡文化一体化发展的逐步深入，杭州市的文化人才队伍建设呈现良好的发展态势，数量不断增加。统计结果显示，截至2011年底，全市共有专职群众文化工作者1477人，其中图书馆从业人员531人，群艺（文化馆）264人，街道（乡镇）综合文化站文化员682人。同时，全市还有近百个民间职业剧团和6000多支业余群众文化队伍，有数千名活跃在各类文化艺术事业单位的文艺工作者。

四、我国城乡文化一体化工作中存在的突出问题

如上所述，我国已经把城乡文化协调发展作为现代化建设的重要内容，并在实践上进行了积极探索，取得了一些有益经验，为我国城乡文化融合发展奠定了实践基础。然而，我们也应该清醒认识到，当前我国城乡

文化一体化工作仍然处于初步探索阶段，很多问题在理论上还没有有效突破，在实践上还存在很多瓶颈，远远不能适应我国城乡文化发展的客观要求。具体地说，当前我国在城乡文化建设过程中主要存在以下几个方面的突出问题：

1. 城乡文化发展观念不够科学

观念问题是最根本的问题，加强城乡文化发展，树立正确的城乡文化发展观至关重要。所谓城乡文化发展观就是对于城乡文化发展的总的看法和根本观点。从根本上讲，城市和农村都是人类生存和活动的空间存在形态，它们之于整个人类的而言，本身不存在哪一种空间形态重要的问题，只存在哪一种空间形态更适合的问题；文化和经济作为人类的基本活动，不存在哪一种活动更重要的问题，只有活动方式上的区别。同样，农村文化和城市文化作为人类活动的成果，在价值上都是"等值"的，不存在优劣的问题。然而，长期以来我们在城乡文化发展问题上，往往存在城市比农村好，城市文化比农村文化重要，经济比文化重要的错误观念，这些错误观念在实践中往往表现为重视经济发展，轻视文化建设；重视城市文化建设，轻视农村文化建设；把城乡文化协调发展等同于以城市文化取代农村文化等问题。更严重的是，这些观念已经上升为一种文化，被多数人认为是理所当然。这是当前我国城乡文化发展过程中诸多问题产生的主要思想根源。

2. 城乡文化发展主体不够明确

文化主体主要回答谁来发展文化和为谁发展问题的问题，这是我国城乡文化发展所要解决好基本问题之一。当前我国在城乡文化发展实践中尚存在文化主体模糊的问题，也即对谁来发展文化和为谁发展文化的问题还没有完全搞清楚。主要表现在以下几个方面：一是一些地方政府在城乡文化建设中大包大揽，使得本身是城乡文化建设重要主体的城乡居民被排除在城乡文化发展之外，把城乡文化发展变成了政府自导自演的"独角戏"；

二是一些地方政府错误地把城乡文化发展完全看作城乡居民自己的事情，将自己置身于城乡文化建设之外，把政府的公共责任推得干干净净，不担当、不作为、不做事；三是一些地方把城乡文化建设异化为城市文化建设，把城乡文化发展简单等同于城市文化发展，长期忽视农村居民的文化需求；四是一些地方的群众习惯性地把城乡文化发展看成政府的事情，不关心、不参与、不出力，严重依赖政府；等等。这是当前我国一些地方在城乡文化建设过程中责任不清，积极性不高，效果不好的重要原因。

3. 城乡文化发展的目标不够明确

目标影响道路，目标决定出路。有什么样的目标，就有什么样的发展道路和结果。在城乡文化建设中确定科学正确的目标至关重要。当前，我国在城乡文化发展实践中也还存在文化发展目标不够科学、不够明确的突出问题，一些地方把统筹城乡文化发展停留在"送戏下乡""送书下乡"等具体活动上，把城乡文化发展定位在建立多少文化站、设置了多少个"农家书屋"，修了几座剧院和建造了多少广场上，城乡文化发展目标缺乏基础性、长期性和系统性，其结果往往是表面热闹，效果甚微。

4. 城乡文化发展的方法不够科学

毛泽东曾经把方法比作为过河的桥和船，没有科学的方法就过不了河。城乡文化一体化发展也一样需要科学的方法，方法不科学甚至方法错了，城乡文化一体化的目标再好，也会落空。当前，我国在推进城乡文化一体化发展过程中也存在方法不当的问题，如：一些地方在城乡文化建设过程中走一步，看一步，一些地方甚至存在"挖东墙""补西墙"现象，城乡文化缺乏长远规划；一些地方长期把注意力集中在某一个或者某几个方面，文化建设缺乏系统性；一些地方只注重所谓"硬件"建设，轻视"软件"开发，文化建设缺乏深刻性；等等。这是当前我国城乡文化融合发展中带有共性的突出问题。

5.城乡文化发展的体制、机制不健全

长期以来，我国在城乡文化建设上的制度设计上奉行"城乡分离"思想，实行"城乡分治"的制度。然而，很多地方仍然没有摆脱城乡分割、部门分割、政策分割、资源分割的历史惯性，在城乡文化发展政策的制定、文化资金投入、文化支援配置等方面仍然存在城乡"区别对待"的情况，政府的公共文化政策制订受制于城乡二元分治，一直没有形成一种统一的城乡文化一体化的政策目标和制度安排。农村文化发展的地位没有制度保障，农村文化建设资金没有稳定渠道，城乡文化建设与发展缺乏互动机制，等等，城乡文化互动交融、协调发展的格局有待形成。

第四章　构建城乡文化共同价值体系

价值观的认同是最根本的认同，价值观念的融合是最根本的融合。在文化系统中，价值观念居于核心，它决定着文化的性质，在整个文化系统中居于支配地位，是文化系统的核心和"稳定器"。城市文化和农村文化作为中国文化两个最基本的地域文化，它们同源同根，具有共同的"元"价值观念要素。城市文化和农村文化之间的矛盾，不是根本性质上的矛盾，而是在"根本性质"一致基础上的"内部矛盾"，这是城乡文化融合发展的天然优势和基础。城乡文化能够融合，也需要融合。相反，中国文化与国外文化，尤其与西方文化之间的最大差异是价值观的差异，是很难融合到一起的。然而，我国城乡二元文化结构的形成和固化，使得城乡文化的价值体系发生了深刻变化，城乡文化的同质性越来越低，它们之间在价值观念上的联系也日趋松散，严重影响城乡文化和中国文化的健康发展。积极构建城乡文化共同价值体系，以价值观融合促进城乡文化融合，既是我国文化整体健康发展的必然要求，也是转型时期我国城乡文化融合发展的根本途径。

第一节 我国文化价值观念体系的形成和发展

我国传统文化价值观是我国城市文化和农村文化的源头和母体，是我国城市文化和农村文化的"根"和"魂"，是我国城乡文化融合发展的天然基础。我国传统文化价值观念体系的形成和发展经历了非常漫长的历史发展过程，是中华民族整体智慧的结晶。

一、传统价值观念的初步创立

早在远古时期，燧人氏发明"结绳记事"，开启贸易先河；伏羲氏创制龙图腾，生成了华夏民族团结统一的基因；炎帝发明农业，为农耕文明的孕育准备了物质条件等。在价值观的创制方面，伏羲创始"制嫁娶、正姓氏"；黄帝"明民共财"，规定了礼法制度；尧勤俭治国，以身作则；舜以孝而名等等。中华民族的文化价值观开始萌芽。到了夏商时期，随着社会生产力的发展，产品有了剩余，私有制开始产生，出现了阶级和国家，我国也从原始社会过渡到奴隶社会。在夏商时期，统治者为了统治人民，维护自己的统治地位，强调不应违背天意，应当顺应天命积德，形成了比较完整的天命观和德治等教化思想，成为我国传统文化中的民本观念和德治观念的最初源头。西周时期，我国传统文化的价值观念体系进一步发展，如作为上层建筑核心内容的"周礼"基本定型；道德范畴进一步发展，逐渐由单一走向复合；教化思想进一步发展，并且开始具备相对完整的理论体系等。

二、我国传统价值观念的初步形成

春秋战国时期是我国社会由奴隶社会向封建社会的过渡时期。伴随着社会的大过渡、大转型，在思想文化领域出现了以儒、墨、道、法四大学派为主要代表的"百家争鸣"的学术盛况，我国传统文化的价值观念体系也迎来了大丰富、大发展。孔子提出以德治为目标的德政说，孟子主张"仁则荣，不仁则辱"，管子强调"礼、义、廉、耻，国之四维。四维不张，国乃灭亡。"等，奠定了儒学在我国传统思想道德体系中心地位；墨翟提出了以"贵义"为特色的"兼相爱，交相利"说；老子提出了"道生万物"说，强调"有无相生"和"无为而治"等；商鞅主张"以刑促德"，强调"德教"要服从法治的思想，等等；进一步丰富和完善了我国传统文化的价值观念体系。总之，随着"四大流派"的形成，我国传统文化的主要核心价值观念初步产生和形成，为我国文化的发展奠定了非常深厚的历史、文化基础。

三、我国传统文化价值观念的发展

近代以来，中国传统文化价值观念不断受到冲击，并最终在多种因素的作用下被迫和外来文化直面接触，缓慢而且痛苦地蹒跚在文化现代化的道路上。1840年的鸦片战争，西方列强用坚船利炮轰开了中国国门，并迫使清朝政府签署了一系列丧权辱国，割地赔款的不平等条约。鸦片战争，以及为瓜分中国所制造的一系列政治和军事事件，不仅打败了中国军队，更严重的是，极大地打击了中国人的文化自信，让中国人民对自身的传统价值观念发生动摇，丧失信心。自此以后，人们开始不得不向西方学习，徘徊在中国价值观与西方价值观之间，处于价值选择的艰难时期。辛亥革命推翻了封建帝制，倡导和共，为我国传统文化的现代化转向提供了制度性保障。五四运动更是喊出了"打倒孔家店"的口号，主张学习西方的科学与民主，成为社会主流。自此以后，西方文化中科学、自由、民主等价值观被传入中国，并逐渐成为影响人们思想行为的重要文化价值要素。在其后长期的思想文化论战中，西方价值观作为一种积极因素被引入中国，成为中国进步思想家的自觉追求。

四、当代中国文化核心价值观念体系的确立

新中国成立后，我们在批判继承传统文化价值观和汲取其他国家和民族文化优秀养分的基础上，随着我国经济社会的发展变化和人民群众物质文化水平的提高，一些新的文化要素应运而生，如：1949年颁布的《中国人民政治协商会议共同纲领》提出的，全体公民必须共同遵循的五种基本道德规范，即爱祖国、爱人民、爱劳动、爱科学、爱护公共财物；1981年，全国学联、全国伦理学学会等九个单位在《关于开展文明礼貌活动的倡议》中所提出的"五讲四美"。"五讲"，即讲文明、讲礼貌、讲卫生、讲秩序、讲道德。"四美"，即语言美、心灵美、行为美、环境美。以及稍后提出的"三热爱"，即："热爱祖国、热爱社会主义、热爱中国共产党"。进入新时期后，党中央提出的"三个代表""八荣八耻""科学发展观"，特别是党的十八大报告中提出的"富强、民主、文明、和谐、自由、平等、公正、法治、爱国、敬业、诚信、友善"的社会主义核心价值观等，所有这些价值要素已经发展成为我国文化价值观的重要内容，它们与我国传统文化价值观念一起共同构成当代中国的文化价值观念体系。

第二节 转型时期我国农村居民价值观的演变和特点

改革开放40年来，随着我国市场经济体制的建立和城镇化的进一步加快发展，我国农村的生产、居住环境，生产和生活方式等都发生深刻变化，并进一步影响人们的思想和价值观念，使得农村文化的价值观念也发

生了深刻变化。深入考察我国农村居民文化价值观念发展变化的过程和特点，揭示农村文化价值观念发展变化的客观规律，是构建城乡文化共同文化价值体系的必然要求。

一、我国农村传统价值观的基本内容

农耕文明是中国传统文化的源头，农村文化是农耕文明的主要代表，是我国传统文化存在的重要土壤。我国农村文化在很大程度上保有了我国传统文化的核心价值观念要素，并且通过日常的生产、生活表现出来。我国农村文化的价值观念主要表现在以下几个方面：

1. 安土重迁的乡土观念

农业生产的特点决定了人们生活环境的长期稳定性和对土地的强烈依赖性，农业生产方式特点和统治阶级长期采取的重农抑商政策，使得农民对家乡、对土地生发出特殊的感情，并逐渐成为农民安土重迁的乡土观念。所谓安土重迁，主要指的是农村居民，尤其是传统农民那种对土地的天然依赖性，以及对家乡的强烈感情。这种安土重迁观念在现实生活中往往表现为不愿意离开家乡，害怕改变和变革，害怕外面的世界。

2. 重礼俗的人情观

我国自古就是礼仪之邦，礼节繁多，很多礼节早在原始社会的部落生活中就已经产生，具有非常悠久的历史。最初，很多礼俗的产生和形成往往与人们的生产、生活直接或者间接相关，是人们为了感恩和祈求风调雨顺，定期所举行的祭祀活动。发展到后来，这些活动便逐渐固定下来并逐渐发展成为人们普遍遵守的礼仪活动，比如婚姻的"六礼"即纳彩、问名、纳吉、纳征、请期、亲迎。传统的礼俗内容有冠礼、生辰、婚姻、祭拜、座次、丧葬等。而且，一般来说，每逢节俗日，亲朋好友都会参加和捧场，而主人则往往会准备最丰富的食物，穿着最隆重的礼服，严格按照规定的礼节举行庆祝或祭祀活动。

3. 重农务本的职业观

《管子·八观》中说道："民非谷不食，谷非地不生。"我国自古就是农业大国，绝大多数人从事农业生产，依靠土地生存，农业劳动在我国经济生活中具有举足轻重的地位，并逐渐成为我国传统文化的重要组成部分。在我国传统文化里，农业长期以来被认为是天经地义的主业，从事农业劳动就是务正业，反之就是不务正业。同时历代大多统治者都推行重农轻商的政策。再加上儒家思想宣扬的重义而轻利，"义"一定程度上能代表农人的老实本分的道德观念，而"利"代表的是商人的价值观。

4. 小富即安的需求观

我国素来是以农业立国而著称，农民在土地上通过自己的辛勤劳动来获得自己所需要的产品，或者通过以农产品为交换获得其他产品。这种简单的农业生产方式对劳动者的技术水平要求不高，或者根本就不需要什么技术就可以完成工作，这就不仅在客观上制约了人们改造自然的能力和生产技术的进步，也在主观上必然形成自给自足、平安稳定、安居乐业、温饱小康的小富即安观念。当然，小富即安作为知足常乐的表现形式，客观上具有促进社会和谐的作用，正如《老子》中说："祸莫大于不知足，咎莫大于欲得，故知足之足常足矣。"但是，这种小富即安的观念长期以来往往表现为人们自我保全，不愿改变现状，不愿冒风险，不思进取的小农民意识。这也是古代中国社会能够长期保持大体稳定的社会秩序而发展缓慢的重要原因之一。

二、转型时期我国农村文化价值观念的发展变化

一般说来，相对于城市来说，农村的生活节奏比较慢，生活比较简单，思想比较传统守旧。然而，自从改革开放以来，这种状况已经发生了

深刻变化。在市场经济和城镇化的影响下，我国广大农民的文化价值观念也发生了深刻变化。课题组曾经就"政治观""生活观""从业观""社交观""婚姻性爱观"和"消费观"等方面与传统农民①、老一代农民工②、新生代农民工③这三个不同群体进行了深入交谈和调查，以了解他们的价值观念，并据此来分析农民价值观发展变化的轨迹和一般规律。

1. 传统农民的价值观

传统农民长期居住在乡村从事长期从事农业生产劳动，他们很少进城，与外面的社会接触交流很少，因而他们在思想文化观念上所受到的影响也比较少，其思想观念变化也很缓慢。在政治观方面主要表现为崇拜权威，臣民意识比较浓，容易盲从，缺乏精神追求，精神上普遍存在虚无感；在生活观方面主要表现为与世无争，认同命运，依赖性强，丧失主体意识，认同乡村节奏缓慢的生活，希望平均共有；在从业观方面主要表现为以农业为本，崇尚经验，保守求稳，习惯于长期从事某一个方面的工作，不愿意变更；在社交观方面主要表现为封闭、内向、自卑、安土重迁，交往范围小，方式单一，以宗族、家族为中心，以地缘、血缘为纽带，以情感、信任为基础；在婚姻性爱观方面主要表现为神秘、保守，在乎舆论，讲门当户对、从一而终，注重社会地位、经济状况；在消费观方面主要表现为保守消费，消费往往是基于生存需要，平时节衣缩食，精于仓储，对钱财看得很重，把守得很紧等等。总之，他们的价值观变化相对比较小，我国传统文化价值观念的大部分都能够在他们身上找到影子。

2. 老一代农民工的文化价值观

老一代农民工熟悉农业生产，对家乡和土地具有特殊的感情，而且他

---

① 本课题中的"传统农民"主要指大部分时间居住在农村，且主要从事传统农业生产的农村居民。

② 本课题中的"老一代农民工"主要指出生在70年代以前（包括70年代出生的）熟悉农业生产的进城务工农民。

③ 本课题中的"新生代农民工"主要指出生在80年代以后（包括80年代出生的）没有从事过农业生产的长期在城市工作的具有农业户籍的居民。

们大多数人进城工作的主要目的就是为了改善家人的生活，家乡仍然是他们实现尊严和价值的主要场域。然而，他们与传统农民相比，由于他们接触外面世界的机会比较多，在思想上受到的影响也比传统农民大，因此，他们的价值观念了发生了一定程度的变化。在政治观方面主要表现为崇拜权威，盲从，参与弱，期待性强，矛盾感显著；在生活观念方面主要表现为市场意识、竞争意识萌芽，致富意识、家庭意识强，满意度较高，有一定世俗化倾向，认同乡村生活；在从业观念方面主要表现为他们有一定变革意识，以农业为主、其他职业为辅，流动性强，信仰勤劳致富观；在社交观方面主要表现为恋土恋乡，社会交往内卷化，以血缘、乡情为中心，交往目的功利性、情感性显现；在婚姻性爱观方面，他们的婚恋较自由、择偶取向标准多样化，更重人品和能力，波动性增强，离婚率上升，性观念保守；在消费观方面主要表现为于生活需要，节俭主导，量入为出，精打细算，能省则省等。

3. 新生代农民工的文化价值观

出生在80年代后的新生代农民工，他们绝大多数都是从学校毕业后就直接进入城市工作，普遍不熟悉农业生产，对家乡和土地没有多少感情，他们往往把留在城市发展作为自己的奋斗目标，而且由于他们与外面世界接触多，对外面的生活了解多，且思想活跃，因此，与其父辈和兄长们相比，思想受到的影响很大，他们的文化价值观念的变化比较大。在政治观方面主要表现为原则性强，务实性增强，强调个体权利，有一定参与要求，追求公平、民主，躁动感；在生活观上主要表现为期望值高，满意度低，个人意识、独立意识增强，短期性、功利性增强，羡慕认同城市生活；在从业观方面主要表现为不爱务农，崇尚机会、机遇、能力，重视个人成就，追求个人价值实现；在社交观方面主要表现为开放，要求平等、尊重、理解，以地缘、血缘为依托，重视业缘的交往，交往功利性增强，安全感下降；在婚姻性爱观方面主要表现为婚恋自由、选择面更广，择偶标准复杂化，性开放程度提高；在消费观方面主要表现为渴望享受、发展的欲望提高，模仿性强，攀比心理上升等。

三、转型时期我国农村居民价值观变化的主要特点

对于我国农村文化价值观念的变化，我们要坚持唯物辩证主义观点，采取客观和科学的态度，做实事求是的分析和考察。转型时期我国农村文化价值观的变化，总体上与我国经济社会发展的客观要求是相适应的，是积极向上的，这些积极变化为我国农业现代化发展奠定了相应的思想文化基础。具体地说，转型时期我国农村文化价值观的积极变化主要体现在以下几个方面：

1. 价值观念更趋主动、灵活

我国传统文化的最大特点之一，就是比较保守，发展变化缓慢。随着改革开放的深入发展，以及由此所带来的城镇化发展，我国农民的思想也得到了解放，价值观念更趋主动、灵活。以农民的职业观念为例，如前文所述，我国农民自古就有重农务本的职业观念，祖祖辈辈以农业劳动为主要生存手段，视农业生产以外的职业为不务正业。然而，一方面，随着改革开放的深入发展和城镇化的加快推进，在城市和工厂为农民离开土地提供了大量就业机会。另一方面，也由于传统农业生产已经严重制约了农民生产收入的提高，为农民选择和认同农业生产之外的职业提供了内在动力。在多种因素的共同作用下，农民的就业观念普遍发生了深刻变化，他们为了获得更高收入，不再把自己束缚在土地上，代之而起的是纷纷选择跳出"农门"主动进城寻找适合自己的新职业。

2. 价值观念更趋合理

以我国农民的消费观念为例，如前所述，我国传统农民的消费观比较保守，以节衣缩食，俭朴持家，精于仓储为荣。然而，一方面，随着生产

力的发展和中央对农村、农业和农民问题的高度重视,我国农民的收入水平普遍提高,这为我国农民消费观念的改变提供了物质基础;另一方面,在改革开放和农村城镇化进程的影响下,广大农民群众开始在消费方面变得更为理性,由只注重便宜转变为崇尚美观实惠,如:在饮食方面,已经不再满足于吃饱而已经转向为追求健康求营养;在衣着方面,已经不再满足于保暖而是转向为追求美丽和舒适;在住房方面,已经不再满足于住有所居,而是已经转向为追求舒适和宽敞;在生活方面,已经不再满足于小日用品消费,许多高科技电子消费品如摩托车、甚至汽车,等已经成为很多农民家庭的必需品;在娱乐方面,已经不再满足于打打牌、聊聊天等简单的娱乐方式,而是越来越多农民开始外出观光旅游、参加各种娱乐活动等更有意义、更有利于农民群众自己身心健康的活动。

3. 价值观念更趋理性

以我国农村的婚姻生育观念为例,作为中国传统文化的主要继承者,我国广大农村地区在婚姻方面仍然在一定程度上尚保留了传统文化中早婚早育、父母之命、媒妁之言、男尊女卑、妇女节烈观等的传统观念。改革开放40年来,随着城市化进程的加快推进和户籍制度的改革完善等,我国农民的婚姻观念也发生了深刻变化,越来越多的农村居民开始认同和接受简单、文明的婚姻理念,恋爱自由、婚姻自主已经为绝大多数农村青年所认同,父母也逐渐由过去包办转变为参考建议。与此同时,农村的生育观念也发生了历史性的变化,传统的重男轻女、传宗接代、养儿防老、多子多福的旧观念逐渐被晚婚晚育、少生优生、男女平等等新型婚育观所代替。

4. 价值目标更趋务实

以我国农民工为例,在市场经济大潮的冲击下、在利益机制的驱动下,他们在价值目标上更趋向功利,迫切希望改变现状、发展自己、争取权益、融入城市、适应当地生活,如:他们在公共场合中越来越注重外在形象的整饬,在日常行为上越来越注重小节,在生活方式上越来越向城市靠拢等，以期望通过自我调整和改变更好地融入城市生活之中；在学习方面，许多新生代农民工逐渐意识到知识对于工作者生活的重要性，越来越重视知识和学习等。

5. 价值取向更趋多元

在农民群体中，农民工是价值取向呈现多元趋势的典型。一方面，数千年的农村自然经济环境培养了自然经济价值观，使得人们坚信生生不息的道理；另一方面，效益、竞争、契约等市场经济的附属品又无时无刻在影响着人们的思想和行为，美与丑、好与坏、善于恶的价值观念评价标准不再是自然经济价值观的单一和固定，价值选择呈现出多样化趋向。例如：在职业生涯规划方面，有信仰"金钱至上"的，有"追求幸福生活"的，也有"实现理想"的，更有"为他人和社会多做贡献"的等等；在价值目标的实现途径上，有"相信自己"的，有"依靠亲戚朋友"的，有"想找关系"的，等等。在婚恋观、性爱观、家庭观上也表现出较大的差异性。

四、当前农民价值观念中存在的主要问题

当前，我国广大农村居民价值观的主流是积极的，或者比较积极的，其价值观念发展变化在总体趋势是健康向上的。然而，由于我国传统思想观念的根深蒂固，其对农民思想的影响不可能在短时期内得到根除，加之在市场经济发展过程中，农民的思想观念也受到了一定的负面影响，加之，长期以来我们忽视了对农民的思想教育和引导，使得转型时期我国农民的价值观中也出现了一些阻碍城乡经济社会健康发展的因素。

1. 市场意识不强

随着市场经济体制在我国的确立，市场经济已经成为当代中国的重要的时代特征之一，市场意识也成为当代公民必备的基本素质之一。然而，由于长期受计划经济的影响，很多农村居民对市场信息的关注和重视还不

够，不善于根据市场规律开展生产和经营活动，缺乏市场参与意识、市场风险意识、市场竞争意识和成本效率意识，缺乏现代化的生产经营手段，难以适应市场经济发展和农业现代化发展的客观要求。

2. 竞争意识缺乏

竞争意识是现代社会中的个人、团体乃至国家发展过程中不可缺少的心态，是否具有正确的竞争意识是衡量现代社会合格公民的重要指标之一。我国农村居民由于长期生活在相对封闭的乡村，他们与外界沟通和交流的机会不多，使得他们容易形成守成、怕变、求静思想。当前，我国农村居民中在竞争意识方面主要存在三种不良倾向：一是存在比较严重的"温饱即足、小富即安"的观念，缺乏竞争意识；二是害怕离开家乡、离开自己熟悉的环境和生活，宁愿在家受穷，也不愿外出打工和创业，不敢竞争；三是缺乏法制观念，为了自己的利益不惜投机取巧，弄虚作假，实施不正当竞争等等。

3. 利益观念模糊

改革开放以来，我国农民的物质文化生活水平大幅度提高，然而，一方面，由于受市场经济某些消极作用和剥削阶级思想残余的不良影响，另一方面，也由于一些地方政府和农村基层党组织长期忽视对农民的思想政治引导和教育工作，使得一些人的在价值观念方面出现了功利化的发展趋势，重视自己的利益，轻视甚至损害国家利益、集体利益和他人利益。在价值观评判上，一些农村居民的价值判断标准发生了很大变化，甚至发生了颠覆性改变，如：一些人放弃传统的重义轻利观走向了它的反面，信奉"人不为己，天诛地灭"的极端利己主义价值观。

4. 道德观念蜕变

从总体上说，我国农民大多数保持了忠厚、淳朴、诚信、友爱、孝道等优良文化传统。但是，随着农村社会生活的日趋多样化，加上农村文化建设的弱化，使得封建迷信，聚众赌博、拉帮结派、铺张浪费、奢靡攀比等陋习开始在一些地方沉渣泛起。还有一些农民，尤其是青年农民的道德观念蜕变，有的甚至道德沦丧，如：有的子女不赡养、不善待老人，甚至在部分村庄出现虐待老人的现象，等等。

总之，在市场经济和城镇化进程中，我国农民身上的城乡二元文化特征十分明显。一方面，他们已溶入了市场经济的大环境中，接受了现代文明的洗礼；另一方面，传统农业文明又在他们思想观念上留下深深烙印，千百年来形成的小农经济思想意识以及传统落后的生活习惯根深蒂固，没有根本消除。

第三节 转型时期我国城市居民价值观的演变和特点

城市文化作为中国文化的主要继承者，其核心价值观念体系的基本构成要素源于我国传统文化的价值观念体系，并在整体上保有了其核心内容。然而，这并不意味着城市文化的价值观念体系没有变化。随着我国社会政治经济的发展，尤其是改革开放40年的发展变化，我国城市文化价值观念已经发生了深刻变化，其与我国传统文化的源头越来越远。为此，课题组先后多次到北京、上海、广州和杭州等地就政治观、就业观、消费观、交往观和婚姻观等问题同城市居民进行了调查走访，以进一步了解他们的价值观念状况，并据此来分析农民价值观发展变化的轨迹和一般规律。

一、转型时期我国城市居民价值观的演变

1. 城市居民政治价值观的发展变化

在与城市居民的交流中，我们发现城市居民对政治的关注度普遍要比农村居民高。但是，如果与改革开放以前相比，城市居民由于利益分配多

元化等的影响，对政治的关注度则有很大降低，有的甚至对政治很冷漠。但是，课题组在深入调研后也发现，如果相关政治事件与自身利益相关，则关注度高，反之则关注度低。也即，很多城市居民的政治参与越来越理性和务实。这一方面，说明我国社会主义民主政治建设已经取得了初步成效，另一方面也说明我国城市居民的整体政治素质已经获得了较大提升。

2. 城市居民法治价值观的发展变化

法治价值观是指人们对法律制度和法治社会建设的基本看法和基本态度，包括对法的本质、作用的看法，对现行法律的要求和态度，对法律的评价和解释，对人们的行为是否合法的评价等等。课题组在与城市居民交流中发现，当前，我国城市居民的法治意识和法制观念整体上比农村居民强，他们能够比较好地遵守法律法规。而且，从个体来看，不同人群之间的法治观念表现出明显的差异性和不平衡性：一是领导干部、公务员、企业经营管理人员的法治观念相对较强，流动人口的法治观念则相对较弱。二是学历越高的市民其法治观念越强。三是年轻人群体比老年人群体的法治意识要强，而人治观念则反之。这一方面说明，我国城市居民的法治观念和法治意识的强弱既与个人的文化素质和所受到的教育程度有正向相关性，也与国家的法治建设以及依法治国的发展进程有着直接关系。

3. 城市居民消费观念的发展变化

改革开放40年来，随着我国城市居民收入水平的普遍提高，城市居民的消费观念已经逐步从小康型向富裕型消费转变。主要表现在：一是由主要注重"买不买"的以商品数量为中心时期，发展到主要关注"买什么牌子"的以商品质量为中心的时期，越来越强调消费的舒适与享受，以及由此所带来的成就感、归属感和身份地位的认同感。二是消费层次递进明显，消费热点多样化，以住房、汽车、教育、旅游、娱乐、体育、休闲、通讯及数码电子消费等多样化消费品和服务热潮持续升温。三是消费需求日趋多样化，不同阶层由于个性特征、经济实力和收入水平不同，产生多样化的消费需求，人们对衣、食、住、行、用、文娱、医疗、教育等诸多领域都有了更加丰富的要求。四是消费更加追求个性化，人们希望通过自身消费的个性化来树立其在消费领域内的话语权，以此获得身份认同和自我表达。

4. 城市居民婚姻观念的发展变化

在市场经济、科技发展和文化多元的转型时期，我国城市居民的婚姻生育观念年发生了深刻而复杂的变化。伴随着我国经济社会的发展过程，我国城市居民的婚姻生育观念主要经历了一下几个发展阶段：

（1）新中国成立以前的以家庭为本位婚姻观念。在这一漫长的历史时期，和什么人结婚，什么时候结婚不是男女青年个人的事情，而是一个家庭甚至是整个家族的事情，"父母之命，媒妁之言"是我国几千年来不变的法则，直到1950年我国颁布的新婚姻法出台后，包办婚姻和买卖婚姻受到法律的制止，越来越多的青年才开始走向追求自己幸福婚姻的道路，恋爱自由、婚姻自主逐渐成为我国城市居民的主流婚姻观。

（2）改革开放前的联姻观。新婚姻法颁布后，旧时代的"门当户对"逐渐淡出，然而，政治被摆到了前所未有的高度，政治立场和阶级立场也随之成为影响我国城市居民择偶的重要考虑标准。于是，革命联姻开始占婚恋的主要组成部分，婚姻与革命紧紧挂钩，政治以压倒一切的优势成了婚姻的主导力量。具有共同革命友谊、志同道合成了婚恋的基础。

（3）改革开放初期至20世纪80年代中期经济联姻观和情爱联姻观念。改革开放之后，人们在反思错误的同时，对贫困的生活产生了巨大的恐惧。于是人们抛弃了"政治联姻"，世俗的"经济联姻"开始蔓延。过去完全不敢接触的"地主"、海归等一时间变为抢手货，家庭的经济状况变成了婚姻的决定性因素。但经济联姻并没有维持很久，80年代开始，中国婚恋转向了"情爱联姻"。才能、品德、学识、相貌等成为青年人选择配偶的第一要素，经济状况逐渐退为次要地位。青年在择偶时，更加注重自身的感受，从物质世界逐渐转变为精神世界的追求。

（4）21世纪以来的多元化婚姻观念。进入21世纪以来，随着社会总体物质生活的不断改善，我国城市居民对婚姻质量的要求逐步提高，心理需求和情感需求也越来越得到重视，情感、品质与能力等成为城市青年择偶的不可或缺的因素。然而，另一方面，随着住房、医疗和教育改革的推进，我国城市居民的生活成本大幅度提高，与此相适应，职业、收入、住房、财产等物质条件的重视程度和期望值在择偶过程中重新回归，城市居民的婚姻观念向着多元化方向发展。

5. 城市居民的社会交往观念的发展变化

从总体上说，我国城市居民普遍具有健康和理性的社会交往观，敬业、诚信、友善、真诚等成为绝大多数城市居民认同的社会交往的基本原则。对此，上海交通大学民意与舆情调查研究中心公布的一项"中国城市居民价值观"调查也为我们提供了佐证。调查显示，"民众对于'当今社会人与人之间基本可以相互信任'持肯定态度的有64.8%。另外，78.4%的民众表示对于素不相识的人也愿意伸出援助之手。在另外一项关于'赡养父母责任问题'的调查则显示，68.6%的民众认为，相对于国家责任而言，应该是子女承担赡养父母的主要责任。"[①] 尤其是党的十八大以来，随着依法治国战略的深入推进和我国征信系统的逐步建立，我国城市居民越来越认识到法律、制度和规则在人际交往中的规范功能，越来认同敬业、诚信等品德对于构建文明健康和谐社会生活秩序的重要性。

二、转型时期我国城市居民价值观念的发展变化和特点

如前所述，改革开放40年来，我国城市居民的文化价值观念发生了

[①] 周凯：《上海交大抽样调查显示：我国社会信任度整体较高》，载《中国青年报》，2013年12月26日。

新的重大变化，而且，我国城市文化价值观念的发展演变也表现出发展和转型的特征，具体地说，我国城市居民文化价值观念具有以下几个方面的发展趋势和特征：

1. 由一元价值观向多元价值观发展变化的趋势

众所周知，新中国成立后，我国逐步建立了经济计划化，政治集权化和意识形态一元化的社会形态，这种高度集权的政治、经济和文化体制反映在文化方面，就是整个社会在文化价值观念上的单一化，具体表现为"集体主义"，或者表现为"理想主义"，或者表现为"精神至上主义"。改革开放以来，随着经济体制、政治体制和文化体制的深入改革和不同思想文化的频繁交锋、交流，长期以来我国在文化领域的一元价值观垄断的局面开始被打破，逐渐形成了一元主导下的多元并存格局。这与我国以公有制为主体、多种所有制经济共同发展的基本经济制度以及社会经济成分、就业方式、利益关系和分配方式日益多样化是相适应的。然而，由于城乡二元文化结构的长期存在和西方文化的霸凌，一些城市居民开始迷信西方的制度和文化，认为"西方的月亮比中国圆"，我国城市文化价值观在客观上存在"西方化"的巨大风险。

2. 由整体价值观向个体价值观变化的趋势

我国传统文化是以整体主义为基础的，整体主义贯穿了中国文化的每一个方面，在一定程度上反映和体现了中国传统文化的性质。新中国成以后，我国文化的整体主义价值观集中体现为社会主义和集体主义，要求党员干部表现要把国家利益、人民利益放摆在第一位，要求每一个公民不能侵占、损害公共利益和他人利益。个人主义作为西方价值观的思想基础则主张个人（体）本位，强调个人重于整体。改革开放40年来，社会主义和集体主义作为中国社会核心价值观的重要组成部分的地位没有变，但是，为了解放和发展社会主义生产力，调动广大人民群众建设中国特色社会主义的积极性和创造性，我们也鼓励在不损害国家和他人利益的前提下通过自己的劳动和能力追求自己的合法利益。与此相适应，我国城市居民在文化上也逐渐形成了整体价值观为主导，整体价值观与个人价值观并存的新局面。然而，由于在思想文化方面建设方面的不足和滞后，加之受西方个人主义思想的影响，使得极端个人主义思想观念在我国居民中开始抬头和泛滥，一些人只讲个人利益，不讲国家利益，有的甚至为了个人利益不择手段，危害国家和集体利益等，城市文化价值观念中存在整体价值观弱化和极端个人主义泛滥的危险。

3. 由理想价值观向世俗价值观转化的趋势

理想是一种立足于现实而又超越现实的向往，是对未来目标的一种描绘和信念。理想既是一个人前进的目标和精神动力，也是一个社会向前发展的动力和创造源泉。完全可以这么说，没有远大理想，我们就不可能取得中国革命的胜利，也不可能取得社会主义建设和改革开放的巨大成就。不仅在革命战争年代还是社会主义建设时期，我国城市居民和其他人民群众一样，都曾经身怀这种社会理想，并成为我国城市文化价值观的基本底色。改革开放以来，伴随经济发展和物质丰富，以及西方文化、价值观和生活方式的浸入，思考社会终极理想的人在逐渐减少，追求个人理想的人越来越多，我国城市居民的理想价值观出现世俗化的趋势，一些人理想逐渐失落甚至出现了理想危机，拜金主义、享乐主义和消费主义盛行，中国社会存在理想信念淡化、动摇甚至丧失的危险。

4. 从精神价值观向物质价值观转化的趋势

精神价值观和物质价值观是人类生活和生存的两种不同的生活领域和生活状态，两者是相互联系和统一的。在改革开放前，人们过度强调精神生活，将精神生活置于物质生活之上，夸大精神的作用和功能，贬低和矮化物质对人们生存和生产的基础性作用，强调追求精神生活，丑化、打击人们对物质生活的追求。改革开放以后，随着社会主义市场经济体制的逐步确立，物质利益成了人们追逐的重要对象，物质价值观得以正名并在中国历史上空前地凸现为社会的基本价值观之一。义与利兼顾，市场经济与道德建设、物质利益与精神价值、物质价值观与精神价值观应该是并重的价值观念获得人们的广泛认同，精神价值观和物质价值观开始融合。然而，另一方面，也出现了重利轻义，重视物质生活，轻视精神生活的倾向，金钱主义、拜金主义大行其道，我国城化居民在文化价值观方面存在"物质化"的危险。

5. 由传统价值观向现代价值观转化的趋势

传统文化是我国城市文化的源头，传统文化的核心价值观是我国城市文化价值观的基本底色。然而，改革开放以来，我国城市文化价值观念体系的内容和结构都发生了新的重大变化，传统文化价值观要素对我国城市居民的影响在减弱，一些传统文化核心价值要素正在逐渐向城市文化系统的边缘滑落，如：叶落归根，百孝为先等传统观念等，其与我国传统文化价值观之间的差异在逐步扩大。与此同时，随着社会发展进步，一些与时代要求相适应的新的文化观念越来越被人们认同和接受，并逐渐进入到城市文化系统的核心，成为城市居民的核心价值观要素，如：平等、民主，公平、公正等。然而，另一方面，在我国城市文化的发展过程中，也出现了文化价值观"西化"的发展趋势，一些人迷信西方文化，把西方价值观奉为金科玉律，追捧所谓的"人权""民主"等，对此，我们必须要保持高度警惕。

第四节 转型时期构建我国城乡文化共同价值观的现实途径

价值观的差异是最根本的差异。转型时期我国城乡文化的价值观念体系发生了深刻变化，而且，由于城乡二元文化结构的长期影响，它们在价值观方面的变化不仅在时间上不同步，在内容和方向上也不一致，有的价值观甚至已经变得背道而驰，这是当前城乡二元文化背景下城乡文化冲突的内在根源。价值观的融合是最根本的融合。构建城乡文化的共同价值观念体系，既是城乡文化融合发展的根本目标之一，也是城乡文化融合发展的最坚实基础。

一、构建我国城乡文化共同价值观念体系的主要原则

1. 民族性原则

民族性是各国文化的所共同具有的基本特性之一。城市文化和农村文化在本质上都是中国文化，是中国文化分别在城市和农村的存在形态，是城市中的中国文化和农村中的中国文化，民族性是我国城市文化和乡村文化的共同特性。"所谓民族文化，是指一个民族在长期的历史发展中共同创造并赖以生存的一切文明成果的总和，这一成果既包括物质方面的、精神方面的，也包括介于两者之间的制度方面的成果。这种因共同的地域、共同的经济生活、共同的语言而产生的共同文化传统，决定了这个群体在文化观念上具有不同于别的民族的基本特点。"[①] 转型时期构建我国城乡文化价值观念体系，必须要立足我国的文化传统，把传统文化价值观的核心要素作为最基本的价值资源，充分体现我国城乡文化共同价值观的中国特色、中国精神、中国风格和中国气派，保持并增强其民族性。

2. 先进性原则

文化，是一定社会的经济和政治在观念形态上的反映，是人类社会历史发展的积淀和产物，它既是一种社会生活方式，又是一种精神价值体系，客观上是存在先进和落后之分的。凡是适应和推动社会生产力发展的文化，就是先进文化；凡是阻碍社会进步和社会生产力发展的文化就是腐

[①] 江秀乐、龙秀雄：《论民族文化的系统特征》，载《陕西师范大学学报（人文社会科学版）》，2016年第5期。

朽的甚至反动的文化。所谓先进文化，从一般层面上讲，是反应先进生产力发展方向，够顺应人类社会发展规律，揭示人类社会未来发展方向，为人类社会文明进步提供强有力的思想保证、精神动力和智力支持的文化。反之，凡是阻碍社会进步和社会生产力发展的文化就是腐朽的甚至反动的文化。我国构建城乡文化共同价值观念体系的根本出发点和落脚点就是为了要建设更好地适应和推进中国社会生产力发展，更好地促进我国城乡经济社会发展，为实现中华民族伟大复兴，实现"两个一百年"奋斗目标，为我国社会的文明进步提供强有力的思想保证、精神动力和智力支持的先进文，先进性是我国文化发展的内在要求和基本原则。新时期构建城乡文化共同价值体系必须要坚持以马克思主义为指导，以社会主义核心价值观为统领，以培养有理想、有道德、有文化、有纪律的四有公民为目标的面向现代化、面向世界、面向未来的，民族的科学的大众的中国特色社会主义文化。

3. 时代性原则

马克思主义认为，社会主义是在吸收和借鉴人类一切优秀文明成果特别是资本主义文明成果基础上建立起来的。文化不仅仅是记录和传承历史，更是反映现实，关照当下，为人们的社会实践提供精神支持系统。一个国家的主导价值观，不仅应当具备浓厚的民族性，而且还应该具备鲜明的时代性。所谓时代性是指"由特定时期的社会经政治、经济、文化等各种因素所综合决定的，事物在发展进程中所必须遵守的，通过事物在发展变化过程中所表现出来的某种确定不移的客观趋势"[①]。新时代我国构建城乡文化共同观念体系必须要坚持时代性的原则，使得我国城乡文化价值观念体系始终反映时代精神，具有时代活力，体现时代的审美要求和审美情趣，始终与我国城乡经济社会发展要求相适应。

4. 科学性原则

文化与其他客观事物一样，其形成、发展和演变都是具有客观规律

---

① 龙秀雄：《中国共产党干部思想政治教育时代性研究》，国家行政学院出版社2015年版，第9页。

的。价值观体系作为文化的核心层次,其内在的结构、内容以及运动都不是杂乱无章的,也是有规律可循的。人类文化的历史和实践表明,在人类文化建设过程中,人们什么时候按照文化发展的客观规律办事,什么时候文化就顺利和健康发展,反之,人类文化发展事业就会遇到困难和挫折。这就要求我们在构建城乡文化共同价值观念体系时必须要遵循城乡文化自身发展的客观规律和城乡文化价值系统内部的运动变化规律,尽快构建起其真正适应我国城乡文化发展时代要求的共同价值观念体系,从根本上促进我国城乡文化的融合发展。

5. 人民性原则

马克思主义唯物史观认为,人民群众是历史的创造者,是物质财富与精神财富的创造者。人民群众是文化发展的主体,人民群众创造了文化,文化发展的成果也必须由广大人民群众共享。城乡文化的发展不仅是政府的事情,更是城乡居民自己的事情,构建城乡文化共同价值观念体系必须要坚持人民性原则,以城乡居民的共同利益为基础。这就要求我们在构建城乡文化共同价值观念体系时,必须坚持以人民为中心的思想,反映人民群众的理想愿望和审美要求,代表人民群众的根本利益,满足广大人民群众的不断增长的精神生活需求,同时,城乡文化共同价值观念体系确立后也同样需要获得广大城乡居民的普遍认同和持续养成,从而达到对城乡居民的陶冶、教育和愉悦作用。

6. 开放性原则

开放性是文化系统的主要特征之一,文化的开放性"是指它在本质上所具有的吸收其他民族文化养分以及民族文化系统内各个文化要素之间互相吸取对方的有益成分以发展和完善自己的特点。"[①] 一个开放的民族肯定是一个有生命力、有前途的民族。同样,一种具有较强开放性的文化也必然是有生命力和有前途的文化。这就要求我们在城乡文化建设中必须要坚持开放性原则,海纳百川,博采古今中外,广集世间百家的优秀文化养

---

① 江秀乐、龙秀雄:《论民族文化的系统特征》,载《陕西师范大学学报(人文社会科学版)》,2016年第5期。

分，不断丰富和完善城乡文化的共同价值观念体系，使得城乡文化能够更好地适应时代的发展要求，为我国城乡经济社会发展提供强大的精神动力和智力支持，不断夯实我国城乡文化发展的思想文化基础。

二、转型时期我国城乡文化共同价值观念体系的主要内容

构建我国城乡文化共同价值观念体系不是要推倒重来，也不是在原有基础上进行简单的排列组合，而是一个十分复杂的系统工程。转型时期我国构建城乡文化共同价值观念体系必须要坚持以中华优秀传统文化价值观为基础，以社会主义核心价值观为主导，以世界文化优秀成果为重要养料等。

1. 以中华优秀传统文化价值观为基础

马克思说："人们创造自己的历史，但是他们并不是随心所欲地创造，并不是在他们自己选定的条件下创造，而是在直接碰到的，既定的，从过去承继下来的条件下创造。"城市文化和农村文化作为中国文化的两种最基本的地域形态，是"城市里的中国文化"和"农村中的中国文化"，它们在本质上都是中国文化，中国传统文化的核心价值观就是城市文化和农村文化共同的"根"和"魂"。因此，转型时期构建城乡文化共同的价值观念体系，必须要继承和弘扬中国优秀的文化，把中华优秀传统文化价值观作为我国城乡文化共同价值观念体系的基本底色。2014年3月27日，习近平在联合国教科文组织总部的演讲中指出："中华文明经历了5000多年的历史变迁，但始终一脉相承，积淀着中华民族最深层的精神追求，代表着中华民族独特的精神标识，为中华民族生生不息、发展壮大提供了丰厚滋养。"[①] 中华传统文化的内容非常丰富复杂，其中，我们在构建城乡文化共同价值观念体系的过程中至少要批判继承以下几个方面的价值观。

（1）以"阴阳五行思想"为主要内容的世界观。

[①]《习近平在联合国教科文组织总部发表演讲》，载《人民日报》,2014年3月28日。

（2）以"天人合一"思想为主要内容的自然观。

（3）以"中和中庸"思想为主要内容的和谐观。

（4）以"修身克己"为主要内容的道德观。

（5）以彰显中华民族伟大精神为目标的爱国观价值。

（6）以"重义轻利"为主要内容的利益观。

2. 以社会主义核心价值观为主导

党的十八大报告提出了我国社会主义核心价值观的内容是富强、民主、文明、和谐、自由、平等、公正、法治、爱国、敬业、诚信、友善。其中，富强、民主、文明、和谐是国家层面的价值目标，自由、平等、公正、法治是社会层面的价值取向，爱国、敬业、诚信、友善是公民个人层面的价值准则。社会主义核心价值观是社会主义核心价值体系的内核，体现了社会主义核心价值体系的根本性质和基本特征，反映了社会主义核心价值体系的丰富内涵和实践要求，是社会主义核心价值体系的高度凝练和集中表达。在一个多元价值观共存的社会，必然有处于主导地位、发挥导向作用的一元价值观的存在，否则，这个社会是无法和谐、稳定、健康地发展的。新时代构建城乡文化共同价值观体系，必须要坚持以社会主义核心价值观为主导。

（1）富强、民主、文明、和谐。富强、民主、文明、和谐集中反映了我国社会主义现代化国家的建设目标，也是从价值目标层面对社会主义核心价值观基本理念的凝练，在社会主义核心价值观中居于最高层次，对其他层次的价值理念具有统领作用。富强即国富民强，是社会主义现代化国家经济建设的应然状态，是中华民族梦寐以求的美好夙愿，也是国家繁荣昌盛、人民幸福安康的物质基础。民主是人类社会的美好诉求。我们追求的民主是人民民主，其实质和核心是人民当家作主。它是社会主义的生命，也是创造人民美好幸福生活的政治保障。文明是社会进步的重要标志，也是社会主义现代化国家的重要特征。它是社会主义现代化国家文化建设的应有状态，是对面向现代化、面向世界、面向未来的，民族的科学的大众的社会主义文化的概括，是实现中华民族伟大复兴的重要支撑。和谐是中国传统文化的基本理念，集中体现了学有所教、劳有所得、病有所医、老有所养、住有所居的生动局面。它是社会主义现代化国家在社会建设领域的价值诉求，是社会和谐稳定、持续健康发展的重要保证。

（2）自由、平等、公正、法治。"自由、平等、公正、法治"，是对美好社会的生动表述，也是从社会层面对社会主义核心价值观基本理念的凝练。它反映了中国特色社会主义的基本属性，是我们党矢志不渝、长期实践的核心价值理念。其中，自由是指人的意志自由、存在和发展的自由，是人类社会的美好向往，也是马克思主义追求的社会价值目标。平等指的是公民在法律面前的一律平等，其价值取向是不断实现实质平等。它要求尊重和保障人权，人人依法享有平等参与、平等发展的权利。公正即社会公平和正义，它以人的解放、人的自由平等权利的获得为前提，是国家、社会应然的根本价值理念。法治是治国理政的基本方式，依法治国是社会主义民主政治的基本要求。它通过法治建设来维护和保障公民的根本利益，是实现自由平等、公平正义的制度保证。

（3）爱国、敬业、诚信、友善。"爱国、敬业、诚信、友善"，是公民基本道德规范，是从个人行为层面对社会主义核心价值观基本理念的凝练。它覆盖社会道德生活的各个领域，是公民必须恪守的基本道德准则，也是评价公民道德行为选择的基本价值标准。爱国是基于个人对自己祖国依赖关系的深厚情感，也是调节个人与祖国关系的行为准则。它同社会主义紧密结合在一起，要求人们以振兴中华为己任，促进民族团结、维护祖国统一、自觉报效祖国。敬业是对公民职业行为准则的价值评价，要求公民忠于职守，克己奉公，服务人民，服务社会，充分体现了社会主义职业精神。诚信即诚实守信，是人类社会千百年传承下来的道德传统，也是社会主义道德建设的重点内容，它强调诚实劳动、信守承诺、诚恳待人。友善强调公民之间应互相尊重、互相关心、互相帮助，和睦友好，努力形成社会主义的新型人际关系。

3. 以世界优秀文化价值观为养料

世界文化博采纷呈，价值观念各异。我们构建城乡文化共同价值观念体系不仅要坚持以我国传统文化优秀价值观为基础，同时也必须要广泛汲取包括西方文化在内的国外优秀文化养分。虽然，西方文化价值观主要是资方资本主义制度和生活方式在思想文化领域的集中反映和体现，从本质上是资本主义的，我们不能照搬其思想文化价值观念。但是，从整个人类文化发展的历史看，资本主义也是人类社会发展的重要阶段，伴随资本主义制度及其生产方式所产生和形成的文化价值观也是人类文化的一部分，不仅具有产生和存在的客观基础，同时，也有人类发展进步所需要的文化资源。也正是从这个角度说，西方文化的优秀资源，它不仅是西方的，同时也是世界的，我们在构建城乡文化共同价值观念体的过程中，必须要辩证地吸收西方文化价值观的合理成分。

三、建立和完善促进城乡文化价值观念体系融合的体制机制

价值观的差异是最根本分差异，价值观念的融合是最困难的融合。我国城乡文化之间价值观念体系之间的巨大差异，标志着我国城乡文化发展已经进入到构建全新价值体系的新时期。新时代中国城乡文化共同价值体系的构建不仅要以社会主义核心价值体系为基本"轴心"，以中国传统文化为根本基础，以现代先进文化为主要"养料"，同时，要着力构建一套行之有效的运行机制，通过教育、践行、制度、执行、监督、评价等机制的良性运行，推动城乡文化共同观念体系建设不断取得新成效。

1. 建立和完善城乡文化共同价值观的传播认同机制

构建城乡文化共同价值观念体系，获得城乡居民的认知和认同是重要

前提。要深入研究城乡文化共同价值观念体系的科学内涵和基本要求，以喜闻乐见和形象生动的语言进行宣传和解释，使广大城市居民和农村居民都能够理解构建新型城乡价值观念体系的重要意义，并能够形成广泛共识。在宣传过程中，要用好传统媒体，如报纸、书刊、广播电视等，还要充分运用互联网、户外广告、手机等新媒体、新手段进行宣传，使广大城乡居民能把握和领悟好共同价值观念体系的科学内涵和基本要求。要充分利用重大纪念日、民族传统节日等契机，组织开展形式多样的纪念、庆典活动，传播城乡文化共同价值观。城乡文化共同价值观的宣传教育，要突出针对性、实效性，增进城乡居民对于共同价值观的情感认同、理论认同，使城乡文化共同价值观内化于心、外化于行。

2. 建立和完善城乡文化共同价值观的实践养成机制

城乡文化共同价值观的形成源于城乡群众的社会实践，城乡文化共同价值观念同样需要城乡居民的积极践行，这是构建城乡文化价值观念体系的根本目的。要在城乡居民中积极开展相关活动，引导城乡居民成为共同价值观的坚定认同者、积极宣传者和自觉践行者。要逐步完善学校、家庭、社会"三结合"的教育网络，广泛开展使城乡文化共同价值观内容进课本、进学校、进头脑，引导城乡青少年争做有理想、有文化、有道德、有纪律的"四有新人"。广泛宣传普及城乡居民的道德规范，要依据社区、村镇、机关、企事业单位"道德讲堂""道德评议会"等阵地，开展城乡道德评议活动。深入开展道德模范评选、表彰、学习和宣传活动，引导公民学有榜样、见贤思齐。在实践养成过程中，要精心设计载体、搭建平台，使城乡文化共同价值观融入城乡居民的学习工作、生产生活之中，引导城乡居民从具体事情做起，从基本规范做起，自觉践行城乡共同价值观。

3. 建立和完善城乡文化共同价值观的制度约束机制

建立和完善城乡文化共同价值观建设的体制制度机制，真正使各级党委、政府把培育和践行城乡共同价值观作为精神文明建设的重中之重，纳入党委、政府重要议事日程，纳入经济社会发展总体规划，进一步健全完善党委统一领导、党政群齐抓共管、文明委组织协调，有关部门各负其责，全社会积极参与的领导体制和工作机制。要把城乡文化共同价值观的要求融入城乡经济建设、政治建设、文化建设、社会建设、生态文明建设之中，并转化为具体的政策、制度，形成有利于培育和践行城乡文化共同价值观的政策导向、利益导向的体制机制。各行各业、社会各方面要结合各自职能，建立落实城乡文化共同价值观的规章制度，使城乡文化共同价值观建设具体化、规范化、制度化。要培育和践行城乡文化共同价值观融入市民公约、乡规民约、学生守则等行为准则之中，使之成为城乡居民日常工作和生活的基本遵循。在制度建设中，要着力增强制度的严密性、系统性、权威性和可操作性，形成相互联系、相互制约、内容互补、程序严密、配套完备、有效管用的制度体系。

4. 建立和完善城乡文化共同价值观的执行落实机制

培育和践行城乡文化共同价值观是关系中华民族千秋万代的基业工程、灵魂工程，必须建立健全常态化、长效化的工作机制，确实抓好执行和落实，确保城乡文化共同价值观建设落地生根。要健全完善领导责任制，把培育和践行城乡文化共同价值观与推进业务工作紧密结合起来，纳入目标管理责任制，明确目标任务，量化细化责任，完善措施办法，扎实推进，取得成效。要健全完善考核评价机制，深入实际，调查研究，了解新情况，分析新问题，实行综合考核评价，及时发现、总结和推广群众创造的新鲜经验，探索基本规律，改进方式方法，指导面上的工作。要健全完善奖惩问责机制，对好的行为给予肯定、赞扬，对不符合要求的行为进行问责、惩戒。要褒扬自觉践行城乡文化共同价值观的集体和个人，使符合城乡文化共同价值观的行为得到伸张，违背城乡文化共同价值观的行为受到批评和惩戒。

第五章　培育城乡健康文化生活方式

文化生活方式，又称为行为活动方式，是人类文化存在的形态之一。所谓行为活动方式，主要是指生活在特定地区的人们受其自身内在的民族的价值标准所决定的并且能够反映在行为活动过程中的内在规范，具体外化为该民族所特有的风俗、道德、习惯等，使文化层面的民族文化体系展示出现实和外在化的潜在力量，并把它们物化为社会意识形态、社会制度体系和科学技术等，发挥民族文化系统"显示器"的作用。

在文化系统中，生活方式处于中间层次，其向内直接影响人们的文化心理，并通过文化心理作用和影响文化价值观；向外深刻影响社会的制度体系等，直接对人们的经济社会活动产生深远影响。因此，促进城乡文化融合发展，必须要充分发挥文化生活方式这一文化要素的重要作用，积极培育城乡健康文化生活方式，这是城乡文化融合的实践基础。

第一节　我国古代传统文化生活方式概述

中国文化源远流长。中华民族在创造自己的物质文化和精神文化的漫长过程中，逐渐形成了独特的文化生活方式，并通过衣、食、住、行等各种日常化的生活形式表现出来。它既是我国农村文化生活的源头和基础，也是我们研究和考察农村和城市文化生活方式的逻辑起点。中国文化生活丰富多彩，是一个巨大的文化宝库。本书将仅对当前城乡居民文化生活影响比较大的内容进行简要叙述。

一、我国古代传统的居住文化生活

中国是典型农业社会，长期稳定的定居生活决定了房屋在中国文化生活中有着特殊重要的意义。我国古代房子不仅仅是遮风挡雨的处所，更被人们赋予了丰富而独特的文化意义。这种意义主要通过房屋的结构布局和特定的仪式表现出来。

1. 房屋外部布局的文化含义

从房屋的总体布局看，住房普遍由院墙、院门、庭院等共同组成，每一个部分都被赋予了相应的文化意义。

（1）院墙。它是居室的外边界，一般由土、石或砖砌成。用木桩、竹子、芦苇搭建的围墙又叫篱笆墙。在南方，还有以树为墙的。

（2）院门。它是居室的入口，标志着一个家庭的全体成员的内部认同，也是家庭与社会连接的正式通道，亲友往来、婚丧嫁娶、必走正门；不然，翻墙越脊而入，或从他处穿堂入室，"不走正道"，住户必大不悦。院门也是神灵的把口，古往今来，我国一直盛行着在院门上贴门神画的习俗，传说画上的神灵立于门外，可令邪祟止息。

（3）庭院。它是院墙和居室之间的空地。我国的居住院落的用途，一是迎神祭祖，人神相处；二是日常生活，人与自然（动物、植物、阳光、空气、水）和谐相处；缺一不可，于今亦然。

2. 室内结构安排的文化含义

从房屋的内部结构看，我国居室的室内格局，大体可以分为睡处、神位、照明、取暖、贮藏等几部分，每一部分都具有相对固定的用途和特殊的文化意义。如：在我国住宅格局中，正房是最有中国特色的地方。以四合院为例，正房的建筑通常高于侧房，一般由家长居住。在一般民居中，正房是家庭待客、议事、举行红白喜事和寿诞仪式的地方，在正房内发生的各种事件对全家人来说都有严肃的意义。正房的核心部位是中堂，中堂供奉"天地君亲师"条幅，挂祖宗家谱。年复一年，在家长的率领下，一家人在此聚合，讲"修""齐""治""平"的人生大义，把家庭、祖先、历史社会和国家联系在一起。

3. 房屋建筑和居住仪式

由于房屋寄托着人们的幸福、人生希望和生命安全感，于是各种住房仪式应运而生。

（1）选址仪式。一般认为，金銮殿（帝王之居）、寺庙（菩萨之居）和官府取正南方向，称"子午向"平常人不能僭越。普通民居的朝向都稍偏一些，或东南向、或西南向。这种选址方式，表现了传统中国人的一种人生哲学。即房子的方位象征一种社会秩序，在一般情况下，上下阶层的居室方位秩序，是被共同遵守的，彼此有阶层差别。

（2）上梁仪式。房子上"正梁"时，要举行上梁仪式。一般由唱"上梁诗""掼梁红""接财宝""掼元宝""吃上梁酒"等几个步骤组成。正梁是一座房子的心脏部位。只有它稳固，才能稳住主家的，因此人们每每盖房，都要隆重地举办上梁仪式，表示他们对这个要害部位的知识。

（3）贺新房仪式。新房落成后，亲友四邻要来新房庆贺，唱喜歌、赠礼品、吃酒宴、闹新居。这一习俗的起源可能与古老的"避煞"信仰有关，后来演变成了人们对美好生活愿望的寄托。

（4）使用家具的仪式。居室内的睡处是一家人的内聚之处，从前人们也把祖传的家具放在这里，既当家产，也给以祭拜。用处最大的是床，人们往往围绕着它，欢唱婚礼曲《撒帐歌》，表达传统家庭对人口兴旺的愿望。

（5）祭灶仪式。灶台是居室内第二个兼用于生活与祭祀的设施。中国人信仰灶王奉之为家神，平时，人们在灶台上供神龛，两边贴对联"上天言好事、下界保平安"，横批是"一家之主"，给了他一个永不退休的地位。到了年旧历腊月二十三，全家举行祭灶仪式，吃灶糖、唱《祭灶歌》。

（6）搬迁仪式。从前中国人盖了房子就扎了根，轻易不搬家。但在特殊情况下，如遭受了战争、疾病、或别的什么家庭不幸，还是要搬家。这时的搬家，就成了免灾仪式。

二、我国古代传统的饮食文化生活

在我国古代，饮食习俗既是构成中国人日常生活的一个要素，也是考察中国文化传统的一种方法。我国具有非常丰富的饮食文化生活。

1.饮食的文化观念。

中国长期流传的饮食观念主要包括以下几点：

（1）民本思想。饮食，是儒家文化中的民本思想的组成部分；足食，是让国民吃饱，是传统社会稳定秩序的一项国策。历代上、下层文化都把粮食和吃饭当作基本的社会问题。

（2）节约粮食。勤俭节约，是我国人民的传统美德。节约的重要内容，是节粮。古诗"谁知盘中餐，粒粒皆辛苦"，是一首通俗的劝善歌，劝人不要浪费粮食。

（3）人格教育。中国人利用饮食的机会培养志向、观察人品，甚至把饮食观与人才观联系起来，这是中国人所独有的。儒家历来主张回避各种享乐的诱惑，提倡通过节衣缩食，树立克己利他的人生观。

（4）食疗观。中国人很早就懂得了饮食与养生的道理。中医认为，人要以五谷养气，食肉多，则食气为肉气所胜，会破坏内脏的平衡，导致疾病的产生。食疗思想强调在进食和人体之间，保持平衡；在生理和文化之间，寻求平衡等。

2. 饮食文化的群体实践

我国的群体饮食活动，主要有在以下几个方面。

（1）仪式饮食。许多传统的信仰仪式都有这么一套程序，既供食品，又唱诵经词。这类饮食又称信仰饮食，由来已久。据《周礼》和《仪礼》记载，食品祭祀，在先秦就有了。当时的王公贵族称这种仪式饮食为"馈食礼"。仪式饮食除了祭祀，还用于军事、政治、外交和人生仪礼。

（2）节日饮食。春节的饺子、十五的元宵、中秋的月饼、腊月的八宝粥，它们在中国人的传统生活中，是只有过节时才品尝的特殊食品。节日饮食有各种讲究，分行为的和观念的两种。行为上的讲究，是强调全家围坐在一起吃节日食品，民间还伴有相应的祭祀仪式，有的是敬神，有的是祭祖，这些行为源远流长。从观念上说，节日饮食的讲究更多，如除夕的年夜饭，从准备材料到吃，一道道手续，大都含有象征意义：如包饺子的人，要把皮和馅都剩一点，称"留余头"；做菜要有"鸡"和"鱼"，表示吉庆有余；烧菜要有芹菜，表示一年勤快；上菜要上十二种，表示对来年十二个月的祝福。

（3）民间组织饮食。中华民族虽然是美食民族，但有时饮食带有特殊的宗教意义，在这种时候，吃饭是一种带有神圣性质的"工作餐"。在办庙会、过善会时，这种饮食活动大多出现，有时饮食还有民间习惯法的功能。一顿饭，能顶一个合同，家庭村落的矛盾，能在饭后一笔勾销。如：地处湘黔边界的侗族，每年四月八过"乌饭节"。出嫁的女儿在这一天要回娘家，和村里的姊妹一起吃乌饭，吃饭时还要讲一种与众不同的语言，叫"姑娘话"，内容对别人保密。

（4）待客饮食。中国人表白友谊的一种热情洋溢的方式，是请客吃饭。

西北边疆的哈萨克人，每当亲友到来，都要宰羊款待。为了表达主人的诚意，主人在宰杀之前，要把羊牵到客人面前看一看，说一番美好的祝词，得到客人的许诺，主人才把羊杀掉。如果客人坚辞不就，主人还会反复说服客人，指导客人点头默许为止。羊肉经过烹调，盛在盘里，端上了席，主人会将煮熟的羊头放在肉盘上，将头的嘴朝向客人一边，表示尊敬。这时，主人要求客人用小刀先割去羊头上的两腮肉吃下，客人照办，主人感谢客人的赏光。主人再割下耳朵，递给家里的儿孙，让他们先吃，表示听话和尊重长辈。然后在座的其他人才能动手吃肉。汉族待客，也有一套礼貌的做法，主人要不断地为客人夹菜、劝酒，希望客人宾至如归。

（5）馈赠饮食。在我国，逢会友宴客、华诞祝寿、节日喜庆等场合，人们少不了赠送食品表达心意。

三、我国古代传统的服饰文化生活

在不同社会的文化背景下，服饰还承载着环境、生理和群体心态特征等千差万别的信息。中国服饰的性格、要素与形制，与这些信息相组合，构成了中国服饰习俗的文化标志。在我国古代服饰习俗中主要有信仰标志、阶层标志、礼仪标志、政治含义、职业标志和审美标志等。

1. 信仰标志

我国传统农业社会的服饰图案，在很大程度上标志着自然崇拜的信仰，描绘着古老农业国度的神话传说故事。有的出于图腾信仰，如盘王瑶的服装；有的表现自然神信仰，如汉族皇帝的龙袍，象征着最神圣的动物灵魂，是封建帝王作为"真龙天子"的最高男性权威的标志。汉族服饰中的龙、凤、麒麟等图案象征至尊至贵。天体和云霞等自然现象有图案象征吉祥。南方女子有簪花、插花的习惯，原来都有镇邪驱祟的用意。信仰一般具有民族特点，民族服饰因此是各民族自我认同的一种标志。

2. 阶层标志

随着社会制度和社会等级的变化，身份的尊卑、地位的高低，都在服饰上有所显示。如：黄色衣服成皇家的标志，紫色衣服成为达官贵人的标志，灰色、蓝色衣服成为平民百姓的标志，"葛麻"与"丝绸"成为贫富的标志，长袍马褂成为文人学士和有身份的人的标志，短衣麻褐成为下层苦力的标志。

3. 仪礼标志

我国传统的人生仪礼，把换装当作一种重要的人生阶段。在这些仪礼中，最重要的是诞生礼、成年礼、婚礼和丧礼。四次重大仪礼要进行四次换装仪式，每次换装都以不同的方式，标志了个人与社会相融合的含义。如：我国婚礼喜用红色，红色是血的颜色，代表性能力和血亲生命的世代传递。婚礼上新娘一律要着红装，新房内外几乎全部用红色装饰渲染喜庆。又如：我国古代的丧服称为"五服"，指斩衰、齐衰、大功、小功、缌麻五种服制。斩衰，因不许缝边的粗麻布丧服而得名，由儿子为父母服孝，妻子为丈夫服孝，未出嫁的女儿为父母服丧时穿戴，服期为三年。齐衰，用粗生麻布制作，剪断处缉边，此丧服为祖父母服孝一年，为曾祖父母服孝五个月，为高祖父母服孝三个月。大功，以大功布做丧服；小功，所做孝服比大功布的丝缕稍细；缌麻，在丧服中分量最轻。大功、小功和缌麻三种孝服的服丧对象，比前面两种的关系疏远一些，穿丧服的时间也比较短。五服丧制，以麻布的粗细来标志家庭成员的地位，强化了丧葬仪礼的伦理意识。

4. 职业标志

社会分工促进职业的发展，服饰从职业的便利，并随之复杂化。工匠有工匠的服装，商人有商人的装束，僧侣道士等职业宗教人员各有其专服。我国很早就有文、武职之分，相应地也产生了文臣武将、学生士兵的各不相同的服装。

四、我国古代传统的家庭文化生活

在中国传统社会中,体现人们生存与生产活动的基本组织形态是家庭,它是人们繁衍发展的自然单位,也是个人与群体取得社会化资格的文化认同单位。

1. 家庭成员构成文化

家庭是指共同居住、经济协助、有血缘关系的社会集团。家族是指由出生和婚姻形成的亲属关系,里面包括血缘关系和姻缘关系。血缘关系是由出生形成的纵向谱系性纽带。其中,男性以自己的出生为准,追溯个人与祖先的关系称父系;女性以自己出生为准,追溯个人与祖先的关系称母系。姻缘关系是由婚姻形成的横向亲属纽带,也是缔结婚姻的男女双方的血缘关系的结合。我国传统封建社会男尊女卑,形成了以血缘关系为重心的家族体系,姻缘关系服从于血缘关系。

家庭成员的地位在血缘关系中寻找。具体又可分为血缘九族制和血亲五服制两种。血缘九族制,即以本人为基准,向上、下各推衍四代,共九代,为九族。九族是传统中国最典型的家族制度,也有的以父族四、母族三、妻族二为九族。血亲五服制,即以本人为基准,向上推四代的直系亲属称祖先。孝祭有严格的规定,五服以内是近亲,五服以外不是亲族,是同宗。

家庭成员的作用也是由血缘家庭决定的。在血缘家庭中,以男性为中心,进行权力的传递和财产的继承。家长的社会地位及权力由长子继承。历代封建王朝以此为正统,民间也大体如此。虽然也有幼子继承的事例,但往往引起权力纷争。

2. 我国传统家庭管理文化生活

中国家庭管理的文化要素主要有:

(1)字辈谱。这是一个记忆性的文化链,可以把家族成员的传衍系统跨时空地记忆几百年、上千年。字辈谱的构成，与中国姓氏的叙述传统相一致，一般用家庭成员姓名的第二个字象征辈分，第三个字象征夫妻意识。字辈谱表示了家族内部的角色差别和地位等级。辈分高的成员享有相应的尊荣，比辈分低的人说话有分量。字辈谱的管理绝对从血缘系统上"论资排辈"，在这种传统观念面前，一切标志社会关系的年龄、学龄、干龄、军龄、教龄、护龄等都不起作用。

（2）家谱。这是中国传统社会保存和延续辈分等级的一种文化方式。它大致包括谱序、像赞、祖训、世表、世系表、字辈派语、家谱传记、祠堂制、坊墓、余庆录、五服图和义谱等。我国的家谱藏量丰富，据说达百万余部。它们散落在国内国外，城市乡村，产生了不可低估的文化能量。它是维系家庭文化的经典，被称为民间的"二十五史"。

（3）家风。这是一种习惯法，由家族共同体世代沿袭，用以规范家族内部的行为和秩序。北宋著名爱国将领杨家将的一支后裔世居山西代县，数百年来，他们一直遵守着祖先留传下来的家风家规，培养了正直、善良、勤劳、勇敢的群体风尚，创造了亲密祥和的生活气氛，约束了家族内部成员的不良行为，维护了优良的家庭传统教育。

（4）人生仪礼。按照中国民间的传统习惯，在一个家庭成员的幼年、成年和老年等不同人生阶段，要分别举行诞生礼、成年礼、婚礼、寿礼和葬礼等予以纪念。未被纪念者，不能算作正式的家庭成员，也不会得到社会的承认。它是家庭成员获取社会认同资格的一种文化制度。

3. 家族共同体文化生活

在中国以往的传统社会结构中，家庭关系与地缘关系相结合，就能形成家庭关系结合体。家庭关系与地缘关系的结合体，又称家族共同体，它有以下两个主要的文化功能：

（1）血缘凝聚力。家族共同体中的宗姓，首先是血亲家族的符号。家族内的每一个家庭按照父系的血缘认祖归宗，单系传递。它排斥血亲内部的婚姻，以发展严格的家族体制，维持家庭的伦理秩序。家庭中的女性成员虽被冠以宗姓，但她出嫁后，她的后代随从外姓，以表明血亲系统与姻亲系统的主次关系。外姓移居入到一地方社会时，在自己亲戚少的情况下，有时通过与原社会内部的大姓认干亲的方式，自动缔结拟家庭，以寻求社会关系网络的保护。他们管这些大姓人家或叫"舅舅"，或叫"义父"，世世代代执晚辈之礼。干亲之间经常走动，逢婚丧嫁娶、贺生祝寿、建房盖屋、年节岁时时礼尚往来，"亲帮亲""邻帮邻"被看作是情理之中的事，各姓家族之间都感到有了依靠。

（2）地缘凝聚力。家族共同体的情感归属离不开特定地域。在农耕社会中，人们的定居生活必须以土地为基础。家族共同体的地缘合作表现在三个方面：一是生产互助。如实行无报酬的劳力和畜力支援，在地多人少与地少人多的家庭之间开展换工互助，以保证春种秋收不违农时。二是生活互助。三是在公共地的建设上实行基层民主制，用以维护村民的共同利益。所谓公共地，包括传统聚会空地，路口处、公用道路和水源地等。在公共资源缺乏的乡村社会，人们更加坚持村落民主自治。这种地缘联盟能缓解家庭的内部矛盾，也能应付外在自然界和社会的压力，能量很大。

总之，在中国的日常生活文化中，有许多可以总结的东西，经过变形发展，能为现代生活所继承。归纳起来，大致有以下几点：

1. *血缘社会的礼俗美德*

血缘社会的文化以血缘家族共同体为基础，结合地缘关系和社缘关系，形成集体观念和行为事象。它维系个人与群体、家庭与社会之间的平衡关系，提倡祖宗观念、孝养观念、家庭观念和乡土观念，营造亲睦祥和的气氛，培养善良、正直、奉献的人格风尚，对形成中华民族优秀人文文化曾起到积极作用。

2. *人情社会的公益传统*

中国人的日常文化观中的一些公有共享的文化要素，在经历了后世社会的淘洗之后，依然保存下来。在一个长期自给自足的农业社会里，在一个缺乏现代沟通的文化环境中，这些要素超常地起到了凝聚民族成员的作用。它使中华民族富有同情心和牺牲精神，乐善好施、不计回报、有容乃大、慷慨大方。这种民族性格，值得珍视。

3. 耕读社会的奋斗精神

儒家赞美士耕、尚贤举才的思想，由于适应中国农业社会的经济、政治和文化发展水平，因而对上、下阶层的文化都发生了深刻影响。隋唐以后，实行科举、寒士崛起，更塑造了中国人的读书心态和生活道路。在社会各阶层中，耕读成了一种社会理想，也成了一种进己途径，人人都可以有选择的机会和对前途的自信。它还造就了中国历代优秀知识分子的奋斗传统，使他们蔑视社会等级、以天下国家为己任，满怀昂扬的自我意识、强烈的民族气节和奔放的爱国激情建功立业。这给中国文化带来了高亢、明朗、雍容、浪漫、从容不迫的气质。

第二节　转型时期我国农村文化生活方式的变化

新中国成立以来，特别是改革开放40年来，我国农村居民的文化生活发生了深刻变化，加强对农村文化生活的考察研究，在此基础之上科学分析目前我国农村文化生活现实状况，培育城乡健康文化生活方式，是新时代城乡文化融合发展的重要前提条件之一。

为了进一步了解我国农村文化生活的发展状况，本书课题组于2012年1月25日—2012年4月30日，分别在湖南省郴州市桂阳县莲塘镇、广东高州市金山街道办、陕西省汉中市西乡县桑园镇等地进行了为期3个多月的深入调查。课题组之所以选择这一时间段对农村文化生活开展调研，一是因为这段时间正好是我国传统文化中最重要的节日——春节，很多在外务工的农村居民选择这个时间回乡,能够最大限度保证调查结果反映农村文化生活的实际情况;二是这段时间恰巧是农闲季节,农事不多,能够比较全面考察农村文化生活的形式和内容。通过走访和调查,我们发现当前我国农村居民的文化生活方式发生了积极和健康变化,同时也存在一些突出问题。

一、转型时期我国农村文化生活的积极变化

改革开放以来,随着我国农村经济社会的发展和农村居民思想文化素质的普遍提高,我国农村文化生活的形式更加多样,内容更加丰富,一些新的良好风尚正在逐步形成。

1. 居住文化生活现代化程度提高

现在的农村住房已经不再是我们印象中的土围子、茅草房、四合院了,绝大部分都已经是钢筋混凝土结构的建筑,在建筑材料上已经和城市楼房没有多少区别;住房结构上除了厅堂比较大之外,在其他方面也和城市住房没有太大的区别了,如:很多农村居民也开始在房子内部设计了专门的卫生间;而且,由于农村主要劳动力大多外出务工,绝大多数农村房子的建设工程采取了承包的方式,因而除了在奠地基和搬新居等搞一些简单仪式外,很多仪式都基本上略去了。总之,农村居民的居住文化生活已经高度"城市化",传统意识越来越淡化,一股新的现代居住文化新风正在广大农村形成。

2. 饮食文化生活更加绿色和生态

改革开放以来,广大农民的食品卫生意识和生态环保意识普遍增强,农村居民的饮食文化生活更加绿色和健康。随着农民收入的提高,大多数农民在饮食方面已经不再停留在"吃饱"这个层次上,而是已经向"吃好"的要求转变,"吃好"的标准也开始由以前"大块吃肉,大碗喝酒"发展

到"低糖低脂"和"营养全面",越来越注重饮食的质量和健康。

3. 服饰文化生活更具时代气息

随着农民生活水平的提高和城乡文化交流的深入发展,农村居民在服饰方面也发生巨大变化,人们越来越注重自己的穿着打扮,不再是"出去一身灰,回家一身泥"的印象,很多农民,尤其是青年农民一般都会把干农活的衣服与平时穿的衣服区分开来,农民也已经有了自己固定的"工作服";很多农村青年,不仅衣服数量多,他们对服饰的样式、材料的要求也越来越高,品牌意识在农村居民中正在逐渐形成。

4. 日常文化生活更加丰富多彩

随着农民文化生活水平的提高和农村文化生活设施的逐步建设,农村居民的文化生活变得更加丰富多彩。虽然,亲戚邻居之间的串门、聊天仍然是农村居民之间打发时间,交流感情的主要文化活动方式之一。但是,随着电视机的普及和有线电视向广大农村地区覆盖,看电视已经成为农村居民的最主要娱乐和休闲方式。人们三五人聚在一起,一边看电视,一边话家常,已经成为农村居民,尤其是农村妇女老人打发时间的最主要方式。除此以外,一些新的文化活动方式,如乒乓球、羽毛球、看书、读报等,也逐渐进入农村被越来越多的农村青年所接受。

5. 家庭文化生活更加民主个性。

随着改革开放的深入发展,农村居民的民主意识显著增强,这种民主意识在家庭中突出表现为家庭生活的民主化发展。当前,农村已经很少具有传统家庭生活中的那种清规戒律,家庭成员个体的独立性增强,人们的民主观念和民主意识也越来越强。调研发现,家族观念在很多地方变得越来越淡,除了传统的家风仍然对人们具有潜在影响之外,家族已经仅仅成了一种情感的归属。在核心家庭中,"三从四德"等传统陋习已经基本被丢弃,家长意识也在逐渐弱化,家庭成员之间越来越平等。

二、我国农村文化生活中存在的突出问题

改革开放40年是中国社会发展最快的时期,也是我国农村物质生活水平提高最快的发展时期。然而,调查发现,由于长期以来,我国重视城市建设轻视农村建设,重视经济建设轻视文化建设,重视知识传授轻视思想教育,我国农村文化生活也出现了很多新的突出问题。

1. 封建陋俗在一些地方重新泛滥

在一些地方,传统文化活动已经完全背离了其本来的文化意义,成了某些人变相敛财,攀比炫富的工具。如:在河南、陕西等地,结婚要彩礼的现象就比较普遍,结婚时女方一般要向男方索要10万元到20万元不等的彩礼,有的家庭为了给儿子找媳妇搞得倾家荡产,有的甚至儿子结婚了要筹彩礼了,而自己结婚时为送彩礼欠的债还没有还清,彩礼陋习已经成为祖祖辈辈贫困的重要根源。再如,"入土为安"的目的在于尽快安葬死者,让先人得到安息。然而,在一些地方的农村则出现了大办丧葬事的陋习,变相敛财,互相攀比。近些年来,一些地方的丧葬规模越高越大,盲目、攀比的心理占据着人们的主导心理,导致丧葬的费用越来越高,烧纸车、请乐队、摆酒席、搞车队、盖大墓等名目繁多,办一次丧事下来,最低2万—3万,多者达到10万以上,不仅有违中华民族"厚养薄葬"的优秀传统,更加剧了农村群众的经济负担,既浪费了资源,耽误了农活,又败坏了社会风气。

2. 教育在一些地方成为"鸡肋"

农村的教育历来受到党和国家的重视,教育是提高国民素质,培养人才,增强综合国力的重要手段。农村是教育的薄弱点,也是重点。改革开放之后,农村的教育才真正有了起色。当前,我国农村教育已经有了很大发展,取得的成绩喜人,也有令人十分担忧的地方。调查发现,喜的地方在于,改革开放之后,农村的教育进一步减少了文盲的数量,提高了广大

农民的文化水平。九年义务教育免交学费政策让很多贫困家庭的孩子都可以坐在教室里读书。这一政策的落实，普及了教育，让农村人口的文化素质有了很大提高。但抱有"读书无用论"思想的农村居民不在少数。调研中，一些家长认为"读书有啥用，花钱又多，将来也不分配，还不如在家种地放牛呢，早下地早赚钱"，坦言能够完成九年义务教育就好，不会刻意要求自己的子女要读多少书，教育在他们那里已经成立"鸡肋"。

3. 六合彩、赌博之风在一些地方盛行

由于农村日常生活的文化活动缺乏，加上进城务工人员增多，现居于农村的多为老人、孩子以及闲散人等，日常娱乐方式的缺乏。在农村与城市巨大的差异背景下，大量的农村年轻人涌入城市，原有的合理农村居住人口结构被打破，现居于农村的大多为"空巢老人""留守儿童"以及无业闲散人群，农村日常娱乐方式极度匮乏。使得一些地方买六合彩，赌博盛行。一些地方，上到70、80岁的老年人，下至15、16岁的未成年人都把打牌、赌博作为主要娱乐方式，而且，从娱乐目的到赌资越来越大，人数也越来越多。赌博之风已经成为影响夫妻和睦、家庭和谐、邻里团结、惰人心智，干扰农村居民正常使学习、生产、生活，以及扰乱社会治安的社会毒瘤。

4. 封建迷信在一些地方泛滥

当前，农村一些地方的编造家谱和修建庙宇之风愈演愈烈，封建迷信在农村死灰复燃，有的农村居民，尤其是年龄稍大的农村居民的迷信思想尤为严重。如，一些年龄稍长的农村居民，建房、搬迁、嫁娶等大事件，都要找所谓的大师选择"黄道吉日"；出门远行，经商贸易，儿女上学，要昭告祖先，烧香拜佛，预测凶吉；有的甚至生病了不信科学信迷信，不上医院上寺庙，不看医生看"大仙"，不拿药方拿"神符"，不吃药丸喝"神水"；等等，使得一些地方，"看风水""驱邪捉鬼""算命测字"开始成了某些人的固定职业。更为严重的是，一些地方，由于偏僻落后，给一些邪教组织乘虚而入创造了机会。一些不法分子深入到农村，采取软硬兼施的办法胁迫、诱惑科学文化素质较低和辨别能力较低的农民群众加入邪教组织，企图利用农民达到各种非法的政治目的和聚敛财物的经济目的。

5. 宗族和宗派势力在一些地方反弹严重

我国在漫长的封建社会，政治不下县乡，宗族是社会生活中的最重要组织，也是传统农村社会的最主要管理方式，宗族力量在农村基层社会中具有极端重要地位。新中国成立后，宗族尽管在国家政治中退出了历史舞台，但是，宗族力量本身在农村社会的现实生活中仍然或明或暗地起着不同程度的作用。改革开放之后，农村人民公社的废除使得广大农村居民由"集体人"变成了"自由人"，加之一些地方党的基层组织软弱涣散，为宗族和家族力量留下了真空地带，宗族势力开始反弹，主要表现为宗族势力和家族势力对村务利益和公共事务的干涉和介入，有的甚至操纵基层选举，与黑恶势力勾连，极大的威胁了农村社会的和谐与安定。

三、当前国内农村文化生活问题产生的原因分析

目前我国农村文化生活中存在的突出问题，其产生的原因是多方面的，既有主观方面的问题，也有客观方面的问题；既有经济和物质方面匮乏所引起的问题，也有由思想教育方面缺失所引起的问题；既有农民自身素质方面原因，也有政府文化政策方面的问题等等，是多种因素长期共同作用的结果。

1. 农村文化娱乐生活方式单一，基础设施缺乏

调查发现，目前国内农村居民的文化设施普遍缺乏，很多地方虽然设置了"两馆一站一室"等农村文化设施，但是，由于管理等方面的原因，有限的文化设施基本上没有发挥作用。另一方面，农村的文化娱乐生活十分简单，串门聊天、看电视、玩牌等仍然是当前农村的主要娱乐方式。而且，由于技术条件等方面的限制，一些地方电视还没有有效覆盖，电视频

道单一,农村居民从电视节目中接收的信息非常有限。再一方面,现在农村还有很多地方交通落后,有的村庄直到现在还没有通公路,或者虽然通了公路,但是没有硬化,交通条件很不便利,与外界联系困难。一些商户为了赚钱,在人口相对集中的地方开设的茶馆、棋牌室、麻将馆和卡拉OK厅,既没有办理合法的经营手续,当地政府也没有相应的管理措施,经营管理混乱。在这种情况下,使得一些不良的娱乐方式慢慢侵入农村文化娱乐市场,并在客观上助长了六合彩和赌博等不良风气的泛滥。

2. 农村居民集体意识弱化以及监管制度的脱节

党的十一届三中全会开启了我国改革开放的序幕,在农村实施了以家庭联产承包责任制为主要内容的改革,新的土地经营管理制度的实施,极大地调动了广大农村居民的劳动积极性和创造性,农村居民的物质文化生活水平大幅度提高,农村面貌发生了新变化。然而,与此同时,农村居民传统的集体意识和群体观念亦在逐渐淡化,他们彼此的沟通与交流较缺乏,由原来的集体化转为个体化趋向明显,致使一些地区存在人际关系隔阂化、家庭矛盾扩大化、宗族矛盾复杂化等发展趋势。另一方面,由于农村基层组织松散,没有充分发挥基层组织应有的功能和作用,造成现有的农村制度很难满足农村的现实发展需要,导致一些国家政策无法有效"上传下达",甚至有的地方出现了基层组织"真空"状态,进一步加剧了农村公共服务体系不完善,农民政治权利意识萎缩。

3. 农村文化活动缺乏以及民间艺术的退化

一方面,由于农村青壮年劳动力大量进城务工,农村文化主体虚化,使得很多传统民间文化艺术无法开展;另一方面,由于受到市场经济负面因素的影响,越来越多的农村居民把挣钱多少作为衡量民间文化艺术价值的唯一标准,在这一观念影响下,很多民间文化活动的表演性增强,艺术性降低,有的甚至已经被人为异化为低俗的色情表演。很多具有突出民间特色,具有很高文化艺术价值的民间艺术,则因其不能为主办者带来期望的经济效益，而在农村渐渐失去生存空间，甚至失传和消失。

4.地方政府长期以来在农村文化建设上缺位

在农村文化建设中，发挥地方政府的主导作用很重要，尤其是在我国社会主义初级阶段的特殊国情下，地方政府的作用显得更加举足轻重。然而，一方面，一段时间以来，由于我国农村的一些县、乡（镇）政府受到经济建设中心论、GDP中心论的影响比较大，只顾抓经济建设却忽略了农村文化建设的重要性，导致农村文化建设长期停滞不前。另一方面，我国一些地方农村党的基层组织，长期以来忽视对农村居民的思想政治教育工作，缺乏对农村文化生活的思想政治引导，使得一些不良思想和不健康的娱乐活动在农村"野蛮生长"；最严重的是，长期以来我国农村一些地方政府缺乏相应的法治意识，没有对农村地下六合彩、聚众赌博、色情表演和邪教组织活动进行严厉打击，导致正不压邪，不良风气愈演愈烈。

第三节　转型时期我国城市居民文化生活方式的变化

新中国成立以来，特别是改革开放40年以来，我国城市居民的物质文化和精神文化水平都获得了显著提高。近年来，随着城镇化的快速推进，我国城市文化建设加快发展，城市文化设施进一步完善，城市居民的文化生活更加健康、丰富。同时，在城市建设过程中，我国城市化文化生活中也出现了一些新情况、新问题。

一、我国城市居民文化生活的积极变化

随着我国城市居民物质文化生活水平的逐步提高，我国城市居民的整体素质进一步提高，城市居民的文化生活形式丰富多彩，内容文明、健

康,整体上是好的和比较好的。

1. 城市居民的文化生活方式更加多样

与农村居民文化生活简单、单调不同,我国城市居民的文化生活就丰富得多,文化生活方式更加多样。这一方面得益于改革开放以来我国经济的发展、科技的进步,使得人们有了更多的闲暇时间参与文化活动。另一方面,也得益于改革开放后,随着我国综合国力的整体增强,城市的文化基础设施的不断完善,使得人们有地方开展各种文化活动。调查发现,当前我国城市居民的文化活动主要有上网、看电视、读书、看报,此外,还有旅游、体育锻炼、看电影、交友、文艺活动等,文化生活方式越来越呈现多样化。

2. 公共性、交互性、创造性的文化活动越来越受市民青睐

随着城市卫生和健康知识的普及,以及人们对交往发展需要增强,一些公共性、交互性和创造性比较强的文化活动方式,如:旅游、体育锻炼、看电影、交友、文艺活动等,越来越受到我国城市居民的青睐。调查显示,在关于"闲暇时间您会选择的文化活动方式是什么?"的回答中,选择出去旅游的占23%、选择体育锻炼的占24%、喜欢去电影院的占21%、偏爱交友的占7%、积极参加文艺活动的占8%。这一数字说明,我国城市居民选择文化活动方式的主要目的正在发生变化。过去,我国城市居民参与文化活动的目的主要是为了打发闲暇时间,所以选择看电视、下棋、打牌的比例比较高。随着人们健康和交际意识的增强,越来越多城市居民把健身和思想交流作为参与文化活动的主要目的。

3. 读书和学习风气越来越浓。

随着知识作用越来越凸显,我国城市的学习风气越来越浓厚,以学习知识、增长技能、陶冶情操等为主要内容的文化活动开始成为城市居民的重要选择,一些技能培训班、国学讲座、道德讲堂经常爆满,一票难求。调查发现,城市居民中选择读书、看报、听各种文化讲座的累计超过30%。一些城市为了适应城市居民的学习需求,积极探索各种形式的公共读书活动。如:为进一步强化辖区居民思想道德建设,大连市八一路街道

成立了"文化小馆"。该"文化小馆"以 传播时代常识、享受人生智慧、推动文化发展、提升文明素质为主线，形式以杂谈为主，内容涉猎广泛，包含时政热点、国学经典、社区文化、生活百科、生态环保、志愿服务、家庭教育等。这一全新的宣讲平台，成为构建培养居民健康文化生活的新载体，为辖区百姓提供了许多独具特色的公共文化服务。①

4. 低碳绿色环保生活方式成为时尚

近年来，随着环保知识在城市普及，广大城市居民的环保意识普遍增强，绿色生活、低碳出行逐渐成为时尚。人们为了能够吃上一盘绿色环保食品，喝上一口没有污染的山泉水，不惜步行几公里或者驱车几十公里，周末在郊区旅游，节假日去乡村进行生活体验等已经成为很多城市居民的时尚"标配"，工作在城市，生活在农村已经成为越来越多城市居民的"生活理想"，"逆城市化"运动已经开始在一些地方出现苗头。

5. 共享车、智能手机等成为城市居民文化生活的新宠

随着城镇化的快速推进，城市交通压力越来越大，堵车已经成为常态。在这种环境条件下，共享车行业的产生从一定程度上满足了城市居民市区出行的需要，人们在市区道路上骑着五颜六色的共享单车，开着新能源共享汽车上班、购物、逛街已经成为普遍现象。调查发现，在接受调查的城市居民中，有50%的人使用过城市共享单车，70%的人表示正在使用或者将来会使用共享单车出行。另一方面，随着智能手机的普及和手机支付等功能的应用推广，手机不再是单纯的通信工具，人们利用手机上网、交友、导航、转账、支付，手机已经成为城市居民生活中的重要组成部分。调查显示，受访城市居民中高达85%的人认为手机在日常生活中越来越重要，68%的人愿意使用手机进行日常支付。总之，随着人民物质文化水平的提高和科学技术的进步，城市居民的文化生活变得越来越丰富，人民生活的科技含量越来越高。

---

① 于艳新：《街道"文化小馆"开启居民健康文化生活新方式》，载《大连日报》，2016年10月7日。

二、当前我国城市文化生活中存在的突出问题

我国城市的文化生活总体上好的，向着健康、文明、现代的方向发展。但是，由于多种因素的影响，转型时期我国城市文化生活中也出现了许多新情况和新问题。

1. 城市居民的公共文明习惯有待进一步养成

城市居民的公共习惯是城市文明素质的综合展现，也是城市文化生活是否文明健康的重要评价标准之一。虽然，我国城市居民的文明素质在整体上获得了提升，但是，也还存在很多问题。调查发现，当前，我国大部分城市的公共文明指数测评结果并没达到理想的状态，突出表现在城市公共环境、城市公益行动、城市公共秩序、城市人际交往等方面表现不佳。如：一些小餐饮店、小型娱乐场所等五小行业的公共卫生意识不强，脏、乱、差、吵的问题比较严重；一些主要道路交口，摩托车、非机动车闯红灯现象严重；一些地方的农贸市场内占道经营大量存在，乱张贴、乱涂写较多等等。这些现象说明我国城市，尤其是中小城市居民的整体文明素质还不够高，市居民的公共意识还不强，尚没有形成良好的公共文明习惯。

2. 城市居民的公共道德教育还需要加强

相比农村，我国城市的公共文化设施更加完善，市民广场、体育馆、图书馆、音乐厅等建设，很好地满足了城市居民的文化需求。但是，因为城市居民的公共道德水平没有得到相应的提升，影响其他居民正常生活，损坏公共场馆，侵占和偷盗公共设施、设备的行为屡屡发生。调查显发现，一些地方的公益场馆损坏严重，如，合肥科技馆免费开放之初，展品损坏率就达到20%。又如：2017年6月25日，山西体育中心体育场举办"[ACLASSICTOUR 学友。经典] 世界巡回演唱会太原站"演唱会，造成山西体育中心体育场内足球场草坪损坏严重。在各地陆续发生的明星演唱会损坏公共场馆事件，不仅充分暴露了城市居民的公共道德问题，也进一步

表明，我们在提高各类公共文化产品供应和服务水平的同时，要加强公民道德教育，提高城镇居民的素质。

3. 文化生活还不够丰富，"低头族"正在成为严重社会问题

调查发现，我国绝大部分城市的文化生活场所还是以各类娱乐消费场所为主，例如KTV、酒吧、洗脚城、麻将馆等，相比之下，音乐厅、美术馆、规划馆、博物馆、科技园等文化场所较少。相当多的城市居民的文化消费方式以在家看电视、手机上网、打麻将、打牌为主，参加各类读书活动、书法活动、演讲活动的人数较少。随着此风愈演愈烈，极少部分人的内在精神逐渐出现空虚态势，甚至走向社会的对立面。如今，智能手机已经走入寻常百姓家，由于自身的控制力不强，一些人的生活已经离不开手机，"低头族"人群逐渐成为严重的社会问题。

4. 酗酒、飙车等正在成为城市社会治安的新隐患

近几年来，由于城市经济发展不平衡所导致的城市居民之间的贫富差距的扩大，在城市社会中产生了一个新的社会群体——由民营企业老板家庭、城市拆迁家庭、高级干部家庭的子女等共同构成，由于他们从小生活富足，没有经历过创业挣钱的艰难过程，加之家长或者忙于工作疏于管教，或者本身不重视教育没有正确引导，使得他们中的一部分人走上了奢侈浪费，炫富拼爹，追求刺激的道路，一些人整天沉迷于酗酒、飙车等消极活动，虽然人数不多，但是他们对社会的破坏力极大，已经成为当前城市社会治安的新隐患。

第四节 培育城乡健康文化生活方式的方法和途径

构建科学健康的生活方式是推进城乡文化融合发展，逐步实现城乡文化健康持续发展的必然要求。当前，我国城乡文化生活中仍然存在许多新

的突出问题，这些问题已经成为我国城乡文化和经济社会发展的重要瓶颈，必须要加紧有效解决好。

一、积极培育新时代农村健康文化生活方式

培育城乡健康文化生活方式，重点在农村，难点也在农村。在进入决胜全面建成小康社会的今天，落后的文化生活方式已经成为影响农村正常的生产、生活秩序和农村居民身心健康发展的重要根源。新时代加强城乡文化融合，必须要培育科学健康的农村文化生活方式。

1.积极开展"乡风文明"建设，丰富农村健康文化生活载体

乡村文明的内涵主要包括科学、健康的生活风尚，良好的环保、卫生、生态意识，移风易俗，科学、文明、法治的生活观念等。新时代培育农村健康文化生活方式，必须要以"乡风文明"建设为契机。各级文化建设部门要大力挖掘农村文化建设的载体，不断创新农村文化载体建设，尤其要注重发掘农村传统文化资源，传承优秀的农村文化。要加速文化产业化建设，积极扶持一批内涵丰富、特色鲜明、前景较好的农村文化产业，实现文化建设与经济建设协调发展，此外，通过评选、建设文化特色村、家庭文明示范户，引导广大农村居民自觉加入到农村文化建设的队伍中来。同时，在加强农村文化基础建设的同时要大力兴办各类文化活动，将社会主义核心价值观与农村的文化活动有机结合起来，办好农村文化盛宴。要创新农村文化宣传方式，加强农村文化宣传的时效性，切实提高农民的文化水平，营造浓厚的地方文化氛围。

2.保护优秀传统农村文化，夯实农村健康文化生活根基。

传统文化是文化建设的源头活水和思想宝库，农村健康文化生活方式的培育必须要建立在对我国优秀传统文化的继承和弘扬基础上。马克思指出："人们自己创造自己的历史，但是他们并不是随心所欲地创造，并不

是在他们选定的条件下创造，而是在直接碰到的、既定的、从过去继承下来的条件下创造。"① 这就要求我们必须要加大对农村优秀传统文化的保护力度，夯实农村健康文化生活的根基。"建立现代化的社会文化，不能不考虑它们原有的传统文化及其文化精神，因为现代化社会文化乃是前社会历史的延续，它不可能摆脱既定的历史条件凭空从天上掉下来。我们知道不同的社会文化有不同的历史个性，它就像社会有机体的"基因"一样，延续为各民族独特的个性和有特色的社会共同体。"② 保护农村优秀传统文化必须要动员全社会力量。要让每一级组织、每一个单位、每一个公民都来关注关心农村传统优秀文化的保护问题。保护优秀传统农业文化应充分发挥政府的主导地位，各级政府要履行好自身职责，统一规划、合理分配、齐抓共管，为保护农村优秀传统文化提供坚实的组织保证。保护农村优秀传统文化必须要充分调动民间组织的积极性，积极开发具有传统特色的民间工艺项目、民俗旅游项目，实施特色文化品牌战略以及古村落的保护。

3. 建立和完善农村公共服务体系，推动农民生活方式深刻变革

经济是文化的基础，文明、健康、丰富的文化生活要建立在较高的生活水平基础之上。事实上，当前农村文化生活落后的最根本原因在于农村经济的落后，以及由此造成的农村公共服务体系的缺乏。因此，我们不能仅仅就文化谈文化建设，必须要从基础开始，高度重视农村的经济发展和农村的公共服务体系建设，以建立健全农村公共服务体系为手段，切实推动农村文化生活方式的转型发展。要加强对农村文化建设的经济投入，不断加强农村公共服务建设，改善农村地区的生产生活条件，缩小城乡差距，提升农村地区的"硬实力"，加强农村地区的道路、交通、电力、住宅等基础设施建设，建设一批农家书屋、农民活动中心，政府要搭好台子，为农村文化建设奠定坚实的物质基础。同时，要注重农村文化"软实

---

① 《马克思恩格斯选集》第1卷，人民出版社1972年版，第603页。
② 黄永林：《论新农村文化建设中的现代与传统》，载《民俗研究》，2008年第4期。

力"建设，完善九年义务教育制度，建立健全"奖、惩、贷、补"机制，切实保障农村地区的孩子有学上、上好学、好上学，注重对农民的职业技能培训，分类分层次指导农民职业技能培训，提升农民就业技能，为农村文化建设增强新动力。

4. 有效整合社会资源，营造培育健康文化生活方式的氛围

一是大力开展有助于提升农民健康文化生活方式的活动。要着眼于发掘农村传统优秀文化，发现和培养农村传统艺人，让那些丢弃了的传统乡土艺术重放异彩，让它们重新起到娱乐群众、团结群众，和谐生活的作用。二是要继续积极开展科技、文化和卫生"三下乡"活动，让广大农村居民能够在家门口欣赏到先进的文化艺术，享受先进的教育和医疗卫生，接受良好的教育，在潜移默化中培养农村居民的现代文化素养。三是要营造有利于提升农民生活方式的文化氛围。要充分利用现代科学技术，尤其是要充分利用网络技术，用好、用足报刊、广播、电影等传统媒体，创新、用活电视、网络等媒体，充分利用乡村文化站、科技站、卫生院、图书室等现有文化设施，运用农村群众喜闻乐见的形式广泛开展丰富多彩的文化宣传活动，不断增强广大农村居民参与健康文化生活的积极性、主动性，自觉提升自己的生活方式。

二、积极培育新时代城市健康文化生活方式

城市是我国文化的重要组成部分，是我国先进文化的重要贡献者。城市文化在引领我国城乡文化发展，促进城乡文化融合过程中有着独特作用和重要意义。积极培育城市健康文化生活方式既是城市文化的健康发展的客观要求，也是新时代培育城乡健康文化生活方式的重要内容。

1. 将文化生活建设纳入城市规划建设工作体系

众所周知，一个城市的发展离不开能促进其城市健康持续发展的重要

规划。这就要求我们，必须要把文化生活建设纳入城市规划建设的日程上来。在进行规划时，我们既要注重城市的发展实际，又要有前瞻性的建设意见；既要有总体目标，也要有阶段性的要求；既要有顶层规划，也要摸着石头过河。同时也要注重发展规划的与时俱进，在进行文化生活建设的过程中，要根据实行情况以及出现的问题及时修正，使文化生活建设与社会经济发展状况相适应。

2. 丰富社区文化内容，自觉把握城市文化建设的基本原则

一是城市文化建设要坚持以人民为中心的思想。人民群众是城市文化建设的主体，城市文化建设的方向要充分体现人民群众的意愿，同时也要充分发挥广大居民的积极性、主动性和创造性。二是要充分发挥政府的主导作用。政府是城市文化建设的执行者，政府在推行城市文化建设中，要努力建设活动场所齐全、设施完善、活动内容丰富多彩、运作程序井井有条、居民人人满意的城市文化。三是要坚持不断创新和完善体制机制。坚持城市文化建设体制机制的与时俱进，在建设过程中考虑周全，全局与具体相结合，稳定与创新相结合，完善规范城市文化建设、活动开展和各项管理制度。

3. 多方面筹措经费，确保城市文化活动场所持续发展

首先，要加大财政的投入力度。城市文化活动场所的投资可以多方面考虑。例如机关单位、学校、社区、企业等这些具有文化资源的场所，我们就可以充分利用。把握好这些地方文化资源使用的空白期，我们就可以让它在空白期的时候对居民们开放，给居民们提供一个相对稳定和适宜的文化活动场所。其次，可以实行低偿服务。城市文化活动场所也是需要一定费用来维持的，而且居住在城市里的居民都有一定的经济基础，可以让居民支付少量的经费来进行文化活动，这样既可以保证场所的维护，也能让居民们乐意接受。最后，要争取得到社会的支持。我们要充分调动一切能调动的力量，进行城市文化活动场所的建设。要发动社会上的广泛力

量,例如机关、学校、企业等单位的支持,让全社会共同促进城市文化事业的繁荣。

4. 提高居民的参与度,开展内容丰富的社区文化活动

开展社区文化活动,要以科学的文化理论为指导,理论和实践相结合。重点加强对先进文化的培育,把握正确的宣传舆论导向,弘扬主旋律,唱响新时代。重点对文化内容进行正确引导,在节目编排的内容及形式上,着力突出城市特色,力求新颖通俗、积极向上,以生动形象、诙谐幽默的文化形式宣传党的路线、方针、政策,褒扬先进,鞭挞落后,以陶冶居民情操,使活动寓教于乐、丰富多彩。形式上要不断创新、丰富和发展,要从传统的"吹、拉、弹、唱"即文化的思想意识中走出去,从更广义的角度去理解城市文化,将更多的文化类别纳入城市文化的范畴中。

三、建立健全城乡文化生活互通共享的体制机制

农村文化生活方式和城市文化生活方式都是人们开展文化活动,丰富文化生活的载体,其在本质上没有优劣之分。然而,如前所述,城市文化生活方式和农村文化生活方式都具有自己的特点,而且互补性很强。建立和完善城乡文化生活互通共享机制,加强城乡文化的交流,充分发挥城乡文化的优势和特点,既是满足城乡人们文化需要的必然要求,也是培育城乡健康文化生活方式,促进城乡文化融合发展的重要途径。

1. 建立和完善城乡健康文化方式的教育宣传机制

长期存在的城乡二元文化结构人为阻断了城乡居民的文化交流,使得城乡居民之间对对方的文化生活方式了解甚少,误会越来越多,甚至逐渐产生了相互排斥的文化心理,这是引发当前一些地方城乡文化矛盾和冲突的重要原因之一。培育城乡健康文化生活方式,必须要建立和完善相关的教育宣传机制,为培育城乡健康文化生活方式奠定思想基础。要加强对中

国传统优秀生活文化的宣传，增强城乡居民的民族文化情感。要加强农村优秀文化生活方式和城市现代先进文化方式的宣传，使城乡居民形成科学理性的文化生活观。要加强宣传改革开放以来我国城市文化生活建设取得的新成就，增强城乡居民建设文明健康文化生活的自信。

2. 建立和完善城乡健康文化生活方式的培育和养成机制

文化在本质上是"人化"，其最根本的功能在于教育人、塑造人。培育城乡健康文化生活方式不仅需要宣传和教育，更需要培育和养成。要建立和完善城乡健康文化生活方式的培育和养成机制，使城乡广大居民积极参与健康文化生活，形成良好的文化生活习惯。要建立定期评选"文明家庭""文明村民""文明市民"等的制度，把参与文化生活的情况作为重要内容，加大奖励力度，大力积极参与健康文化生活，具有良好文化生活习惯的家庭、人格的先进事迹。要将参与文化活动情况列入"社会征信"系统，把参与和组织不健康文化生活活动视为失信行为，严惩不健康文化生活活动的组织和参与者。要加大政府对积极健康文化生活活动的扶助力度，设立城乡文化活动专项基金，为城乡健康文化生活方式的宣传、推广和开展提供保障。

3. 建立和完善城乡文化生活文化方式的交流互动机制

城市文化生活方式和农村文化生活方式各有特点和优势，新时代培育城乡健康文化生活方式必须要激发广大城乡居民对文化活动的积极性和创造性，找准城乡文化各自定位，激发城乡文化生活的各自优势。这就要求我们必须要加强制度创新，建立和完善创新文化生活的交流互动机制。要加大城市对农村的文化支持力度，在"三下乡"的基础上继续探讨城市帮助农村，丰富农村日常文化生活的途径，让更多农村居民在家门口就能够享受到城市现代文化生活。要建立农村文化"进城"制度，让具有农村文化特色，反映新农村建设成就的文化艺术走进城市，走进城居民生活中，让城市居民更好地了解农村和农民。要建立城乡居民定期共同开展文化活动的制度，逐步形成城乡居民文化生活交流互动的长效机制，使城乡居民之间的文化生活交流互动长期化、常态化，为城乡文化生活交流提供制度保障。

4. 建立和完善城乡文化公共设施统筹配置的体制和机制

完备和先进的文化基础设施是开展健康文化生活活动的物质基础，培育城乡健康文化生活方式必须要建立和完善城乡文化设施统筹配置的体制和机制。要加大农村文化基础设施建设的支持力度，在充分利用好农村原有文化馆、文化站和农家书屋等文化设施的基础上，在农村居民集中居住区推广建立公共篮球场、网球场、文化广场，配备相应数量的乒乓球桌等"三场一桌"基础文化设施，使农村开展文化活动有场所，锻炼有地方。要建立和创新城乡基础文化设施共享制度，让城市公共基础文化实施向农村居民定期免费开放，并集中免费接送农村居民进城参与文化活动，让越来越多的农村居民更好地了解城市、熟悉城市。要鼓励城市居民走向农村，让更多的城市居民到农村了解农村文化、体验乡村生活，通过参与农村的文化生活，使越来越多的城市居民更加深入地了解农村、农业和农民，为培育城乡健康文化生活方式奠定坚实的生活基础。

第六章　建设新型城乡社会关系网络

马克思主义认为，人的本质是社会关系的总和，社会性是人的本质属性。文化即是"人化"，是人的社会性的重要体现之一，社会性是人类文化产生和发展的根本基础。在现实生活中，人的社会性不是一个抽象的存在，而主要是通过人与人之间的相互作用和相互影响实现的，并具体表现为人与人，人与家庭，人与组织，人与国家，乃至人与世界之间的关系网络。一方面，社会关系不是外在于文化之外的事物，社会关系本身就是文化存在和发展的重要形态，是"另外一种文化"；另一方面，文化也不是外在于社会关系之外的存在物，文化本身就是对社会关系的反应，是"另一种社会关系"。正因为文化与社会关系之间的这种内在耦合关联，我们研究和考察文化就不能不注意社会关系，在试图塑造一种新文化时就不能不高度重视社会关系对于文化的作用。这就要求我们，必须要重视社会关系发展变化对城乡文化发展的深刻影响，要利用社会关系对文化养成的重要作用，建设新型社会关系网络，巩固城乡文化融合发展的社会基础。

第一节　转型时期我国农村社会关系的发展变化

我国是典型的农业型国家，长期的农耕生活和文化特性造就了我国农村社会独特的社会关系,这种独特的社会关系反过来进一步巩固了农村社会的生产生活秩序,为农业文明的生发延续提供了稳定的生活基础,催生了璀璨光辉的古中国文明。然而,我国农村社会关系也不是静止不变的,随着社会生产力的发展和社会生活的变化,我国农村的社会关系也始终处于发展变化之中,尤其是在经济社会结构的大变化、大调整的社会转型时期,社会关系的发展变化尤为明显。自1978年改革开放起,我国进入了前所未有的大改革、大发展和社会结构的大调整时期,我国农村的社会关系也发生了深刻变化。

一、改革开放以来我国农村社会关系的积极变化

改革开放以来,随着市场经济的深入发展,我国农村的社会关系也发生了很多新的积极变化,具体表现在以下几个方面:

1. 农村社会关系日渐平等

与西方资本主要国家不同,我国经历十分漫长的封建社会时期,在封建社会,君臣父子,等级森严。在国家层面,"普天之下,莫非王土,率土之滨,莫非王臣。"皇帝是最高统治者,掌握生杀予夺大权,实行独裁统治。在社会层面,等级森严,不可逾越。在家庭层面,"家国同构",实行家长统治。新中国成立后,中国人民第一次当家做主,做了主人。然而,在国家政权延伸到基层,国家控制农村社会几乎所有的生产和生活资料的大背景下,作为国家权力在农村基层社会代表的村干部显然具有天然的优势地位,农村居民之间,尤其是村干部与普通村民之间的平等交往仍然不可能有保障。废除人民公社制度之后,随着农村经济的发展和村民自治制度在全国的确立,农村社会的民主意识增强,农村居民之间的平等程度越来越高。

2. 农村社会关系的开放性加强

在改革开放之前的传统农村社会中,由于生产力不发达,长期实行自给自足的小农经济,使得农村社会形成了一个十分封闭的格局,世世代代、祖祖辈辈,在一个相对狭小的空间范围内生产生活,生殖繁衍,"生于斯,长于斯,死于斯",几乎所有的政治、经济活动和各种有限的娱乐文化活动都集中在很小的场所里开展。十一届三中全会后,我国在农村实行的以家庭联产承包责任制为主要内容的新的土地制度把广大农民从土地上解放出来,农村居民的交际和活动范围逐步扩大,人们的社会关系不再局限于家庭、家族和同村关系,朋友关系、工友关系、同学关系、经营伙伴关系等新型人际关系对新一代农村居民生产、生活的影响越来越大而逐渐成为农村社会关系的重要内容。"农民越来越成为社会各个圈子的一部分,而不再只是宗族圈子的一员。"[1]

3. 农村社会的流动性逐步加强

在我国传统农业社会里,土地是最重要的生产资料,耕作土地是最重要的谋生手段,买房置地是绝大多数农村居民所追求的生活目标和全部的人生希望。尽管新中国成立之后,国家政策不容许农民私人买卖土地,但是,由土地之于农民生产生活重要性所形成的浓厚的安土重迁的土地依赖意识却深深地扎根于传统农民的头脑里,再加上新中国成立后逐渐形成城乡二元管理体制,把农民牢牢地拴在了土地上,人口流动率极小,村际之间来往稀疏。十一届三中全会后,在农村实行的新的土地政策,重新获得自由的农民纷纷涌向城市,农村居民的交往范围不断扩大,其流动频率也越来越高,流动性不断增强。

4. 农村居民的市场竞争意识进一步增强

作为中国传统文化产生和形成的源头和土壤,"熟人社会"是我国农

---

[1] 贺雪峰:《新乡土中国》,广西师范大学出版社2003年版,第35页。

村社会的重要特征。在传统的小农经济文化下，人们在交流、交往中的伦理和情感观念强，合同和契约观念弱，在经济活动中缺乏竞争意识和效率意识。市场经济是竞争经济，也是法治经济，竞争和契约是市场经济条件下开展经济活动的核心要素之一。改革开放以来，随着我国市场经济体制的建立和完善，我国广大农村居民的市场经济素质普遍增强。随着市场经济的深入发展，人们在生产经营和市场交换过程越来越深刻认识到竞争的重要作用，越来越认识到合同、契约在经济活动中的重要地位。这就促使人们根据价值规律开展经济活动，积极参与竞争，以便在经济交换过程中处于有利地位。

二、改革开放以来农村社会关系的突出问题

当前我国农村社会关系总体是好的，是有利于农村经济社会发展和城乡文化融合发展的。然而，由于主客观等多方面的原因，当前我国农村社会关系中也出现一些不和谐、不健康的现象。

1. 农村社会关系中的功利化发展趋势

在中国传统文化中，"道德""重义轻利""君子爱财，取之有道""钱财如粪土，仁义值千金"等是人们的主流价值观。在交流交往和经济活动中，人们往往把"礼尚往来，来而不往非礼也""投我以木桃，报之以琼瑶""滴水之恩，当涌泉相报。"作为基本准则，注重利益的互惠性。在家庭生活中，人们注重家庭和睦、夫妻和谐、孝亲敬长；在邻里关系中注重睦邻友好，特别重视邻里的和谐；在朋友关系中，注重互帮互助等等。然而，在市场经济条件下，市场经济的负面效应迅速向农村社会渗透和蔓延，使得越来越多的人为了追求自己的经济利益不断突破道德的底线，有的甚至不择手段，走上违法犯罪道路，"一切向钱看"成了一些人的人生信条，利益冲突上升为主要矛盾，已经成为影响农村社会和谐稳定的最主

要因素。

2. 农村社会关系中的自我主义化发展趋势

中国社会是典型的"熟人社会",费孝通先生提出的"差序格局"就准确反映了中国传统社会的基本特征和对外关系准则,每个人都以自己为中心来确定其他人与自己的远近亲疏,也即"从自己推出去的和自己发生社会关系的那一群人里所发生的一轮轮波纹的差序"①。随着市场经济的深入发展,人的自主性得到了充分发挥,人的个性得到充分张扬。传统社会中那种以"己"为中心的"差序格局"被人们移植到现代社会生活中,并逐步演化和发展为自我主义。凡事只从自己的角度出发,强调"我的地盘,我做主",为实现自己的利益而漠视集体利益和他人利益,把注重自身一己之利当作人生信条,不顾他人利益。在一些落后的农村地区,甚至把这种自私自利的不良风气带入到基层政府和基层党组织中去,个别地区的村干部漠视组织关系,强行以血缘关系、宗族关系取而代之,在"公利"与"私利"之间选择后者,置广大村民利益于不顾,将村委会当作自己的"家天下",作风强势、道德败坏、组织纪律涣散,严重败坏了党风和社风。

3. 农村居民人际关系的表面化发展趋势

长期以来,血缘和地缘是我国农村生社会关系的两大基础,并且具有同质性和排他性的特点。然而,这种状况在我国实行改革开放以后发生了深刻变化,随着市场经济的发展,农村居民的交往范围不断扩大,农村社会开始向开放型社会转变。但是,人们之间交往的目的、程度已经发生了悄然变化——停留在应付式、场面式的交往增多,感情式、交心式越来越少,人与人之间被蒙上了一层轻轻的面纱。

4. 农村社会干群矛盾的紧张化发展趋势

---

① 费孝通:《乡土中国生育制度》,北京大学出版社1998年版,第27页。

党的农村基层党组织是党在农村的战斗堡垒，肩负着领导、带领广大农民群众进行社会主义现代化建设的重要责任。农村干部作为连接党和群众的桥梁，他们同村民的关系直接影响到农村社会的稳定。在计划经济时期，一方面，由于他们掌握着农村居民的主要生产、生活资料，客观上使得他们在农村居民中具有绝对的权威和号召力；另一方面，也由于他们中绝大多数能够一心为集体、廉洁奉公，把农民群众真正当亲人、当家人，使得他们得到村民的高度认同，因而干群关系保持着良好的态势。然而，随着市场化、城镇化的发展，农村干部基本不再掌握农民的生产、生活资源，客观上对村民的控制力减弱；另一方面，也由于农村居民对物质文化和精神文化需求越来越高；更为严重的是，一些城镇干部工作方法不科学，工作作风不端正，少数村镇干部甚至利用手中的权力谋取个人私利，严重损害农民群众的利益等。这些矛盾的不断积累，最终使得一些地方干部不相信群众，群众也不相信干部，使得原本血肉联系的党群关系和干群关系在一些地方变得越来越紧张，甚至因此引发大规模群体性事件。

三、我国农村社会关系问题产生的原因分析

从一定程度上讲，社会关系是由政治、经济、文化等因素决定的，并对一定社会政治、经济和文化状况的客观反映。因此，我们考察转型时期我国农村社会关系存在的突出问题也必须要政治、经济、文化和社会等方面去找原因。

1. 市场经济对我国传统农村社会的冲击

一方面，由于中国传统社会是一个相对封闭的社会，在这个封闭的社会中，农村居民和土地的关系密切。土地不仅是人们最重要的生产资料，是农村居民最主要的生活来源，土地也是农村居民世世代代、祖祖辈辈安家立命的基础，这就使得我国传统农村社会几千年来处于"家家守村

业，头白不出门。生者不远别，嫁娶先近邻"的状态。然而，市场经济的深入发展彻底打破了我国传统农村社会的这种封闭状态，一种新发展活力伴随着改革开放的浪潮也被注入了农村社会。然而，市场经济也给我国传统农村社会关系带来了重大冲击，市场经济中的效率优先和等价交换原则等被越来越多的农村居民所认同和接受，甚至被广泛渗透到农村社会的人际关系之中，使得人们的感情也越来越商品化，拜金主义和自我中心主义滋生泛滥，人与人之间的关系被金钱关系所淹没，经济利益成为一些人衡量人际交往的唯一标准。"传统中国农民的社会心理具有实际和狭隘的功利主义倾向，他们需要层次低、急功近利、目光短浅、重视眼前的物质利益。"①

另一方面，由于我国市场经济体制上不完善和我国农村居民的市场经济素质普遍不高等多方面的综合影响，使得部分农民出现了价值观错位。在市场经济条件下，我国农村原有的文化价值观念部分被丢失，传统道德规范被打破，传统道德原则和风俗习惯对人们的影响越来越弱化。然而，新的与市场经济相适应的道德规范尚未完全建立，整个农村陷入了道德失范的状态之中。加之，在改革开放的大环境下，不同的社会思潮和价值观念也被广泛渗入到农村社会生活中，使得广大农村居民在现实生活中变得困惑和无从选择。这就不可避免地使得一些农村居民为了金钱和利益逐渐抛弃他们原来所信奉的孝道、诚信、仁爱等传统道德精华，并一步一步陷入极端个人主义和拜金主义的泥潭。

2. 改革开放以来我国农村政治体制结构的深刻变化

在几千年的中国封建社会时期，国家和农村社会的关系并不紧密，或者说国家政权并没有延伸到农村基层中来，也即我们常常说的所谓"皇权不下县"，农村社会的秩序往往依靠农村社会中的精英来维持和维护，这

---

① 贾裕德、朱兴农、郝同福：《现代化进程中的中国农民》，南京大学出版社1998年版，第397页。

就有利于形成人际关系的稳定结构。对此,德国社会学家马克斯·韦伯曾经有过深刻的论述,在他看来,我国古代"事实上,正式的皇权统辖只施行于都市地区和次都市地区……出了城墙之外,统辖权威的有效性便大大地减弱,乃至消失。"[①] 新中国成立后,特别是人民公社制度实行期间,在我国出现了国家政权向农村社会全面延伸的短暂时期。随着改革开放的全面深入,1998年在全国正式实施了村民自治制度,村民基本上有了对自己生活的决定权。这种新的更具开放性的农村政治体制给我国传统农村的社会关系带来了冲击,使传统农村社会中人与人之间原有的稳定关系被打破,变得越来越不稳定。

3. 长期以来我国农村经济与政治、社会发展的不协调的影响

改革开放40年来,我国农村社会的生产力得到了极大发展,农村居民的物质文化生活水平获得了大幅度改善和提高。然而,同时也产生了一些新的问题。一是农村政治体制改革滞后于经济体制改革,一些农村党的基层组织作用被削弱了,农村社会的稳定和良性运转缺乏了应有的组织保障。另一方面,由于分配制度尚不完善,在当前农村社会中也出现了分层化的发展趋势,贫富差距越来越大。加之,长期以来,一些地方只注重农村的经济发展,没有建立起有效的利益调节和矛盾化解机制,忽视对农村居民的思想政治工作,使得农村社会关系中产生了新的情况和新的突出问题。

4. 我国农村居民的整体文化素质还不够高、法律意识还不够强

新中国成立后,党和政府为了提高广大农民的文化水平和素质采取许多新的有效措施,成效是明显的。然而,我们也必须承认,与城市居民相比,我国农村居民的整体素质还有较大差距。一些农村居民由于文化水平和素质不高,盘踞在他们头脑中的仍然是家族势力凌驾于组织之上,人治

---

① (德)马克斯·韦伯:《儒教与道教》,洪天富译,江苏人民出版社1993年版,第110页。

大于法治、权力大于一切等错误观念，在一些经济较为落后、交通较为闭塞的地区，一些人依仗自己的家族势力，欺压村民，成为一方"村霸"，为所欲为。而另一些人在自己权益受到侵犯时，由于缺乏应有的法治意识，往往不是用法律来维护自身的权益，而是通过以恶治恶的非法手段来解决，从而使得农村居民之间经常发生纠纷，严重影响了农村的正常社会秩序和社会关系。

第二节 转型时期我国城市社会关系的发展变化

在新中国成立后到城市改革开放之前的近30年里，由于我国城市居民都被严格编入一个单位，而且绝大多数单位的工作和生活都长期同在一个院子中，这种"单位人"现象决定了地域关系成为这一时期我国城市生活关系的核心，使得我国传统的"差序格局"和"熟人社会"以另一种形式继续在各个不同的城市中反复地复制，只不过在农村，"差序格局"的基础是伦理关系，而城市中的"差序格局"的基础则是工作关系；传统农村中的"熟人社会"中的"熟人"是同自己有着或近或远血缘关系下的"族人"和"乡亲"，而城市中的"熟人社会"中的"熟人"主要是与自己有着或直接或间接业缘的同事和朋友。正因为如此，这一时期我国城市的主要社会关系与农村的主要社会关系，从根本上说，并没有很大的区别。然而，随着农村人民公社制度的废除和城市改革的深入推进，我国城市社会关系也开始进入了深刻的调整时期，经过40年的不断调整和演变之后，当代中国城市的社会关系已经发生了深刻的变动，使得我国城市文化被重新植入不同于以往的新的社会环境之中。具体地说，当前我国城市社会关系主要呈现出以下几个方面的特征。

一、转型时期我国城市社会关系的积极变化

从总体上看,转型时期我国城市社会关系是积极和健康的,对我国培育现代城市文化,加快城乡文化融合发展具有积极作用。具体地说,我国城市社会关系发生了以下几个主要方面的积极变化:

1. 以"业缘"为基础的人际关系成为城市社会关系的主体

所谓"业缘"在这里主要指的是人们在生产工作中通过互动和相互交流所形成一种相对稳定的人际交往关系。随着我国生产力的发展,我国的社会分工也越来越发达,在我国城市出现了很多不同的职业群体。一方面,由于他们往往在同一个单位或者部门工作,相互之间交往和交流的机会比较多;另一方面,他们在生产方式、生活习惯和思维方式等方面具有很多共同特点。这就使得他们相互之间能够形成相对比较紧密和稳定的人际关系。在传统的血缘关系和地缘关系弱化的城市,这种由职业关系所形成的关系逐渐上升为城市社会关系系统中的主要人际关系。

2. 以"趣缘"为基础的人际关系成为城市社会关系发展的主要趋势

所谓"趣缘"主要指的是人们由于共同的爱好、兴趣和特长等所形成的一种相对稳定的人际交往关系。一方面,随着改革开放的深入发展,城市居民的来源越来越多样化,原有市民在我国城市居民中的比例越来越低,有的城市甚至已经出现了人口"倒挂"现象,也即外来新市民总数逐渐超越城市原居民成为城市居民的主体,我国城市居民的结构发生了深刻变化,血缘和地缘在城市人际关系中的作用越来越弱化;另一方面,由于住房改革所带来的住房商品化,使得越来越多的城市居民的工作地和居住地相分离。当前,虽然"业缘"仍然是当前城市社会关系的主体,然而,在这种工作和生活地域普遍分离的大环境下,"业缘"在城市居民人际关系中作用也随之降低。与此同时,以共同的爱好兴趣为主要内容的"趣缘"对城市人际关系的影响越来越大,各种形式的"俱乐部""沙龙""协

会"等已经成为越来越多城市居民交流、交往的重要载体。

3. 转型时期我国城市社会关系的平等化发展趋势

在现代城市中，城市居民日趋"原子化"，也即城市居民的独立自主性增强，对他人的依赖性越来越低。因此，在交往过程中，每个人都越来越关注属于自己的合法权益，并采用多种手段加以保护，使之不受到任何人的侵犯，越来越注重保护自己的个人隐私。为此，课题组分别对城市中来自不同年龄层次、不同收入水平，从事不同职业的各种群体进行了相关调查，结果显示，登门拜访前有88%选择电话，或者通过微信预约，有9%的人不反对登门拜访提前预约，只有3%登门前从来不预约，绝大多数城市居民都希望有自己的独立空间，不希望自己正常的工作和生活受到外界干扰。此外，追求人际交往中的民主、平等已经成为绝大多数城市居民的共识，也即平等、民主已经成为当今我国城市社会关系的主流。

4. 我国城市社会关系形式的多样性发展趋势

一方面，由于城市生活的节奏加快，工作和生活压力加大，人们与外界交流、交往的闲暇时间越来越少，面对面交流的传统交往方式的局限性越来越凸显。另一方面，虽然城市交通越来越发达，但是，随之人们生活水平的提高，城市的汽车保有量快速增加，城市道路堵塞严重，也极大地制约了城市居民之间的传统的"亲自式"。更重要的是，由于科学技术，特别是电子科技和通信技术的快速发展，为城市居民的超越传统交往方式创造了前所未有的便利条件。当前，在城市社会生活中，人们除了采取"串门""聚会""聚餐""郊游"等方式进行联系和交往之外，电话、短信、QQ聊天、微信、视频等已经逐渐成为城市居民之间加强联系和交流的重要途径，城市社会交往方式越来越向着多样化的方向发展。

5. 城市居民人际交往越来越注重时效性

进入21世纪，信息化成为一个显著的时代特征，生活在城市的居民，生活节奏不断加快、工作压力不断加大、人口流动不断加强，由此而产生了人际交往的量和交往时间不足的矛盾，造成了城市居民的人际隔阂，为此，城市居民人际交往要更加注重时效性，改变现有的交往方式。当前，我国城市社会关系的时效化发展趋势主要表现在以下几个方面：一是加强交际时间的控制，把一定时间内的重大交际活动纳入时间预算，严格控制交际活动时间；二是尽量减少日常际交往活动时间，进行"象征性"交往活动；三是尽量少参加或不参加"非相关性"交际活动；四是越来越多采用通过电话、微信等手段开展的"间接性"人际交往活动等。总之，对交际时间的管控和预算，提高了人们交往的效率，缩短交往时间，增加交往深度，正在逐渐成为城市社会关系的新的发展趋势。

二、转型时期我国城市社会关系的消极变化

转型时期我国城市社会关系总体上是健康向上的，为城市文化和城市社会的发展提供了良好的社会关系条件。但是，我们也必须承认，在转型时期，我国城市社会关系也出现了一些新的突出问题，对此我们必须要给予高度重视。

1. 传统社会关系的影响仍然比较严重

"差序格局"是费孝通先生早年描述中国传统社会结构特征的重要概念之一，费孝通认为中国社会的人际关系是"以己为中心，像石子一般投入水中，和别人所联系成的社会关系，不像团体中的分子一般立在一个平面上的，而是像水的波纹一般，一圈、一圈地推出去，越推越远，也越推越薄。"[①] 在传统社会的人际网络关系中，血缘关系是核心，处于最中心位置的是家庭成员、近亲以及少数挚友。虽然，随着市场经济的深入发展，城市社会关系的现代化程度明显提高，但是，我国传统社会的社会关系的

---

① 费孝通：《乡土中国》，三联书店1985年版，第25页。

影响并没有完全从城市社会中完全褪去，差序格局仍然是当前我国城市居民主要的人际交往方式之一。尤其是在中小城市中，传统社会关系的影响尤其明显。根据本课题组在2012年到2013年陕西省西安市长安区、湖南省长沙市岳麓区，以及陕西省汉中市西乡县城和湖南省郴州市桂阳县城的调查发现，从具体的人际网络结构上看，亲戚圈的规模最大，占人际规模的30%；社交圈略小，占27%；同学圈和同事圈，分别占到18%和21%。当然，这只是总体而言的。一般来说，城市的开放程度越高，传统社会关系的影响越弱，反之越强；在省（自治区），传统社会关系对省会城市要弱于地市和县城影响。

2. 我国城市社会关系中的功利性问题突出

与我国农村长期实行自给自足的自然经济不同，我国城市的商业比较发达，市场经济发展比较完善。市场经济中的成本意识和竞争意识也渗透到城市的人际关系之中，使得转型时期我国城市社会的人际关系呈现出强烈的功利色彩，城市居民之间的交往被人为染上了浓厚的"铜臭味"。当前，我国城市社会关系的物质化趋势和功利性主要表现在以下几个方面：一是在人际交往中的"一次性关系"越来越多。所谓"一次性关系"是指人们为了获取某种有用信息与特定对象进行交往，而当目的达到之后就很少联系甚至不再联系的现象，也即因利益而交往，因获得利益而停止的交往现象；二是把成本和收益作为衡量人际交往的重要标准，把利益大小、多少作为决定交往的次数和深度的重要依据，如果成本大于收益，则取消或者回避交往；如果收益大于成本，人际交往才会发生；三是轻视交往过程，重视交往结果，以交往结果的获利多少作为衡量和评判交往活动质量的重要标准，并以此作为是否继续交往下去的主要依据。等等。

3. 我国城市居民人际交往的广泛浅层性

所谓人际交往的浅层性是从交往程度上说的，指的是交往的程度不深，停留在表面上。一方面，改革开放以来，伴随着单位制在城市的瓦解，绝大部分城市居民从单位解放出来，突破了原有单位和地域的约束和控制，成了社会人，人们之间的交往既不如农村社会以血缘为基础的传统社会关系那么"亲密"，也没有了计划经济时期共同在一个单位生活工作时的那种"紧密"，而是偶尔为之的"浅尝即止"式的表层交往。另一方面，在城镇化的大背景下，随着新市民数量的快速增加，地域概念逐渐淡化，加之流动性加强，使得城市居民之间的人际交往也往往只停留在工作、娱乐和偶尔的合作层面，彼此之间交往很难进入到情感的层次。与此同时，交往机会的增多使得城市居民每次交往的投入有限，间接交往的中介手段如电话、手机、网络等的介入，给人们的交际设立了无形的隔阂，弱化了人们感情的稳定性。总之，城市居民之间交往的越来越呈现出短期化、表面化等特征。

4. 城市社会关系中人际交往的松散依赖性

如前所述，转型时期我国城市居民的人际交往关系既不像传统社会关系中人际交往那么"亲密"，也没有计划经济时期城市居民人际交往的那种"紧密"，而是出现比较松散的态势。与此同时，随着分工的日益复杂化，人们之间的联系缩小，但是，不论种群分工的相似性度有多高，都或多或少的存在着对彼此的联系和往来。在社会分工日益复杂化的背景下，虽然会削弱人们的集体意识，但我们必须看到，人类是一个群体性动物，彼此存在着相互依赖性，这就解释了为什么当今社会是一个有机整体而不是松散的个体。

5. 我国城市社会关系中"二元化"发展隐忧

改革开放政策实行后，大量农村居民涌入城市，他们长期在城市中工作和生活，我国城市居民的结构发生了深刻变化。随着农村居民进城人数的增多和时间的增长，在城市中逐渐形成了新的二元社会结构：一是以改革开放前进入城市和改革开放后通过读大学"过独木桥"、当兵退伍等途径取得"市民资格"等为主体的"老市民"；二是以改革开放以后进入城市务工和经商的农村居民为主体的"新市民"。而且,随着城市化的进一步发展,城市中的"新市民"群体会迅速扩大。本课题组通过调研发现,"新市民"和"老市民"之间除了必要和正常的经济交往外,一般很少有更为密切的交往,甚至存在相互疏远和排斥现象。相关研究表明,中国城乡居民沟通指数偏低,沟通能力差距较大,正在形成"沟通水平鸿沟"。尤其值得注意的是,新老市民群体之间在社会关系结构、社会关系内容等方面所存在的巨大差距,如:"老市民"群体越来越重视业缘、趣缘等在人际交往过程中的作用,而"新市民"群体则在交往中更加看重血缘、地缘等传统因素。

三、转型时期我国城市社会关系存在问题的原因

转型时期我国城市社会关系存在突出问题的原因是多方面的,既有政治、经济方面的原因,也有社会和文化等方面的原因,是诸方面因素共同作用的结果。

1. 我国长期以来形成的城乡二元结构是当前城市社会关系二元化趋势的主要社会原因

新中国成立后不久,为了实现发展重工业,加快建设国家工业体系等目标,在农村和城市实行了不同的管理制度,造成了城市和农村之间互相封闭的局面,客观上截断了城乡文化的正常交流,隔断了城乡居民之间的人际交往,使得城乡社会关系沿着不同的方向发展演变,随着时间的推移,城乡居民之间的关系越来越生疏,相互之间的沟通鸿沟越来越大。改革开放以后,虽然在政策上放开了限制农村居民进入城市工作生活的政策,但是,长期以来所导致的城乡居民之间的巨大文化差异并没有得到有效的消除,这就在客观上给进城农村居民与城市居民的正常交流带来了严重的障碍,当这种交流障碍长期得不到消除时,进入新环境的农村居民将

更愿意在与自己有着相似生活经历和文化的其他进城务工农民中寻找交往对象，建立自己的人际关系网络。这是传统"差序格局"在城市中仍然起作用，以及导致当前我国城市社会关系二元化发展趋势的主要原因之一。

2. 市场经济的深入发展是我国城市社会关系问题产生的主要经济原因

经济基础决定上层建筑。我国城市社会关系问题的产生同样具有深刻的经济原因。一方面，改革开放40年来，我国城市居民的物质文化生活水平得到了大幅度提高，我国城市居民的竞争意识和创新意识进一步增强。然而，随着市场经济的深入发展，原本只在经济活动过程广泛起作用的等价交换原则、成本控制原则、效率优先原则等也开始渗透到人际关系中，并逐渐成为影响人们开展人际交往活动的重要因素，有的把能否获利，获利的多少等作为交往与否，如何交往的重要标准，使得在传统社会中原本以交流感情为主要目的的人际交往被深深烙上了"物质"的印痕。

3. 城市"单位制"和住房的商品化是我国城市社会关系松散化的主要政策原因

我国城市居民的来自"五湖四海"，传统的以"血缘""地缘"关系为基础的"家族关系"在城市社会关系中所占的比例越来越低，长期以来，以"业缘"为基础的"同事关系"成为我国城市居民社会关系的主体。随着城市改革的全面开启和"单位制"的普遍瓦解，大多数城市居民由以往的"单位人"变成了"社会人"，城市居民之间最主要的交往基础——"业缘"在城市居民人际交往中的地位下降。除此之外，城市生活压力的增大，生活节奏的加快，也使得城市居民之间进行人际交往的闲暇时间大为减少。所有这些，都是造成当前我国城市居民人际交往松散化、表面化的重要原因。

4. 城乡居民之间缺乏有效的交流平台是导致城市社会关系问题的又一重要因素

长期以来我国城乡二元社会文化结构使得我国城乡居民之间难以建立

深入稳定的人际关系。改革开放以后，虽然我国在政策上放开了农村居民进入城市工作和生活的限制，并加快了户籍的改革，农村居民大量进入城市，越来越多的农村居民长期在城市中生产和生活，有的开始在城市买房置业。这在客观上为我国城乡居民的交流、交往创造了便利条件，有利于城乡社会关系网络的形成。然而，一方面，由于农村居民在进入城市前缺乏必要的知识准备，对城市的文化生活等方面的了解知之甚少，以及城市居民因为其长期以来在经济等方面的相对优势所形成的对农村居民的刻板印象和心理偏见，在客观上阻碍了城市社会关系的正常发展。另一方面，长期以来我国一些地方在城镇化过程中存在重数量轻质量，重经济发展轻文化教育，重城市建设轻农村发展等倾向，没有建立起相应的城乡居民交流平台，使得新老市民之间的文化冲突得不到及时解决，错失了重构城乡统一社会关系网络的最佳时机，迟滞了城乡社会关系的融合。总之，长期以来形成的城乡二元社会关系结构和现实生活中城乡居民交流平台严重缺失是引发当前城市社会关系问题的深层原因之一。

第三节 建设新型城乡社会关系网络的方法途径

建设新型城乡社会关系网络是一个复杂的系统工程，具有长期性、复杂性和综合性，必须要综合施策，既要立足于城市和农村社会关系的实际情况，加强城市和农村的社会关系建设，又要坚持城乡统筹安排，建立和完善城乡社会关系共同发展的体制和机制，构建城乡健康社会关系网络，为城乡文化融合发展奠定坚实的社会基础。

一、建设新型农村社会关系网络

构建新型城乡社会关系网络，重点是农村，难点也在农村。这是由我国作为农业大的国情和我国城镇化发展目标所决定的。一方面，当前我国农村人口仍然占全国总人口的一半以上，且整体素质还有待提高；另一方面，我国70%以上城镇化率的目标决定了相当一部分农村居民将最终要进入城市，是潜在的"市民"。这就要求我们必须高度重视农村社会关系的改造和建设。

1.加快经济发展，完善市场经济体系，为构建新型农村人际关系奠定坚实的物质基础

社会存在决定社会意识，经济基础决定上层建筑，纷繁复杂的社会问题都能找到其隐藏在背后的真正起作用的物质原因。改革开放40年来，我国农村居民的物质文化和精神文化水平获得了很大提高，但是，与我国农民不断增长的物质文化和精神需要相比，当前我国农村生产力发展水平还比较低，农村的经济发展速度还比较慢，农民的收入水平还比较低。因此，尽管当前我国农村社会关系问题产生的原因是多方面的，但是，其最根本原因仍然是物质方面的原因，也即长期以来我国农村落后的经济发展水平是当前我国农村社会关系问题产生的根本原因。

"仓廪实而知礼节，衣食足而知荣辱"。虽然，经济的繁荣和物质的丰富并不必然带来人际关系的和谐和人们精神生活的充实，但是，从根本上说，大力发展农村经济，提高农村生产力发展水平，仍然将是解决当前农村社会关系问题的基础。

改革开放以来，以家庭联产承包为主体的农村改革打破了"大锅饭"和平均主义，极大地调动了农村居民农业生产劳动的积极性和创造性，从根本上促进了农业生产发展；另一方面，农村人民公社制度的废除和城市经济改革的全面铺开则为农民进入城市扫清了制度障碍，使得农民土地上解放出来，从根本上拓宽了农民增收的途径。然而，农村原有的以家庭联产承包责任制为主体的改革措施只能解决人们的温饱问题，要从根本上解放农村生产力，大幅度提高农村居民的收入水平，并最终实现农业现代化

目标仍然任重道远。这就需要我们继续解放思想，积极探索继续解放和发展农村生产力的体制机制，加快制度创新，加快推进农村经济发展，推进土地经营制度改革，为农村社会关系的科学改造和农村社会健康发展奠定物质基础。

2. 丰富农村精神文化生活，提高村民素质

马克思主义认为，物质决定意识，意识对物质具有反作用。我们在强调农村经济发展和物质生活水平的提高对构建新型农村生活关系的基础性作用的同时，也不能忽视精神文化建设对于提高农村居民素质和培育新型农村生活关系的反作用，精神文化对于农村社会关系建设的作用是任何力量都不能代替的，它具有凝聚、整合、同化、规范社会集体行为和心理的功能。然而，近年来，我们在发展农村经济，增加农民收入的过程中却在一定程度上忽视了农村精神文明建设，放松了对农村居民的思想政治教育工作，尤其是没有加强对农村居民的法治教育和市场经济知识等方面的教育，这也是当前我国农村居民精神生活缺乏，思想政治水平降低，教育和科学文化水平滞后，公共精神缺失等的重要原因，也是当前我国农村社会人际关系异化的重要思想根源。这就要求我们必须要坚持"两手抓，两手都要硬"的方针，加大精神文明建设的力度，大力发展农村教育，加大对农村文化建设的扶持力度，以切实措施繁荣农村文化，为农村新型社会关系网络的构建提供强大的精神动力和智力支持。

3. 加强农村法治建设，提高农村人际关系的法治化水平

法律是经国家权力机构制定和认可的，反映了社会的性质和面貌，是控制人际关系正常运转的工具，是衡量人际关系是否合理的天平。我国历经数千年的封建社会时期，官本位意识根深蒂固，重人治轻法治，缺乏应有的法治传统和基本的法治精神。这种状况在我国农村社会关系中主要表现为人们在人际交往中重伦理关系轻法律关系，重视伦理制度轻法律制度。当然，在国家权力不下县乡的封建社会，这种建立在血缘基础上的传

统社会关系对于形成正常社会秩序，维护社会的基本稳定发挥了重要作用。然而，当前我国农村的这种传统社会关系已经越来越不适应时代和社会的发展要求，并在一定程度上已经成为阻碍农村社会现代化的重要因素。因此，加强农村社会法治建设，在社会关系中依法处理人际关系，使得我国农村社会人际关系不偏离社会规范，这是转型时期我国农村新型社会关系的题中应有之义。"注重利用中国法律文化的传统与实际，重视民间习惯的研究，寻求国家法律与民间规范之间的相互理解与沟通，在此基础上，采取妥协和合作的态度，健全我国的农村法制。"①

4. 加强农村道德建设，夯实农村社会关系的道德基础

道德"是在人们的社会实践中产生的，它通过人们的内心信念、社会舆论和传统习惯来约束人们的行为，从而有效地调整人们之间的相互关系。"② 良好的道德环境是社会关系健康发展的重要基础，构建新型农村社会关系网络，必须要加强农村社会的道德建设。我国自古就是礼仪之邦，强调"仁者爱人"，"修身治平"等，道德因素在我国传统社会关系中历来占有举足轻重的地位。在我国传统社会关系中，人们在人际交往中非常看重交往对象的道德表现，并把它作为能否与之交往的基本条件之一。如前所述，当前我国农村社会关系总体上是健康向上的，绝大多数人际关系都能够建立在良好的道德基础之上，符合普遍的道德规范。然而，随着市场经济的深入发展，广大农村居民的主体意识普遍增强，自我主义、功利主义的价值观开始在我国农村一些地方滋生蔓延，已经在一定程度上给我国农村社会的人际关系的良性发展带来负面影响。这就要求我们必须要加强农村道德建设，教育和帮助广大农村居民树立正确的价值观，使社会主义核心价值观能够真正成为广大农村处理人际关系的基本准则。

---

① 李守经:《农村社会学》，高等教育出版社2000年版，第173页。
② 郭良民:《社会主义人际关系指要》，红旗出版社1993年版，第471页。

二、以社区为依托建设新型城市社会关系网络

改革开放40年来，我国城市社会结构和社会关系发生了深刻变化，尤其是随着城市单位制的瓦解和住房商品化制度的全面推行，我国城市居民由"单位人"转变成为"社会人"，以"单位"为基础的业缘关系在城市社会关系中的地位逐步下降，并越来越呈现出边缘化的趋势。相反，以社区为基础的邻里关系在城市社会关系中的地位正在逐步上升，社区已经在一定程度上取代单位成为城市社会关系的重要载体。这就要求我们构建新型城市社会关系必须要以城市社区为基础。

1. 利用互联网的"再嵌入"功能重建地缘关系

如前所述，单位制的瓦解和住房的商品化，使得原有的以"单位"为基础所形成的地缘关系逐渐淡出城市居民的人际交往活动，而居住在同一小区的居民，由于缺乏共同利益往往成为熟悉的陌生人，城市居民进一步"原子化"，城市居民之间联系松散，对社区缺乏基本的归属感。

进入21世纪以来，网络在城市的普及和智能手机的广泛应用，已经渗透到城市社会生活的方方面面，成为人们交流交往的重要平台和各种社会关系消解和聚合的重要力量。当前，利用互联网的"再嵌入"功能为城市居民"再造"地缘关系，以弥补城市社会关系中的不足，不仅必要而且可能。具体地说，利用互联网的"嵌入"功能再造城市居民的地域关系可以采用以下两种主要途径：

一是以社区组织为主体，以互联网为依托建立"社区论坛""居民之家"等网络联系平台，通过社区网络平台既把相关政策信息和社区活动的情况传达给社区城市居民，又能够加强同一社区的城市居民之间的联系和交流，增进城市居民之间的互相了解，并最终达到城市居民社会关系在"线上"和"线下"的再造，从一定程度上弥补单位制解体所带来的城市居民人际交往的不足。二是利用社区网络平台的栏目设置为居民沟通与服

务提供更多的机会。例如,设立"国家时事""社区政策""社区活动""邻里规范""家政服务""志愿服务""兴趣联盟""居民留言板"等栏目,通过共同需求激发自组织和自发秩序的形成,从而达到加强社区居民人际交往关系的目的。

2.通过创新社区活动、鼓励建立志愿者组织等途径复苏邻里关系

当前由于缺乏共同而紧密的利益联系,我国社区居民之间的邻里关系普遍比较冷淡,有的在同一个小区、同一楼栋甚至同一楼层的同一单元共同居住了几十年,但是相互之间却从来不曾有过互动,人们分别居住在一个一个紧紧相连却又"相距千里"的钢筋混凝土笼子里,过着"只扫自己门前雪,不管他人瓦上霜"的生活,原本应该和谐温馨,守望相助的邻里关系正在全面异化为"老死不相往来"的"互不相干"关系。这显然不利于城市社会的和谐,也与各地正在开展的"幸福城市"建设的目标相距甚远。因此,如何重建邻里关系,让社区居民在心灵上"温暖回家",已经成为城市社会建设的重要时代课题。

课题组调查发现,在"您认为当前邻里关系松散最主要的原因是什么?"的回答中,选择"没有合适的机会交流"占51%;选择"没有时间交流"占33%;选择"不知道如何交流"占8%;而选择"没有交流的必要"的仅占4%;选择"其他原因"的占2%。说明绝大多城市居民都具有强烈的交往需要,希望能够发展健康的邻里关系,但是由于现实生活中交流平台的缺失,导致居民的交往需要无法转变成为现实。因此,以小区为依托,在社区内开展共同活动,为城市居民之间形成紧密的邻里关系提供有效载体,是当前重建城市居民邻里关系的根本途径之一。具体地说,当前恢复和重建城市居民邻里关系主要从以下两个方面着手:一是社区通过设计各种丰富多彩的社区活动,为城市居民创造尽可能多的积极而健康活动,以活动来促进居民交往。二是通过鼓励和扶持各种社区志愿组织,如"义工制度""志愿者制度"等和一些地方正在探索的"地域货币""道德

银行"等，通过居民互帮互助促进并形成持久和稳定的邻里关系。

3. 通过完善社区服务功能，增强城市居民的归属感

当前城市居民不能够建立紧密而健康良好的人际关系的原因是多方面的，其中，城市居民的精神情感没有形成一个共同和稳定的载体是重要原因之一，具体地说，就是城市单位制普遍解体之后，随着社会身份由"单位人"向"社会人"的转变，人们的精神和情感也随之失去了最后的"栖身之地"而成为"精神流浪者"。这就要求我们在城市社会关系的建构过程中必须要加强社区服务建设，通过服务满足居民共同需要，逐步增强居民对社区的归属感，让城市社区顺利取代原有单位的部分功能，而成为城市居民新的精神和情感安放的新"家园"，并在此基础上进一步加强城市居民之间的相互联系，以达到构建新型城市健康社会关系的目标。

4. 发展社区组织，完善社区的组织网络

社区不是简单的地域概念，更是一个组织概念，因为只有构建结构合理，服务有效的组织体系，社区才能真正发挥其社会管理和社会建设功能。也即，"社区组织"是社区居民参与形成的，为了维护社区正常生活秩序，满足社区居民的公共需要，促进社区健康、文明、有序发展的，不以盈利为目标的民间社会团体或者机构。当前，我国城市社区组织主要有两大类构成：一类是由政府倡导、扶持成立的，如社区居委会、计划生育委员会等，其主要功能在于协助政府进行社会管理，在某种程度上相当于城市街道办事处的派出机构，具有很强的官方性质；另一类则是社区成员基于自身需要按照由下而上的原则自愿组建的社区组织，如社区的中介组织、自治组织、服务组织等。

上述社区组织的形成和发展对于我国加强城市社会管理，满足城市居民的文化需要和促进城市社会关系健康发展等发挥了应有的作用。然而，当前社区组织也存在组织不够健全，功能不够完善，定位不够精准等问题，极大地制约了城市社区的作用发挥。当前我国由政府倡导、扶持的社

区组织过于行政化的问题和社区自治组的过于市场化问题,都从不同方面偏离了社区的真正需要。因此,当前应该把社区组织网络建设的重点放在社区组织功能的"回归"上,使社区组织真正成为"为社区居民服务"的组织和社区居民自己的组织。

具体地说,当前社区组织网络建设的工作主要围绕以下两个方向展开:一是加快社区居委会等的去行政化,使其成为城市公共服务的主要提供者,通过增强其满足社区居民公共需求能力重构居民对社区的安全感;二是加快社区自治组织的社会化服务功能建设,尽最大可能满足社区居民日常生活需求,以不断增强社区居民对社区自治组织的归属感。总之,就是要通过加强社区组织建设,增强社区对居民的凝聚力和向心力,提高社区居民对其所在社区的认同感和归属感,并以此为平台逐步增强社区居民之间的相互联系和交流。

5. 建立共享观念、挖掘共同利益,培育社区共同体意识

新中国成立后,我们在很长时间实行了高度计划的经济体制,城市实行单位制,单位控制着城市居民几乎所有的生产和生活资源,城市居民在单位共同工作和生活,在单位领取工资、福利,住由单位统一免费分配的住房等,对城市居民而言,改革开放前的单位,不仅仅是生产和工作的场所,更是它们共同的生活家园,是城市居民精神的依托和情感的栖身地。改革开放以后,随着城市单位制的瓦解和住房商品化,我国城市居民由以前对单位的依赖向社区回归,城市社区在城市居民生活中的地位越来越重要。

然而,一方面,由于城市居民长期以来在思想上对单位所形成"路径依赖"短期内很难得到消除,另一方面,也由于社区居民职业与居住地的分离,使得城市居民对社区难以产生应有的归属感,社区居民之间的邻里变得普遍淡漠。另外,随着改革开放的深入发展,各种不同的思想文化价值观念也随之涌进城市,城市居民的思想越来越难以统一,这是当前城市居民不能形成稳定和紧密人际关系的重要原因之一。因此,坚持以社会主

义核心价值观为主导，通过挖掘社区居民的共同利益，并在此基础上构建出一套既能反映社会发展方向又能体现社会成员共同愿景的价值体系，是整合社会成员思想，凝聚社会成员的重要手段。

三、转型时期促进城乡社会关系融合发展的现实途径

城乡文化融合发展离不开健康文明的城乡社会关系，构建新型城乡社会关系网络是转型时期促进城乡文化融合发展的客观要求。这就要求我们要增强创新意识，积极探索构建城乡新型社会关系的有效途径，夯实新时代我国城乡文化融合发展的社会基础。具体地说，当前构建城乡新型社会关系网络，主要做好以下几个方面的工作：

1. 积极推进农业转移人口市民化工作

随着我国改革开放的深入发展和城镇化进程的快速推进，进入城市生活、工作的农村居民越来越多，农业转移人口的总数不断攀升。根据国家统计局发布的《2016年农民工检测调查报告》显示，我农村居民进城工作总数继续保持增长势头，2016年农村居民在城务工人数到达28171万人，再创历史新高，比2015年新增加424万人，增长1.5%，增速比2015年加快了0.2个百分点。根据国家统计局公布的数据显示，截至2016年末，中国城市数量达到657个，常住人口城镇化率已经达到57.4%。按照2030年我国城镇化率达到70%计算，未来15年我国还有近200000万农村居民进入城市。这一数据说明，农村转移人口的大幅度增加，已经极大地改变了我国城市居民的人口结构，而且，随着城镇化进程的加快推进，农村居民进入城市工作生活的人数将会继续增加，并逐渐成为未来城市人口的主体。农村转移人口市民化工作不仅是我国未来城镇化工作的重点和难点，同样是转型时期推进城乡文化融合的着力点，构建我国新型城乡关系必须要紧紧抓住农民工这个重要群体。正如前面所述，这一方面是因为农业转

移人口已经成为城市人口结构中的主体之一,未来城市社会关系的健康与否在很大程度上将取决于其"市民化"的水平;另一方面,由于他们来自农村,长期往返于城市和农村之间,对农村和城市生活都具有较为深刻的了解,对城乡社会关系方面存在的突出问题有着更加深刻的感受,对构建新型城乡社会关系有着更加强烈的期盼,是有效沟通农村社会和城市社会的天然使者。推进农业转移人口市民化是一个十分复杂的社会系统工程,必须要综合运用经济手段、文化手段、法律手段和行政手段等,充分发挥国家和个人,政府和社会,城市和农村等的多方面积极性。

2. 切实推进城乡户籍制度全面深化改革

众所周知,我国长期以来实行的城乡不同的户籍制度是导致我国城乡二元经济社会和文化结构的重要原因之一,也是在一定程度上阻碍城市居民之间开展正常人际交流交往的重要原因。城乡分治的户籍制度客观上是我国特殊时期为了发展工业,促进工业加速发展所采取的特殊手段,但是,由于国家为严格限制农村居民进城对取得城市户籍设置的高门槛,以及附加在城市户籍之上的高福利、高待遇,使得城市户籍实际上成了城市居民的特权,这种事实上的特权不仅长期以来成为城市居民辨识是否为"我们"——市民的核心标志,在客观上也成为城市居民歧视农村居民,以及由此导致农村居民内心排斥城市居民,并进一步影响城乡居民开展正常人际交往,形成和谐城乡社会关系的重要原因。因此,构建新型城乡社会关系网络,不仅要在经济、教育等方面发力,还必须要紧紧抓住户籍制度这个重要改革。当前户籍制度改革必须要解决两个长期阻碍城乡社会关系健康发展的三个主要瓶颈:一是彻底革除城乡二元的旧思维,在新的户籍制度顶层设计中不能再有"农村户籍"和"城市户籍"区分——既不能有名称上区别,更不能有内容上的差别,真正实现城乡居民在居住权上的平等;二是要彻底剥离附着在户籍上的各种福利待遇,让户籍回归其标识居住地址的功能,使户籍成为居住所在地点的"位置图";三是彻底破除取得户籍的高门槛，如要求有完全产权住房，连续缴纳2年社保金等。只有这样，才能真正从根本上消除影响城乡社会关系健康发展的主要制度根源。

3. 积极创新城乡居民交流互动平台

实践充分证明，良好的社会关系是在日常的人际交往中逐渐发展起来的，一定频次、密度的长期交流互动是人们形成稳定社会关系的前提基础。同样，我们要培育城乡健康社会关系，必须要不断扩大城乡居民之间的交流和互动，这是转型时期构建新型城乡社会关系的重要途径。长期以来，我国形成的城乡二元社会经济和文化结构，城市和农村被人为分割成两个几乎完全隔绝的部分，城市居民和农村居民之间由于缺乏交流交往的平台和机会，城乡居民之间的关系正在变得越来越疏远，而且，在各种复杂的因素综合影响下，在一部分居民中甚至逐渐形成了相互排斥和抵触的不良倾向，这是导致城乡文化矛盾和文化冲突的重要内因之一。因此，转型时期我们要构建新型城乡社会关系，就必须要创新居民交往交流的平台，切实消除横亘在城乡居民之间的障碍，不断扩大城乡居民之间的交流和交往。具体地说，当前，扩大城乡居民交流必须要重点建设好"一地一网"。

所谓"一地"主要是指"城乡结合部"这个特殊地方。众所周知，当前很多地方由于没有采取科学有效的治理措施，使得城乡接合部成为城市社会治安的重灾区。然而，城乡接合部由于农民工高度集中，在构建新型城乡社会关系中具有十分特殊的意义。这就要求我们积极创新，从统筹城乡一体化发展，加强城乡文化融合发展的战略高度，切实把城乡接合部建设好、发展好和治理好，努力把城乡接合部建设成为城乡居民良好互动的平台，城乡社会关系融合的平台和城乡文化融合发展的平台。所谓"一网"主要是指互联网，互联网因其具有超大信息容量，超高信息传播速度，超强联系功能，为城乡居民之间交往互动提供了无限空间和可能，这就要求我们必须从战略高度出发，积极研究、探索和规范城乡居民之间的网上交流实践，为构建城乡新型健康社会关系积极创造条件。

4. 积极探索扩大城乡居民共同利益的有效途径

马克思主义认为,经济基础决定上层建筑。构建城乡新型社会关系同样离不开利益的作用。虽然,社会主义制度下,我国城市居民和农村居民都是国家经济社会发展的主人和主体,在根本利益上是一致的。但是,我们也必须承认,在社会主义初级阶段的基本国情下,我国城市居民和农村居民之间也具有自己正当和合理的利益,客观上存在城乡利益差异。从现实生活来看,当前我国城乡社会关系在一些领域或一些地方所存在的不紧密、不和谐的问题,其背后产生的根本原因主要是城乡之间的利益矛盾,是长期以来城乡经济社会发展不平衡所导致的城乡利益矛盾冲突的产物。近年来各地为加强城乡居民的交流也采取很多措施,但是,有的措施效果不很理想的问题也主要在于没有找到城乡居民的利益交汇点,没有有效地扩大城乡居民的共同利益。当前我们构建城乡新型社会关系网络,既要采取加强宣传、教育,创新交流平台,加强城乡居民互动等多方面措施,这些都是必要的。但是,我们绝不能简单地就文化谈城乡文化建设,就关系谈城乡社会关系建设,而是要抓住利益这个背后的动因,努力发掘城乡居民利益的交汇点,并采取有效措施尽可能扩大城乡居民的共同利益,让城乡居民在共同发展的过程中加强联系交往,在扩大共同利益的基础上构建健康、文明、紧密的新型城乡社会关系,并最终形成共享共荣的城乡社会共同体,为城乡文化融合奠定坚实的社会基础。

第七章　打造新时代城乡文化产业发展链条

文化包括文化事业和文化产业两个组成部分，是文化事业和文化产业的有机统一。一方面，文化融合在城乡层次的发展既包括城乡文化事业之间的相互融合，也包括城乡文化产业的相互融合，只有两个方面的融合和相互统一才能促进城乡文化融合更好的发展，促进城乡文化事业发展。加强城乡文化产业各环节之间的联系，是城乡文化融合发展的应有之义，是城乡文化融合的重要内容。另一方面，城乡文化融合是一个十分复杂的社会系统工程，必须要综合施策，协调推进，充分发挥城乡文化系统之间各文化层次，各文化要素之间的相互作用，从不同方面、多个层次共同推进城乡文化的融合与发展。促进城乡文化产业蓬勃发展，不仅能够加强城乡文化产业各部分之间的补充、促进和发展等联系，为当前我国的城乡文化融合的发展提供坚实的物质基础，而且可以进一步激活城乡文化系统各文化层次之间，以及城乡文化各文化要素之间的互激功能，使得城乡文化系统之间融合发展的进程大大加快。

第一节　城乡文化产业的内涵以及相互关系

城市文化产业和农村文化产业既相互联系又相互区别。正确认识城市和农村两个不同领域中文化产业的科学内涵和特点，以及它们之间的内在联系，是我国转型时期统筹城乡文化产业发展，打造城乡文化产业发展链条的基本前提。

一、城市文化产业的内涵和主要特征

1. 城市文化产业的内涵

对于城市文化产业的定义很多，且在学术界尚未完全形成统一的定义。本书中的城市文化产业，主要是指以城市文化资源为基础，与城市文化事业相区别的，以城市企业和个人为经营主体和以文化产品和文化服务为主要经营对象，追求经济效益和社会效益相统一，并立足于以城市经济社会发展服务为主要目标的产业，它主要包括软件创新、决策咨询、创意设计、教育教辅、体育竞技和影视文化、休闲旅游等多个不同方面的行业。具体地说，作为城市文化产业，必须至少满足以下几个基本条件：

（1）在坚持社会效益指导作用的基础上充分发挥市场对资源配置的决定性作用，追求经济效益是其发展动力和主要目标。

（2）把文化产业的基础建立在所在城市的文化资源之上，主要围绕所在城市文化资源开展文化的生产和经营活动。

（3）以文化作为产品的企业或经营个体作为开展文化经济活动的主体，即由文化企业和个体经营者开展生产和经营活动，提供文化产品以促进城市文化产业的发展。

（4）城市文化产业的经营对象主要以文化产品以及由其所产生的附属产品和文化服务。

（5）城市文化产业是城市经济的重要组成部分，主要为城市的经济社会发展服务，在我国当前的经济政策下，城市文化产业的产值成为城市GDP的构成部分。

2.城市文化产业的主要特征

文化产业是以文化为核心的产业,其主要特征是由文化的特征所决定的。城市文化中所表现出来的重人为,尚人力,积极进取,追求效率、民主和独立意识强,敢于求新立异、追求时尚,偏功利和理性主义等特点,决定了城市文化产业发展具有与农村文化产业发展不同的特点,也即城市文化产业具有创新性、集聚性、时尚性、抽象性等特点。

(1)城市文化产业发展的创新性。与农村相比,城市具有开放的文化环境,较高的科学技术水平,集中了更多优秀的文化创新人才,能够更容易接触和接受先进的文化发展理念,这就使得城市文化产业具有更强的创新性。

(2)城市文化产业发展的集聚性。城市是一个地区的政治、经济、文化和科技教育中心,在这里,人类的财富、信息、权力乃至全部生活方式都以城市为中心高度聚集起来了。城市文化产业在其发展过程中,能够凭借其得天独厚的地理位置,以及其在地区经济社会发展中的主导地位,聚集起最优质的文化资源,最大量的文化资本和最优秀的文化产业经营人才,占据最主要的文化市场等,具有显著的集聚性特征。

(3)城市文化产业发展的时尚性。从字面上说,时尚,即时髦、流行的意思。在现实生活中,时尚主要是指在一个时期内相当多的人对特定的趣味、语言、思想、行为等各种模型和标本的追随或者追求。本书中所讲的"时尚"即引领风尚,主要指的是城市文化产业在发展过程中,因其能够及时发现并满足人们的最新文化需求,从而起到引领一个地区文化产业发展方向的作用的特点。这一方面是由于城市居民本身较高的物质文化生活水平所决定的,另一方面,也是由城市文化产业发展过程中自身所携带的创新性的特质所决定的,文化产业在发展过程中往往表现出不同的特性,即在城市领域中远超农村领域中的市场灵敏性和社会适应性。

(4)城市文化产业发展的抽象性。城市发展文化产业发展的抽象性,也即城市文化产业的非具体性，主要指的是城市文化产业不同于工业、农业等主要生产"有形"的工农业产品，如机械、粮食等；也不同于农村文化产业主要以为人们提供"有形"的文化产品和服务，如传统工艺品、乡村旅游等；而主要生产"无形"的文化产品，如文化概念、文化生活体验等特点。这一方面，是由于城市土地等自然资源的缺乏决定了城市文化产业发展主要地不是提供大量的"有形"文化产品，其"具体性"发展受到客观制约；另一方面，也是由于城市较高的科技发展水平和先进理念使城市文化产业为人们提供大量"无形"文化产品和服务提供了有利条件，使城乡文化产业发展的"抽象性"成为可能，并最终成为城市文化产业的重要发展方向。

3. 城市文化产业的发展优势。

相对于农村而言，城市不仅在政治、经济、科技等各个领域具有巨大优势，其在文化产业发展方面也具有很多农村文化产业所没有的优势地位。具体地说，当前我国城市文化产业发展主要具有以下几个方面的优势：

（1）资源优势。城市作为其所在地区的政治中心、经济中心、文化中心、科学技术中心和教育中心，聚集了包括文化资源在内的大量的各种资源，这些资源为城市文化产业的较快发展奠定了坚实的物质基础。

（2）人才优势。城市因其优越的工作和生活条件，以及远远高于农村的工资、福利待遇，使得大部分的高层次人才向城市集中，特别是在改革开放以后，由于国家在政策上放宽了农民进城工作生活的限制，越来越多的农村文化人才也纷纷走进城市。另一方面，我国几乎所有高等学校都集中在城市，它们除了每年向城市文化产业发展输送大部分人才外，城市文化市场主体也可以与在地高校开展合作，充分利用高校的人才资源。

（3）技术优势。文化产业发展不仅需要资金、资源，更需要技术。一方面，城市由于其优越的环境和工作条件，集中了大部分科技人才，为文化产业发展和技术创新提供了人才基础；另一方面，大部分新的技术也往往最先在城市进行应用和推广，使得城市文化产业往往能够在发展中抢占先机，为城市文化产业发展提供了先进的技术基础。

（4）市场优势。一方面，由于我国城乡二元经济结构造，以及由此所形成的城乡经济不平衡发展，使得城市经济发展长期快于农村经济发展，城市居民的可支配收入普遍高于农村居民的可支配收入。另一方面，随着城市经济社会的快速发展，城市居民的文化需求普遍增长，文化消费在城市居民收入中所占比例普遍高于农村居民。再一方面，城市文化市场还具有比农村文化市场更大的影响力和更大的辐射功能，能够在短期内影响和带动城市外文化市场的发展。

（5）政策优势。新中国成立以后，为了在资金严重短缺的情况下发展重工业发展，加快国家工业体系建设，国家采取了优先保障城市发展的国家政策。这种政策长期实施的结果使得我国以城市为主导的城乡二元社会结构得以最终形成，并逐渐积淀成为人们文化意识的一部分——以城市为重点变得自然而然和理所当然。因此，尽管改革开放已经40年，这种以城市为偏向的政策取向的特点仍然顽固地存在于人们的头脑中。这种国家政策的城市偏向性，在文化产业发展过程无疑将在某种程度上转化为城市文化产业发展的政策优势。

4. 城市文化产业发展的客观局限性

城市文化产业具有自身的优势和有利条件，这也是我国城市文化产业能较快发展的主要原因。但是，我们也要看到，当前城市文化产业在发展中也有其自身不可克服的局限性。具体地说，当前我国城市文化产业在发展上主要受到以下因素的制约：

（1）文化资源的有限性。城市作为一个地区的政治、经济、文化和科技中心，聚集了其所在地区中大部分的优质文化资源。但是，这也是相对而言的，由于城市在地理范围上的有限性等因素的制约和影响，其文化资源往往主要集中在城市文化遗物、遗址等记忆类文化资源和以现代科技为主要载体的表演文化、模拟文化等资源，具有其本身不可克服的客观局限性。

（2）交通运输的紧张性。随着城镇化的快速发展和人们物质文化生活水平的快速增长，城市居民的私人汽车保有量快速攀升，城市交通压力越来越大，道路拥堵、停车难等已经成为城市居民生活的常态。日趋严重的交通拥堵不仅成为影响城市经济社会发展的重要瓶颈，也对城市文化产业发展带来严重影响。

（3）文化环境的制约性。随着城市工业的发展，城市环境污染问题日趋严重，感受自然、回归自然、享受自然已经逐渐成为人们文化生活的主要价值追求。然而，由于城市环境治理的长期性和城市地域面积的有限性等的原因，使得城市文化产业在发展过程中所受到的环境制约的影响越来越突出和难以克服。

（4）文化市场的局部性。从现实看，当前我国城市绝大部分文化企业普遍把城市居民作为自己的消费对象，企业的文化市场仅仅限于城区。这种市场定位具有经济见效快，成本低，风险低等优点，有助于文化企业在成长初期的原始积累，是文化企业在发展初期普遍采取的市场模式。然而，随着文化产业的繁荣发展和文化企业的成熟，文化市场的竞争也必然会越来越激烈，如果长期把市场局限在城市范围之内，把城市文化产业变成"城市的"文化产业，将不利于整个城市文化产业的长远发展。

二、农村文化产业的内涵和主要特征

1. 农村文化产业的内涵

所谓农村文化产业，主要是指以农村文化资源为基础，与农村文化事业相区别的，以农村在地的文化企业为主要市场主体，以提供文化商品和服务为主要经营内容，坚持经济效益为主兼顾社会效益的生产经营活动的总和，主要包括文艺演出、民间工艺、农业生态、乡村旅游等。具体地说，农村文化产业的内涵包括以下几个重要方面的内容：

首先，农村文化产业是相对于农村文化事业而言的，必须要与之相区别开来。虽然农村文化是由农村文化产业和农村文化事业两部分组成，但是两者存在本质的区别属性，农村文化事业追求社会效益的最大化，而农村文化产业具有较强的市场性，追求的是经济效益。

其次，农村文化产业是要与城市文化产业相区别开来的。我国文化产业虽然是由农村文化产业和城市文化产业两部分组成，但是，农村文化产业相比较城市文化产业而言，它不是以城市文化资源为基础，是以农村文化资源为基础，并且主要以农村经济社会发展的文化生产和经营活动为目标。

再次，农村文化产业是相对于其他经济经营活动而言的，要与农村的其他经济活动区分开来。虽然，如前所述，农村文化产业也与其他经济活动一样必须要发挥市场作用，要把经济利益摆在突出位置，但是，农村文化产业又不完全等同于普通的经济经营活动，在追求经济效益的同时必须要兼顾社会效益。

2. 农村文化产业的主要特征

（1）农村文化产业的资源依赖性。一方面，由于我国农村文化产业起步比较晚，另一方面，也由于我国农村科学技术不发达，使得现阶段我国农村文化产业总体上尚不具备条件对农村文化资源进行深度发掘，不能采用集约式经营方式，而大都只能依赖文化资源，采取粗放式的经营方式。当然，我国农村文化资源的丰富性、自然性等特点也为我国农村采取资源导向型的粗放式发展模式提供了客观条件。总之，同城市文化产业发展不同，我国农村文化产业发展对文化资源的依赖性比较强，这也从客观上决定了在我国农村文化产业发展过程中必须要用好当地文化资源，要依托具有地域特色的文化资源发展农村文化产业。

（2）农村文化产业的地域性。这是由农村文化本身的"泥土气息"所决定的。农村文化与城市文化不同，受传统的土地观念影响，它并没有那么开放的环境,而具有明显的封闭性,是一个封闭的环境。这种封闭的环境,以及不同地方在自然、文化、历史和习俗等方面的巨大鸿沟,使得不同地区农村文化在形成发展过程呈现出巨大差异,如饮食习惯、民风民俗、居住条件、传统服饰等都不相同,"十里不同音、百里不同话"的文化现象正是农村文化地域性最具体的体现。正如前面所言,农村文化产业发展是以农村文化资源为基础的粗放式发展模式,对文化资源具有强烈的依赖性。正是农村文化的地域性和农村文化产业发展的资源依赖性,决定了不同地方农村的文化产业是由其地域独有的文化资源决定的,形成了此地不同于其他地域文化产业的自身特色。

(3)农村文化产业的群众性。相比较城市文化产业的个体精英性不同,农村文化产业发展具有典型的群众性,也可以称为"草根性"和"泥土性"。首先,农村文化产业的生产主体是农民群众,农村文化内容是来自于农民群众本身在生产生活之中的实践,广大农民群众不仅是壮大和发展当代农村文化产业的生产者,同时也是我国农村文化产业发展的重要见证者。其次,农村文化产业的生产经营主体是农民群众。由于农村文化产业本身具有劳动力密集性特点,使得很多农民群众能够参与进来,并且成为农村文化生产经营活动的主体,大量的农村老人、妇女等闲置劳动力被充分利用起来,既有效解决了农村文化产业发展所需要的劳动力问题,也从一定程度上缓解了农村中现实存在的就业问题,增加了农民收入。最后,农村文化产业的群众性还表现在文化产品和服务的群众性。农村文化产业与城市文化产业不同,其主要的服务对象不仅限于农村居民,越来越多的城市居民从城市走向农村享受文化服务,并逐渐成为农村文化产业发展的主要消费者,也即农村文化产业发展具有更广泛的群众基础。

(4)农村文化产业的乡土性。乡土性是农民对土地这一谋生的根基和种地这一经济事实的一种顺应。农村文化的乡土性,体现为原生性,从而表现为真实性,相比于城市文化产业通过高科技、高创意发展的文化产业如广告、动漫、网络游戏等带有虚幻的色彩，农村文化产品体现出来的是不经过修饰和加工的，是真实性的一种再现。乡土性是农村文化的突出特点，也是农村文化产业吸引城里客源的主要动因。

3. 农村文化产业的主要优势

农村文化产业发展虽然在生产技术和管理水平，以及消费者的消费水平等方面与城市文化产业相比，仍然具有较大差距，但是，农村文化产业发展也具有自身的优势，这是我国农村文化产业大发展的重要基础。具体地说，我国农村文化产业发展优势主要表现在以下方面：

（1）丰富的传统文化资源。对于以文化资源为导向，严重依赖文化资源的农村文化产业发展来说，农村文化资源本身就是我国农村文化产业发展的主要基础，也是我国农村文化产业继续发展的前提条件。众所周知，我国是农业大国，是典型的农耕文明型国家，农村是我国文化的源头和主要载体。我国农村文化资源不仅底蕴深厚、丰富多彩，而且表现形态多样化，在多民族的生活方式中，蕴藏着古朴、醇厚、绚丽多姿的历史传统和多样性的原生态文化。如：以农村漆器、陶瓷、编制、花灯、雕刻和剪纸等生产技术与工艺品制作为主要内容的民间工艺；以杂技、武术、舞龙、舞狮、戏曲、花灯等为主要内容的民间表演艺术；以农村的节庆、传统服饰、祭事活动、古镇风貌，以及与农作业、节气有关的农村读语、典故、民俗等为主要内容的民风民俗；以农家乐、农村原生态蔬果、农村野味、农村土特产、农村特色小吃等为主要内容的农村传统饮食文化等；所有这些都是我国农村文化产业发展的宝贵资源。

（2）潜力巨大的文化市场。首先，我国是农业大国，农业人口基数大，即使我国城镇化率将来达到60%，也还有6个多亿的人口在农村，他们都是我国农村文化产业发展潜在的消费者；其次，改革开放以来，我国广大农村居民的收入水平大幅度提高，为我国农村居民扩大文化消费提供了经济基础。事实上，从当前我国农村居民文化消费总量来看，我国农居民在

"十三五"时期的文化消费的潜力非常巨大。第三，随着我国农村居民的物质文化水平的提高，他们不再满足于吃饭、穿衣、住房和上学、看病等最基本生活需要，越来越多的农村居民开始追求文化消费等更高层次的生活享受，他们对文化方面的需求越来越高，单靠各级政府投入兴建农村文化基础设施，如修建图书馆、文化站、电影院、剧院等，已经难以满足广大农村人民群众日益增长的精神文化需求。除此之外，随着城市化的发展，以及城市生活节奏的加快，越来越多的城市居民被农村文化所吸引，成为我国农村文化产业发展的消费者。

（3）充足的劳动力资源。我国是农业大国，有将近7亿居民在农村，为我国农村文化产业发展提供海量的劳动力资源。而且，文化产业不同于传统工业和农业，对劳动者的体力要求不高，当前留守在农村的老人、妇女只要经过相关培训，都可以成为从事文化产业的相关工作。而且，随着农村文化产业的发展，越来越多的已经进城务工农村居民也会重新回到家乡工作。总之，与其他行业相比，我国农村文化产业发展将具有更加丰富的劳动力资源，具有更加巨大文化红利。

4. 农村文化产业发展的客观局限性

从长远来看，我国农村文化产业发展具有自己的优势和特点，但是，与城市文化产业相比，农村文化产业发展也尚有很多困难和挑战，我国农村文化产业发展还任重道远。

（1）发展理念比较落后。由于我国农村文化产业还处于起步探索阶段，缺乏先进的发展理念，主要表现为：一是不能正确认识文化产业对于经济社会发展的重要意义，重眼前利益、轻长远利益，对文化产业的发展缺乏长远规划；二是把文化产业定位为简单的等同文艺汇演、戏剧演唱等活动，没有战略思维，缺乏对文化产业发展的顶层设计；三是没有把文化产业的经济价值加以利用，将它与当地的特色文化、现代农业结合在一起等。

（2）科技含量偏低。科学技术是第一生产力。农村文化产业和其他经济活动一样，其长远发展必须要建立在科技进步的基础之上。然而，由于我国农村条件比较落后，农民文化素质相对比较低等原因，我国农村文化产业发展的科技含量普遍比较低。主要表现为：对文化资源开发和利用的程度不高，市场开发不完善；文化产品较为初级，多是简单的农家乐、生态园、旅游景点的开发。文化产品的品位不高，科技水平含量低、缺乏核心竞争力和关键技术等。

（3）发展主体流失严重。在农村文化产业发展中，农村居民是必然的主体。然而，改革开放以来，绝大部分青壮年劳动力都离开农村涌进了城市，留在农村的绝大部分是老人、妇女和小孩，也即人们戏称的"386199"部队，农村文化发展缺乏最基本的主体。人才是文化产业发展的关键因素，未来社会的竞争是人才的竞争。然而，由于农村待遇低，生活条件艰苦，不仅农村文化企业存在严重招工难、招聘难的问题，也存在留人更难的严重问题，农村文化经营人才严重短缺。

（4）发展资金严重短缺。一方面，由于长期以来，我国城乡二元文化结构的影响，使得我国农村的文化发展比较缓慢，农村居民的收入增长不快，用于文化产业发展的资金十分有限；另一方面，也由于农村文化产业具有总量小、风险高、利润薄等弱点，银行、保险等金融机构也不愿意承担风险、不愿意开展相关业务。这是当前制约和影响我国农村文化产业做强、做大、做优的根本原因之一。

三、城市文化产业和农村文化产业的互动互补关系

城市和农村无论在文化产业发展的主体、文化产业的内容等方面都具有各自的特点，是两个相互区别的事物。然而，城市文化产业与农村文化产业发展的独立性是相对的，城市文化产业和农村文化产业在客观上具有

内在联系，科学认识并正确处理好它们之间的内在联系，是城市文化产业和农村文化产业统筹发展的重要前提。具体地说，我国城市文化产业和农村文化产业之间的这种内在联系，主要表现在以下三个方面：

1. 城市文化产业和农村文化产业相互交织

我国文化包括城市文化和农村文化两个重要组成部分，城市文化和农村文化分别是我国文化在城市和农村的存在形态，是"城市里"的中国文化和"农村里"的中国文化。城市文化产业和农村文化产业虽然各自具有不同的特征，但是，它们作为中国文化产业的两个重要组成部分和中国文化的重要表现形态，都具有该地区民族文化的表现形态，是你中有我，我中有你的关系。

2. 农村文化产业与城市文化产业相互影响

一是城市文化产业对农村文化产业的影响，主要表现为城市文化产业通过一定的媒介把自身的知识、观念和艺术形态等传播到农村，使农民学习新知识，接受新观念，采用新的艺术形态，进而影响农村文化产业的发展。二是农村文化产业发展对城市文化产业发展的影响，主要表现为，农村文化产业以其纯朴自然的文化形态，独特的地方文化风格等丰富城市文化产业的内涵和形式、促进城市文化产业的民族化、促进城市文化产业与传统文化的接轨等等。当然，如果在城乡文化产业发展过程中缺乏正确的引导，这种相互影响也有可能会是消极的，如城市文化产业可能会把其消极的一面，如低俗化、极端功利化等因素带到农村文化产业发展中去；而农村文化产业也可能会把其中的消极因素如守旧和迷信等以各种形式对城市文化产业产生消极影响，严重影响城市文化产业的健康发展。

3. 农村文化产业与城市文化产业相互补充

农村文化产业和城市文化产业都有着各自的特点，正是这些不同的特点形成了我国文化产业发展的多样化格局，也正是这些不同的特点使得不断满足城乡人民日益增长的文化需要成为可能。此外，城市文化产业和农村文化产业都不是十全十美的，它们在发展过程中都有各自的优势和短板，也正是它们之间的这些优势和短板的存在，为城乡文化产业发展提供了互补和合作的可能。事实上，城市文化的很多优势，如人才优势、技术优势、管理优势等正是农村文化产业发展的短板，相反，农村文化产业发展的优势，如资源优势、市场优势等恰恰是当前我国城市文化产业发展所普遍缺乏的。

总之，城市文化产业与农村文化产业之间既相互独立，又相互交织、相互影响、相互补充，是辩证统一和互动互补的关系。我们在城乡文化产业发展过程中，既要看到它们之间的这种个性和独立性，并根据它们各自的特点分类发展，又要看到它们的联系和共通性，加以充分利用。

第二节 我国城乡文化产业发展面临的现实困境

我国城乡之间文化鸿沟不仅存在于公共文化事业方面，也存在于文化产业方面，使得城乡文化产业发展面临严峻挑战。

一、我国城乡文化产业发展中存在的问题

当前我国城乡文化产业发展仍然处于初步发展阶段，问题和困难不少，有的问题已经成为影响我国城乡文化产业继续发展的重要瓶颈，对此，我们必须要理性看待，科学分析，认真对待。具体地说，当前我国城乡文化产业发展过程中主要存在以下问题：

1. 城乡文化资源得不到有效利用

文化资源是文化产业发展的基础，是城乡文化产业发展最可宝贵的资源，能否科学利用有限的文化资源，不仅关系到当前城乡文化产业发展的

状况，更关系到我国城乡文化产业的持续发展能力，关系文化产业发展的未来。然而，当前我国在文化产业发展过程中，还不能很科学和有效地利用好现有的文化资源，存在各种形式的文化资源浪费。一方面，我国广大农村文化资源十分丰富，但是，在农村文化产业发展中，缺乏先进的文化产业发展理念，缺乏先进的科学技术手段，缺乏高层次的文化产业经营管理人才，缺乏相应的资金支持等，使得很多文化价值和经济价值都非常高的文化资源得不到开发和利用，一些已经开发了的文化资源则基本上采取粗放式的经营管理和运营模式，文化资源的利用率不高，甚至在有些地方存在严重破坏自然和生态环境，人为损坏历史文化资源和非物质文化遗产等现象，造成大量文化资源的浪费和破坏。另一方面，城市文化产业发展中，虽然具有科学技术优势，人才优势，市场信息优势，和资金优势和政策优势等，但是，由于缺乏相应的文化资源，使得城市文化产业的长远发展受到严重制约，这从某种意义上说，也是一种文化资源的浪费。

2. 城乡文化市场得不到应有的开发

文化市场是文化产业发展的内在动力源泉，城乡文化产业发展需要广阔的文化市场作为基础，能否有效开发文化市场直接关系到城乡文化产业的健康发展。当前，尽管我国城乡文化产业发展仍然处于形成和发展的初级阶段，城乡文化市场的潜力还没有充分发掘出来，目前还没有明显的市场压力。然而，从长远看，文化产业本身的绿色环保，以及其之于人类自由发展目标的高度契合性，决定了城乡文化产业发展的无限空间，及其成为我国未来战略性支柱产业的远大前景。

随着城乡文化产业的深入发展，当前这种城乡在经营管理和市场开发利用的"各自为政"模式将严重制约城乡文化市场的发展，不利于城乡文化产业的长远发展。而且，这种市场的制约性，已经在城乡文化产业发展中开始呈现。一方面，农村具有占全国一半以上的人口，他们都是我国文化产业的现实和潜在的消费者，然而，农村文化企业想开发而无力开发，城市文化企业有能力开发却不愿意去开发，使得这个巨大的文化市场始终没有被充分被激活而处于长期"休眠"状态。另一方面，对于城市而言，越来越多的城市居民已经不再满足于在路上堵车，街上看人，酒店吃饭，室内跑步等所谓城市文化的生活样态，而希望能够能到农村欣赏自然风光，品尝有机食品，体验原生态生活，了解少数民族风情等。但是，农村文化企业因其落后的设施和服务，很难满足城市居民的新的文化需求，城市文化同样得不到充分开发和利用。

3. 城乡大量文化人才资源处于闲置状态

人力资源是第一资源，是经济社会发展最可宝贵的财富。同其他经济生产活动相比，人才在文化产业发展中的作用尤其显得重要，文化方面的人才，包括文化艺术人才，文化产业的经营和管理人才等，是文化产业发展的宝贵资源。当前，我国文化人才严重不足，尤其是文化产业发展经营管理人才尤为稀缺。然而，从现实情况看，我国城乡文化产业在发展过程中仍然存在严重的人才浪费现象。一方面，由于农村文化产业发展滞后，大量的农村民间文化艺人，文化能手和民间艺术的传承人，他们中的很多人迫于生计的需要，放弃了他们的艺术追求进入城市从事他们既不擅长也不感兴趣的工作，大量文化艺术人才被埋没。另一方面，虽然，城市里聚集了大量的文化经营管理人才，但是由于受到城市文化资源和文化市场等方面的客观制约，使得城市文化产业发展不足，他们中的很多人才缺乏发挥其专业能力的舞台，客观上造成了文化人才的浪费。

4. 文化的"教育"功能不能充分发挥

文化即"人化"，影响人，教育人，塑造人是文化的核心功能之一。文化产业不仅能够创造经济价值，为人民物质生活水平的提高和国家经济社会发展提供资金支持。更为重要的是，它能够通过最直接的动力——经济利益，以最直观的形式——文化产品和文化服务影响人们的思想和行为，充分发挥"以文化人"的作用。城乡文化产业发展有利于提高城乡居民的文化素质，增进城乡居民之间的了解，促进城乡文化融合发展。然而，一方面，由于当前我国城乡文化产业发展还比较落后，另一方面，也由于城乡文化产业之间的严重分离，使得文化产业发展的文化教育功能受到严重影响。

二、我国城乡文化产业问题产生的主要原因分析

当前我国城乡文化产业发展中产生的问题是多方面的，既有文化产业自身发展的因素——很多是我国文化产业尚处于初级阶段必然出现的问题；也有思想认识观念的原因，还有体制机制等方面的原因等，是一个十分复杂的问题。具体地说，当前影响我国城乡文化产业发展的主要原因有以下几个方面：

1. 城乡文化产业发展观念落后

思想是行为的先导，文化产业的健康发展离不开科学理论的引导。在实践中影响我国城乡文化产业发展的原因很多，然而，我国一些地方政府的决策者和文化产业经营管理者缺乏科学的发展理念是重要原因之一。具体地说，当前我国城乡文化产业发展中主要存在以下思想和认识误区：一是认为搞文化产业是不务正业，没有前途，对文化产业在国家经济生活中的作用缺乏应有的认识。这种观念反映在工作中主要表现为重视传统经济产业发展，轻视包括文化产业在内的新兴产业发展。二是混淆文化产业和文化事业的区别，把文化发展与经济发展完全割裂开来，看不到文化产业的经济价值和发展前景。这种观念在实际工作中主要表现为重视经济发展，轻视文化产业发展。三是把城市文化产业与农村文化产业发展割裂开来，认为城市文化产业发展就是城市的事情，农村文化产业就是农村的事情，看不同两者的内在联系和互补性。这种观念在实际工作中主要表现为重视城市文化产业发展，轻视农村文化产业发展。

2. 城乡行政体制的分割

按照《中华人民共和国宪法》规定，中国现行行政区划，即省级、地级、县级、乡级、村级、组级，其中省、县、乡三级为基本行政区，并在省会设立城市政府，在地级设立相应的地级市政府，此外，还有一些县级市等。长期以来，这种行政区划为我国的长期稳定发展发挥了重要作用。然而，由于全国各省、直辖市、自治区之间，同一省、直辖市、自治区管辖范围内的各地级市之间，以及同一地级市管辖之下的各县区之间在经济社会发展中的相对独立性，尤其是城市政府与县乡之间的分割体制，在客观上为城乡文化产业的统筹发展设置了难以跨越的堡垒，造成了新的城乡二元文化产业发展结构，阻碍了城乡文化产业的健康发展。

3. 城乡文化产业发展机制不健全

我国长期以来采取城市政府和农村县乡政府分立的行政区划体制，城市政府和以县乡两级政府之间联系松散，在经济发展中缺乏全盘规划和协调配合，这种体制反映在文化产业领域主要表现为没有共同的发展目标和顶层设计，城市文化产业和农村文化产业"各写各的词，各唱各的调"，城乡文化产业发展缺乏统筹发展的有效机制。

4. 城乡居民经济文化差距巨大

一方面，长期以来，由于我国城乡经济的不平衡发展，使得城乡经济差距不断扩大，农村居民收入增长缓慢，使得农村居民的文化消费受到抑制，严重制约了城乡文化市场的发展。另一方面，城乡分治的社会结构，以及由此造成的城乡经济发展鸿沟，在客观上影响了我国城乡居民之间的文化交流和文化心理，使得我国城乡居民之间的关系也越来越疏远，有的甚至产生相互排斥的文化心理，这种文化冲突必将给城乡文化产业的互动合作和市场开发产生深刻影响。

三、我国城乡文化产业发展的根本出路在于城乡统筹发展

我国城乡文化产业发展差异形成的原因是多方面的，在众多影响因素中，最根本的还是长期以来所形成的城乡二元社会结构，以及由此形成的城乡二元文化产业结构。基于此，我国城乡文化产业发展的根本出路在于统筹城乡文化产业发展，缩小城乡文化产业发展差距。所谓统筹城乡文化产业发展是指统筹城乡文化产业的发展思路、布局规划、结构优化、发展政策等手段，使得城乡间文化产业资源要素合理、顺畅流通，最终实现以城带乡、城乡互补、共同繁荣的城乡文化产业发展战略。城乡文化统筹发展作为城乡经济社会一体化发展的重要内容，其本身是一项十分复杂的社会系统工程，包含着非常丰富的内容。具体地说，城乡文化产业统筹发展战略主要包含以下几个方面的内容：

1. 统筹城乡文化产业发展规划

所谓统筹城乡文化产业发展规划，指的是在制定城乡整体文化产业发展计划、确定国民收入分配格局、研究重大文化产业政策时要具有系统思维，要把城乡文化产业发展作为一个统一整体来谋划，从城乡各自的小循环、小系统走向城乡统一的大循环、大系统。要采取有效措施弥补对农村文化发展的历史欠账，切实缩小城乡文化产业发展差距。要把农村文化设施建设纳入城乡总体规划，纳入各地新农村建设规划，作为乡村振兴战略的重要内容。要充分考虑城乡文化设施分布的公平性和合理性，使广大城乡居民享受均等的文化服务。要加强城乡文化产业发展的顶层设计，科学制定城乡文化产业发展的近期、中期、长期发展目标，分步实施、稳步推进。

2. 统筹利用城乡文化资源

建立和完善城乡文化资源的信息数据库。作为基础，各地要对城乡各种文化资源进行全面摸排和勘查，并按照文化产业发展的相关要求进行科学分类，为城乡文化统筹发展提供全面和准确信息。要建立和完善城乡文

化资源协调配置机制。要跳出城市资源属于城市，农村资源属于农村的传统"二元"思维，树立城乡一体，共同发展的文化资源观念。要建立城乡资源的有偿使用制度，探索以文化资源入股文化产业企业的制度，充分发掘和利用文化资源，发挥其最大价值。要打破当前影响城乡文化资源自由流动的制度障碍，探索建立城市和农村政府文化产业发展的考评考核制度，把城乡农村文化产业工作作为整体的地方政府考评和考核制度，充分调动城市政府和农村地方政府统筹利用文化资源的积极性和创造性。

3.统筹城乡文化市场建设

所谓统筹城乡文化市场建设，主要指的是要加快地区之间、城乡之间的市场对接。要创新城乡文化产品和文化服务进入城乡文化大市场的途径和方法，利用信息技术和网络新媒体手段实现文化产品和文化服务信息与城乡居民文化需求有效对接。要充分利用现代交通手段和现代物流等途径，疏通城乡文化产品进入各自市场的渠道，实现城乡文化商品和服务对接。要加强城乡文化的市场调研，建立和完善城乡文化需求统一信息，提高城乡文化产业发展的市场敏感性，实现城乡文化生产和服务企业与城乡居民文化需求的有效对接，最大限度城乡居民的文化需求。

4.统筹城乡文化人才开发

能否拥有高素质的文化人才是做大、做强、做优文化产业发展的关键所在。新时代统筹城乡文化人才开发要从内、外两个维度去实施。从外在的角度而言，就是要鼓励、引导城市优秀文化人才下乡发展，不断完善现有的政策，有计划的引导城市优秀文化人才向农村有序转移，为农村文化产业发展"输血"。从内在的角度而言，就是挖掘现有的农村文化人才，以举办培训班的方式，传授发展农村产业文化方式，培育一批农村高素质文化建设人才，为农村文化产业发展"造血"。政府在这方面扮演者重要的角色，必须高度重视农村文化产业的建设和发展，给予必要的经费和生活保障，切实使农村文化产业发展留得住人才。

第三节　城乡文化产业统筹发展的现实路径和措施

文化产业是我国未来支柱性产业，必须要把促进城乡文化产业的发展摆在重要的位置，要统筹城乡文化产业的发展，不断增强城乡文化产业的整体融合度和协同配合度，提高我国文化产业的综合竞争能力，这是我国城乡文化产业健康持续发展的必由之路。

一、我国城乡文化产业统筹发展的基本原则

我国城乡二元文化产业结构的形成历史时间长，成因复杂，影响深远，这就决定了当前我国城乡文化产业统筹发展的任务重，困难多，是一项长期的艰巨系统工程。这就要求我们在城乡文化产业发展过程中必须要着眼长远，兼顾城乡，统筹各方，并遵循以下的原则：

1. 坚持文化建设与经济发展相适应的原则

文化是"五位一体"战略的重要组成部分。中国人民从站起来、富起来，一路走来，正大踏步奔走在建设强大国家的康庄大道上，不仅政治要强、经济要强，国防要强，文化也同样要强，只有各个方面都强大，才是真正强大。这就要求我们必须把文化建设纳入经济社会发展总体布局，同步规划，同步建设，同步管理，促进经济、文化协调发展，实现社会全面进步。

2. 坚持社会效益与经济效益相统一的原则

文化产业虽然属于经济活动范畴，但是它又不同于一般意义上的经济生产和经营活动，文化产业发展在注重经济效益的同时必须要考虑社会效益，要把是否具有社会效益作为文化产业发展的基本条件，不能以牺牲社会效益为代价。另一方面，文化产业发展又不同于作为公共服务范畴的普通的文化事业，不能不考虑经济效益，必须要在坚持社会效益和不损害社

会效益的同时，要把经济效益作为中心。因此，我们在推进城乡文化产业统筹发展的过程中既不能不讲经济效益，也不能不讲社会效益，必须要坚持经济效益和社会效益的统一，在坚持社会效益的基础上尽可能创造更高的经济效益。

3. 坚持发展事业与发展产业相结合的原则

文化事业和文化产业作为文化建设的两个重要内容，两者本身是一个有机的统一整体，它们互相作用、互相影响、互相补充，共同推进文化发展。因此，推进城乡文化产业发展也不能离开文化事业来谈，必须要坚持发展文化事业与文化产业相结合。一方面，我们要想方设法增加投入，转换机制，增强活力，改善服务，保证文化事业健康发展。另一方面，我们又要积极创新体制，转换机制，调整结构，培育市场主体，增强实力和活力，切实推动文化产业发展壮大。

4. 坚持繁荣城市文化与促进农村文化进步相协调的原则

城乡文化统筹发展，就是要把城市和农村作为一个统一整体，通盘制定和推进城乡文化产业的发展战略、产业布局规划、产业结构调整、产业发展政策等，实现城乡文化资源要素的合理流动和优化配置，形成城乡共同发展、共同繁荣、共同分享的文化产业格局。这就要求我们在推进城乡文化产业发展过程中，必须要坚持繁荣城市文化与促进农村文化进步相协调的原则。要着力增强城市的文化竞争力，发挥城市文化产业发展对农村文化产业的辐射带动作用。要加对大农村文化产业发展的扶持力度，特别是要加快贫困山区、革命老区等农村文化产业发展，实现文化发展的区域平衡和城乡协调。

5. 坚持深化改革与加快发展相促进的原则

始终坚持以发展为主题，以改革为动力，通过体制的创新，促进文化事业和文化产业的健康发展，增强城市文化的创造力、渗透力和辐射力。

二、我国城乡文化产业统筹发展的路径选择

我国城乡文化产业统筹发展既要遵循城乡文化发展规律和市场经济规律要求，按照文化产业发展规律和市场经济规律办事，又要立足国情，从各地文化产业发展的实际情况出发，充分发挥政府和社会两个方面的积极性，充分发挥城市和农村两个地域的优势，充分利用好国内和国外两个市场，与时俱进，开拓创新，走中国特色社会主义城乡文化产业统筹发展之路。

1.充分发挥政府和民间两个方面的积极性

各级政府是我国城乡文化产业发展的主导力量，统筹城乡文化产业发展必须要充分发挥各级政府的作用。要加强城乡文化产业发展领导机构建设，在省、地市、县区设立城乡文化领导机构，统一领导所在地区的城乡文化产业发展工作。要加强城乡文化产业发展的立法工作，制定和出台以保障城乡居民同等文化权利为核心内容的相关法律制度和政策法规，为城乡文化产业发展提供坚强的法律保障。要加强城乡文化产业发展顶层设计，制订城乡文化产业发展战略，确立城乡文化产业发展的近期目标和长远规划，制定和完善扶持城乡文化产业的各项配套政策。另一方面，城乡文化产业发展是一个艰巨和复杂的系统工程，统筹城乡文化产业发展，民间力量不能缺位。要积极动员民间力量的参与，充分发挥和利用好社会力量。要加强文化产业的园区建设，通过文化园区建设优化文化资源配置，发展集约经营，形成规模优势，提升研发生产能力和文化产业的整体竞争实力。要大力发展社会文化中介机构，不断扩大文化信息传播渠道，加速文化产品流通，促进文化资源合理配置，推动文化产业的发展。

2.坚持传统特色文化产业和新兴文化产业共同发展

我国是一个文明古国和大国，五千多年的文明史和广阔秀美的山川大地，使得我国的文化资源和文化遗产非常丰富，为我国城乡文化产业发展

奠定了坚实的物质基础。这就要求我们在统筹推进城乡文化产业发展过程中，必须要在立足于现有文化资源与传统特色的基础上积极改造传统的文化产品的创作、生产和传播模式，延伸文化产业链，全面提升传统文化产品和服务的竞争力。另一方面，随着科学技术的发展和新的科技浪潮的到来，自动化、数字化、网络化等高新技术为我国城乡文化产业发展开辟了全新和广阔的空间。因此，我们必须要在坚持好、继承好、发展好我国传统特色文化产业的同时，大力发展新兴文化产业，积极推进城乡文化产业的数字化生产和网络化传播，坚持走新旧结合的城乡文化发展之路。

3. 实施"内向型"和"走出去"战略相结合

我国城乡文化产业统筹发展所走的将是一条不完全同于传统文化产业的发展道路，而是要打破城市和农村的地理边界，甚至走向全球的新兴文化产业发展道路。这就要求我们必须要实施"内向型"和"走出去"战略，走土洋结合之路。一方面，我们继续抓好乡土文化产业发展。如：通过特色乡村文化旅游来推出文化产品，通过体验经济来多样化展现乡村文化的参与互动魅力，组织乡村歌舞、乡村竞技、乡村风情、乡村婚俗、乡村观光等表演和竞赛活动，提供具有乡土气息的文化服务等等。另一方面，统筹城乡文化产业发展也要积极实行外向型发展战略，要以全球化带动文化的产业化和经济的文化化，实现全球化与文化产业的协调发展。

三、我国城乡文化产业统筹发展的主要对策

1. 确立科学的城乡文化产业发展理念

观念影响行为，思路决定出路。城乡文化产业统筹发展是一条不同于传统城乡文化产业发展的全新道路，必须要树立与之相适应的新的发展理念。一是要打破传统的二元化分割的旧观念，树立城乡文化产业相互促进，相互补充，共同发展的新理念，在城乡文化产业发展过程中正确处理

好城乡关系和工农关系，严格按照城乡一体，城乡协调的要求确定城乡文化产业发展目标，制定科学的经济社会发展战略，组织实施宏观调控，促进城乡社会经济协调发展。二是要打破文化事业和文化产业不分的旧观念，从文化不能追求经济效益，用发展文化公共事业的传统模式和方法发展文化产业的旧思维，树立文化产业是经济发展重要内容的新观念，充分发挥市场对文化资源的决定性作用，在坚持社会效益的基础上，敢于、善于追求城乡文化产业发展的经济效益，充分发挥文化产业发展对国家经济的作用和贡献。三是打破文化产业就是政府经营的旧观念，把文化产业从国家专营的旧思维中解放出来，突破文化产业发展过程中的结构性矛盾和体制性障碍，真正实行政企分开、企事分开，在坚守社会效益基本底线的前提下降低经营门槛，鼓励民营企业和私人资本参与城乡文化产业发展。

2. 加强制度创新，打破制约文化产业的城乡二元结构

长期以来形成和不断固化的城乡二元经济结构是我国城乡文化产业二元化发展的最主要原因。因此，当前，我国统筹城乡文化产业发展也必须要从根本上解决问题，打破原有的城乡二元经济格局，为城乡文化产业统筹发展创造良好的经济社会环境。当前重中之重的工作是要改变长期以来向城市倾斜的不合理国民收入分配格局，使得城乡文化产业统筹发展战略获得财政政策的大力扶持和政策倾斜。一是要切实调整国民收入分配格局，加大对农村文化产业和农村分配的力度，尽快扭转国家财政向城市严重倾斜的不合理政策，确保财政对农村文化产业投入优先增长。二是要调整财政支农结构，明确财政支农、支文投入的重点，力争使广大农村居民享受与城镇居民同等水平的文化和教育权益。三是要创新教育体制，增加对农村义务教育的转移支付力度，加快农村文化产业发展的主体队伍建设。

3. 建立城乡文化一体化多元化投资机制

实现城乡文化产业的良好发展，文化资源是基础。统筹城乡文化产业

发展，加快建立和完善我国城乡文化产业统筹发展的资源配置机制是前提。首先，要建立健全城乡文化产业统筹发展的劳动力流动与人力资源优化配置机制。建立起公平、有序、开放、竞争的文化产业劳动力市场，大力改革现有的不合理的户籍制度，完善社会保障体系，使之与现代城乡文化产业统筹发展相适应。不断加强对农民的职业教育，增强其就业技能，改变传统落后的观念，适应城乡文化统筹发展的需要。其次，要创新文化产业发展的投融资机制，建立由政府、企业、个人三方共投的投融资机制，适当地将文化产业基础设施建设引入市场，鼓励社会资本参与到其中来。再次，要筹城乡文化产业发展的投入机制。加大国家对农村文化产业的投入；大力推进农村金融机构改革，完善相关文化产业发展的金融政策，提高农村文化产业自我积累和发展能力，从根本上提高农户对农村文化产业的投入能力。

4. 建立城乡文化产业发展的宏观协调机制

我国长期以来形成的二元文化格局使得城乡经济社会和文化发展的差距十分大，在这种状况下推进城乡文化产业发展是一个十分艰巨复杂的社会系统工程，必须要充分发挥政府的主导作用，加强对统筹城乡文化产业发展的规划和协调。一是要做好城乡文化产业发展的整体规划工作，做到统筹安排城乡文化产业的发展，把农村与城市发展进行统一规划，综合考虑。二是要建立统筹城乡文化产业发展的制度创新机制，为城乡协调发展创造良好的制度环境。三是要建立城乡政府推进城乡一体化的工作机制，加强宏观协调，使全社会各部门、各阶层协调配合，共同为实现城乡一体化目标工作。

5. 统筹城乡文化产业市场发展，建设城乡文化统一市场

文化市场是文化产业发展的基本要素之一，没有文化市场，也就没有文化产业。这就要求我们必须要统筹城乡文化市场发展，建设城乡文化统一市场作为基本任务来抓。当前统筹城乡文化市场发展工作主要包括两个

相互联系和不可分割的方面。一是要把农村文化资源和城市文化市场连接起来，消除农村文化产品和文化服务进入城市市场的主客观障碍，如充分利用现代交通和物流手段等把农村文化资源输送到城市；通过新媒体加强农村文化产品的宣传效果，使越来越多的城市居民下乡进行文化消费等，为农村文化产业打开城市市场提供更加顺畅的途径；二是要把城市文化资源和广大农村文化市场连接起来，创新城市文化产品和文化服务进入农村文化市场的方法途径，把真正符合农民消费需求的各种文化产品、文化服务及时送到农民身边，更好满足农村居民不断增长的文化需求，把城市文化产业发展市场向农村延伸。

6. 统筹城乡文化产业发展规划，优化城乡文化产业布局

城乡文化统筹发展是一项系统工程，不能走一步看一步，要加强顶层设计。要在对城乡经济、社会、文化等方方面面情况充分把握的基础上制定城乡文化产业长远发展的整体规划，完善和优化文化产业发展的内部与外部的环境。要紧紧围绕城乡文化产业发展大目标，科学谋划本地区的文化生产力布局。要坚持以人民为中心的思想，从保护和实现人民群众的基本文化利益、提高群众文化生活质量的要求出发，统筹城乡文化基础设施建设。要把农村公共文化设施建设纳入城乡经济社会整体布局。要根据城乡统筹发展战略，确定城乡文化产业发展的近期、中期、远期目标，分步实施、稳步推进。

7. 统筹城乡文化人才开发，建设高素质城乡文化队伍

高素质的文化人才是文化产业发展的关键。当前我国文化人才不仅在数量、质量以及结构等文明都存在一些突出问题，是我国城乡文化产业发展的短板。一方面是农村文化传承和创作人才流失严重，文化经营管理人才严重短缺，严重制约了我国农村文化产业发展。另一方面，城市存在严重的文化人才浪费问题，很多专业文化人才扎堆在城市，大多数从事与其专业无关的工作，不能用其所长。因此，统筹城乡文化人才开发，建设高

素质城乡文化队伍已经成为当前我国城乡文化产业发展的重大课题。做好城乡文化人才统筹开放工作,既要重视城市优秀人才下乡的"输血"作用,将城市文化产业建设的先进经验、做法带到农村来,运用到具体的农村文化产业发展中去。又要重视现有农村文化人才的培训,发挥"造血"功能,通过技能培训,不断增强农村文化产业发展的能力,培育一批农村文化产业发展带头人,充分发挥"土"文化在新农村建设中的作用。

参考文献

一、著作类

[1]《马克思恩格斯选集》第1卷,人民出版社1995年版。

[2]《马克思恩格斯全集》第3卷,人民出版社1960年版。

[3]《马克思恩格斯全集》第4卷,人民出版社1958年版。

[4]《列宁专题文集——论社会主义》,人民出版社2009年版。

[5]《毛泽东选集》第4卷,人民出版社1991年版。

[6]费孝通:《乡土中国》,北京大学出版社2017年版。

[7]郭书田、刘纯彬:《失衡的中国》,河北人民出版社1990年版。

[8]黄正泉:《长株潭都市化文化生态研究》,北京理工大学出版社2011年版。

[9]胡兆量、阿尔斯朗、琼达等:《中国文化地理概述》,北京大学出版社2009年版。

[10]何一民:《近代中国城市发展与社会变迁》,科学出版社2004年版。

[11]梁漱溟:《乡村建设理论》,商务印书馆2015年版。

[12]梁漱溟:《中国文化的命运》,中信出版社2010年版。

[13]李友梅:《快速城市化过程中的乡土文化转型》,上海人民出版社2007版。

[14]孙浩:《农村公共文化服务有效供给研究》,中国社会科学出版

社2012年版。

[15] 思峰、党耀国、方志耕等:《灰色系统理论及其应用》,科学出版社2011年版。

[16] 王列生:《国家公共文化服务体系论》,文化艺术出版社2009年版。

[17] 王恩涌:《文化地理学导论:人·地·文化》,高等教育出版社1989年版。

[18] 吴业:《城乡公共服务一体化的理论与实践》,社会科学文献出版社2013年版。

[19] 向春玲:《城镇化热点难点前沿问题》,中共中央党校出版社2014年版。

[20] 曾菊新:《现代城乡网络化发展模式》,科学出版社2001年版。

[21] 朱金鹤:《中国农村公共产品供给》,中国农业出版社2009年版。

[22] 张思宁:《转型中国之价值冲突与秩序重建》,社会科学文献出版社2011年版。

[23] [美]刘易斯·芒福德:《城市发展史——起源、演变和前景》,宋俊岭、愧文彦译,中国建筑工业出版社2005年版。

二、学术论文

[1] 白永秀、王颂吉:《由"被动城市化"到"主动城市化"——兼论城乡经济社会一体化的演进》,载《江西社会科学》2011年第2期。

[2] 陈讳:《近代中国城乡关系的二重性:对立与统一》,载《宁夏大学学报人文社会科学版》2008年第1期。

[3] 蔡章伟:《城市化进程中的文化冲突与文化和谐》,载《中共成都市委党校学报》2007年第3期。

[4] 陈始发:《新农村文化发展战略思考》,载《科学社会主义》2006年第4期。

[5] 蔡云辉:《论近代中国城乡关系与城市化发展的低速缓进》,载《社会科学辑刊》2004年第2期。

[6]丁永祥:《城市化进程中乡村文化建设的困境与反思》,载《江西社会科学》2008年第1期。

[7]郭彩琴:《马克思主义城乡融合思想与我国城乡教育一体化发展》,载《马克思主义研究》2010年第3期。

[8]宫玉松:《中国近代城乡关系简论文史》,载《哲学研究》1994年第6期。

[8]郭彩琴:《马克思主义城乡融合思想与我国城乡教育一体化发展》,载《马克思主义研究》2010年第4期。

[9]何增科:《马克思恩格斯关于农业、农民问题的基本观点述要》,载《马克思主义与现实》2005年第5期。

[10]厉以宁:《论城乡二元体制改革》,载《北京大学学报哲学社会科学版》2008年第2期。

[11]陆学艺:《破除城乡二元结构实现城乡经济社会一体化》,载《社会科学研究》2009年第4期。

[12]居占杰:《我国城乡关系阶段性特征及统筹城乡发展路径选择》,载《江西财经大学学报》2011年第1期。

[13]扈海鹂:《变化社会中的乡村秩序与乡村文化》,载《唯实》2008年第12期。

[14]陆淑敏、饶元、金莉:《面向科技融合的文化创意产业协同创新机制研究》,载《西安交通大学学报(社会科学版)》2013年第5期。

[15]兰勇、陈忠祥:《论我国城市化过程中的城乡文化整合》,载《人文地理》,2006年第6期。

[16]李秀忠:《统筹城乡文化建设的基本途径探讨——以山东省诸城市为例》,载《山东师范大学学报(人文社会科学版)》2009年第6期。

[17]王晓冬、索志林:《城乡文化强弱差距与新乡村建设》,载《东北农业大学学报(社会科学版)》2007年第5期。

[18]吴理财:《农村公共文化日渐式微》,载《人民论坛》2006年第14期。

[19]闻媛:《论我国城乡文化权利公平》,载《上海交通大学学报

（哲学社会科学版）》2011年第4期。

[20]沈妣:《马克思主义城乡融合思想及其对我国城乡文化一体化建设的启示》，载《理论导刊》2013年第7期。

[21]孙浩、赵威:《城乡公共文化服务可持续发展的机制系统构建研究》，载《湖北农业科学》2008年第3期。

[22]向小川:《统筹城乡文化发展动力分析》，载《人民论坛》2010年第29期。

[23]徐莉:《城乡一体化中农民文化权益保障问题探析》，载《农村经济》2011年第6期。

[24]辛逸、高洁:《从以农补工到"以工补农"——新中国城乡二元体制述论》，载《中共党史研究》2009年第9期。

[25]周志山:《从分离与对立到统筹与融合——马克思的城乡观及其现实意义》，载《哲学研究》2007年第10期。

[26]曾菊新:《论城乡关联发展与文化整合》，载《人文地理》2004年第4期。

[27]周加来:《城市化·城镇化·农村城市化·城乡一体化》，载《中国农村经济》2001年第5期。

[28]甄峰、宁登、张敏:《城乡现代化与城乡文化——对城市与乡村文化发展的探讨》，载《城市规划汇刊》1999年第1期。

[29]周军:《当代中国乡村文化变迁的因素分析及路径选择》，载《中央民族大学学报（哲学社会科学版）》2011年第2期。

[30]张雨林:《我国城乡关系的历史考察（上）》，载《中国农村经济》1989年第9期。

[31]张雨林:《我国城乡关系的历史考察（下）》，载《中国农村经济》1989年第9期。

[32]张海波、童星:《被动城市化群体城市适应性与现代性获得中的自我认同》，载《社会学研究》2006年第2期。